Claus-Günter Frank

Oberschwaben

Zwischen Donau, Bodensee und Iller

53 ausgewählte Touren

ROTHER
BERGVERLAG

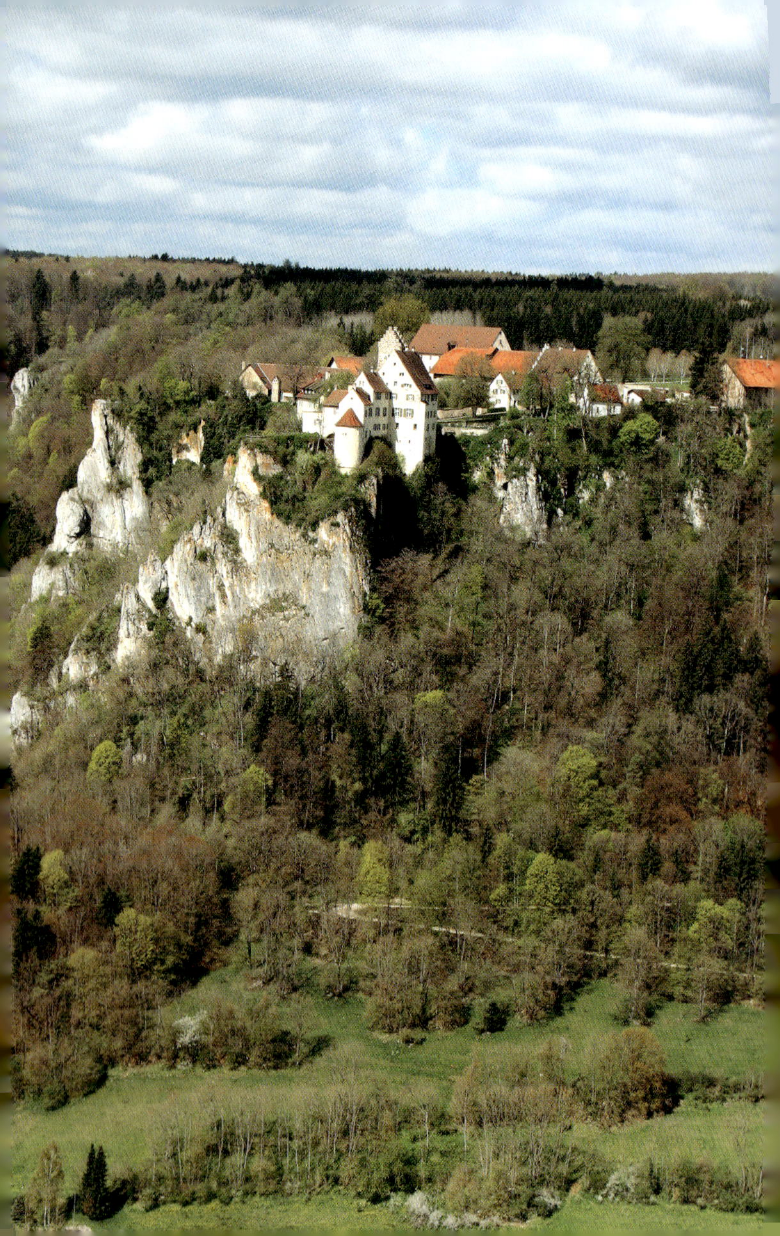

VORWORT

Oberschwaben – ein Geheimtipp, so ist man fast versucht zu sagen. Zwischen Schwäbischer Alb, Bodensee und Allgäu liegend, wurde diese reizvolle Gegend lange vergessen. Dabei hat die hügelige Landschaft viel zu bieten: weite Ausblicke und tiefe Wälder, grüne Wiesen und fruchtbare Felder, zahllose Seen, Weiher und Moore, Täler und Tobel sowie eine Europäische Wasserscheide. Das obere Donautal, das die Grenze zwischen Oberschwaben und Schwäbischer Alb bildet, ist nicht nur ein Wanderparadies, sondern bietet auch anspruchsvolle Kletterrouten. Sechs Heilbäder sorgen mit ihren Thermen für ein angenehmes Après-Wanderangebot.
Nicht nur die 1966 ins Leben gerufene Oberschwäbische Barockstraße und die jüngere Mühlenstraße, sondern auch zahlreiche Wanderwege verbinden die vielen Klöster, Kirchen und Schlösser in den geschichtsträchtigen kleinen Städten des Landes. Nimmt man sich die Zeit, mehrere Tage in Oberschwaben zu verbringen, bekommt man ein Gefühl für den Reichtum, die barocke Üppigkeit und die noch heute zutage tretende Frömmigkeit dieser Region.
Die 50 ausgewählten Tagestouren, die als Rundwanderungen konzipiert sind, und die drei Etappen auf dem Jakobsweg stellen keine besonderen Anforderungen an den Wanderer und können auch von Familien mit Kindern problemlos bewältigt werden. Der Höhenunterschied der Wanderungen ist mäßig, nur in der Länge unterscheiden sie sich. Die Gehzeit von blauen Touren beträgt im Normalfall weniger als 3 Stunden, rote dauern länger. Viele Ausgangspunkte sind mit öffentlichen Verkehrsmitteln erreichbar.
Die vorgeschlagenen Touren sind oft nur der Einstieg in viele Gebiete. Vor Ort findet man dann weitere markierte Wanderungen. Für diese können bei den örtlichen Informationsbüros Kartenmaterial und Beschreibungen bestellt werden, häufig findet man sie auch im Internet.
Ich danke allen Freunden, die mich auf den Wanderungen begleitet haben. Die Wanderungen wurden mit größter Sorgfalt recherchiert. Sollten Sie trotzdem auf Fehler, Ungenauigkeiten oder Veränderungen vor Ort stoßen, sind der Verlag und ich dankbar für eine Nachricht.

Heidelberg, im Frühjahr 2022 — Claus-Günter Frank

Im Schloss Werenwag, das auf einem Felssporn im Oberen Donautal liegt, lebt ein Zweig der Fürsten von Fürstenberg (Tour 1).

INHALTSVERZEICHNIS

SYMBOLE

Symbole im Tourenkopf
- Mit Bahn/Bus erreichbar
- Einkehrmöglichkeit unterwegs
- für Kinder geeignet

Symbole im Höhenprofil
- Ort mit Einkehrmöglichkeit
- Einkehrmöglichkeit
- Schutzhaus, Unterstand
- Bahn-/Busanschluss
- eingerichteter Parkplatz
- Campingplatz
- Freibad, Badeplatz
- Brücke
- Kirche, Kapelle
- Burg, Schloss, Ruine
- Turm
- Picknickplatz
- Aussichtsplatz
- Ausgrabungsstätte
- Abzweig links
- Abzweig rechts

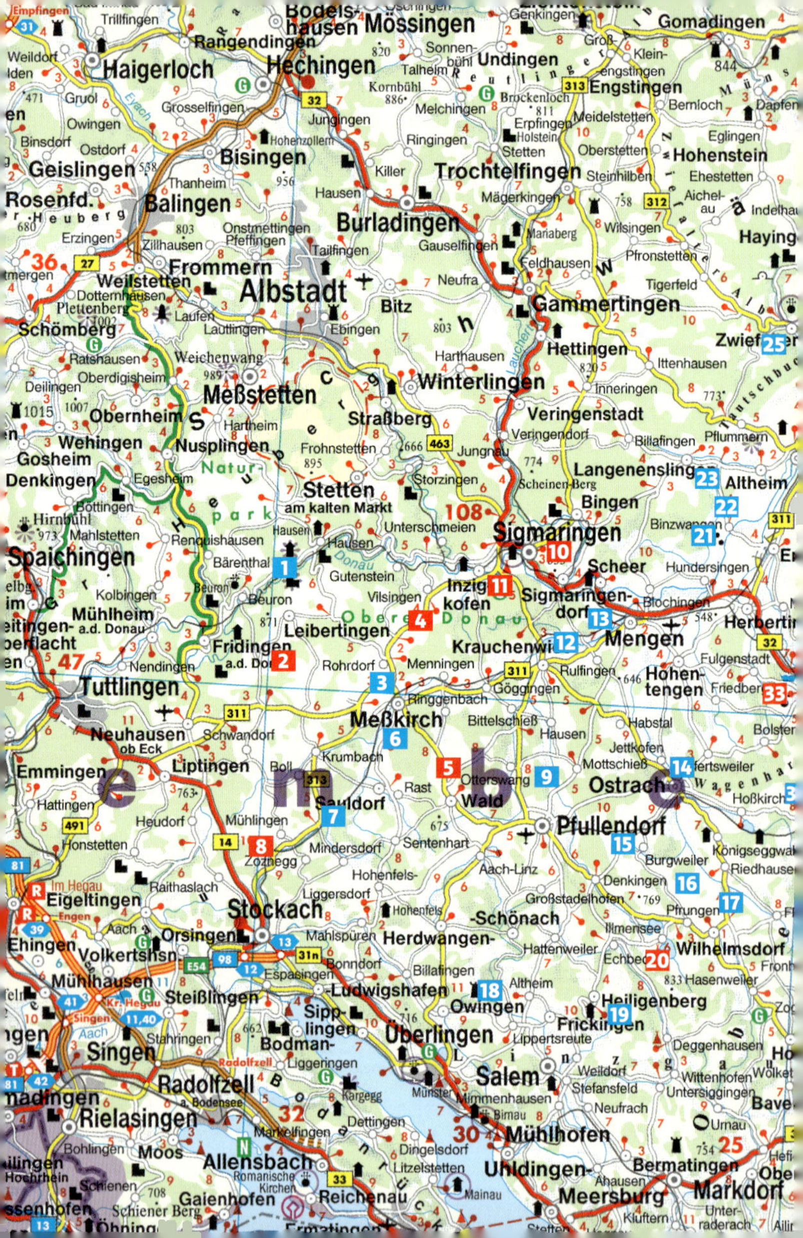

Haigerloch
Hechingen
Mössingen
Gomadingen
Rangendingen
Bodelshausen
Undingen
Engstingen
Grosselfingen
Jungingen
Melchingen
Bisingen
Ringingen
Trochtelfingen
Hohenstein
Geislingen
Rosenfd.
Balingen
Burladingen
Haying
Frommern
Albstadt
Neufra
Gammertingen
Weilstetten
Dotternhausen
Schömberg
Laufen
Lautlingen
Ebingen
Bitz
Hettingen
Zwiefalten
Meßstetten
Winterlingen
Straßberg
Veringenstadt
Obernheim
Wehingen
Nusplingen
Gosheim
Denkingen
Stetten am kalten Markt
Langenenslingen
Altheim
Bingen
Sigmaringen
Spaichingen
Scheer
Mühlheim a.d. Donau
Fridingen a.d. Donau
Leibertingen
Inzigkofen
Sigmaringendorf
Krauchenwies
Mengen
Herbertingen
Tuttlingen
Hohentengen
Meßkirch
Neuhausen ob Eck
Emmingen
Liptingen
Sauldorf
Ostrach
Pfullendorf
Stockach
Eigeltingen
Orsingen
Herdwangen-Schönach
Wilhelmsdorf
Volkertshsn.
Mühlhausen
Steißlingen
Ludwigshafen
Sipplingen
Owingen
Heiligenberg
Frickingen
Singen
Bodman-Ludwigshafen
Überlingen
Salem
Radolfzell a. Bodensee
Rielasingen
Mühlhofen
Moos
Allensbach
Uhldingen-Mühlhofen
Bermatingen
Markdorf
Meersburg
Gaienhofen
Reichenau
Bodensee
Obere Donau
Naturpark

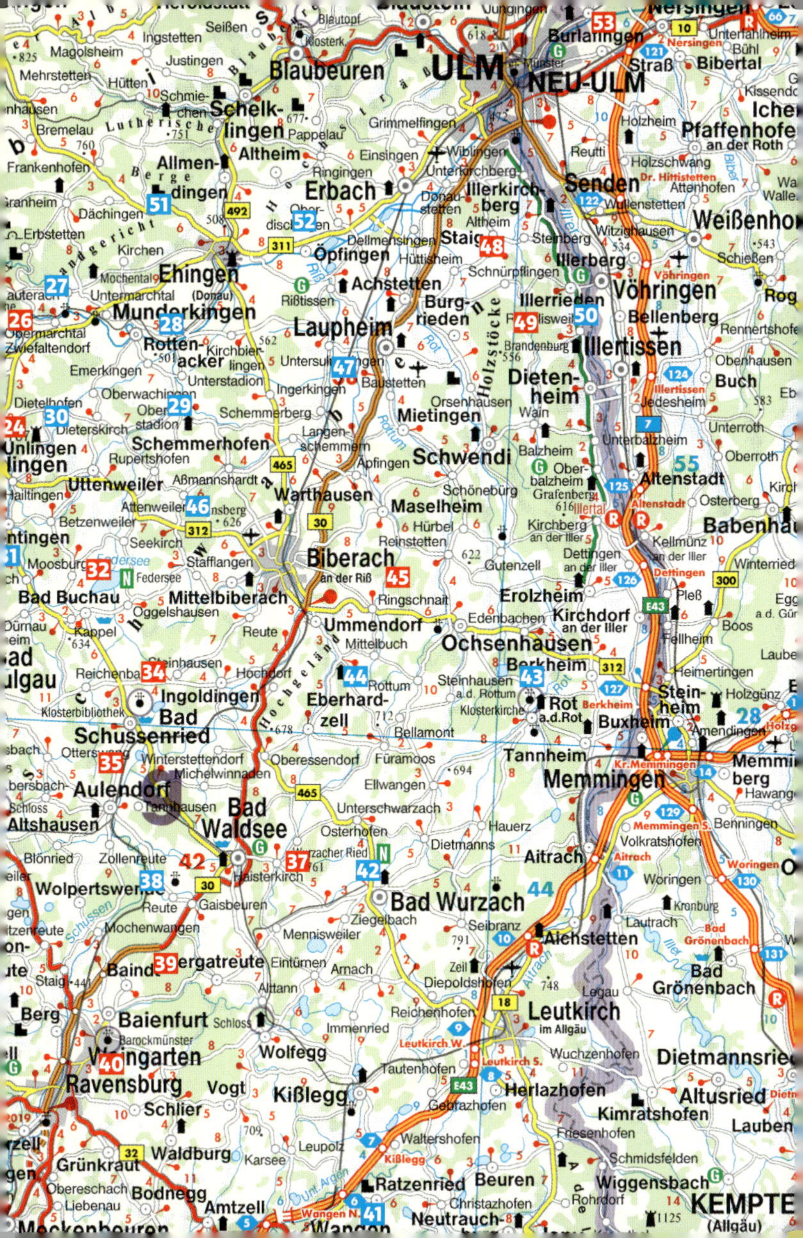

Blaubeuren
ULM
NEU-ULM
Schelklingen
Erbach
Senden
Weißenhorn
Pfaffenhofen an der Roth
Ehingen (Donau)
Munderkingen
Laupheim
Vöhringen
Illertissen
Dietenheim
Schwendi
Biberach an der Riß
Altenstadt
Babenhausen
Bad Buchau
Ochsenhausen
Erolzheim
Kirchdorf an der Iller
Bad Schussenried
Ingoldingen
Eberhardzell
Rot a.d.Rot
Buxheim
Memmingen
Aulendorf
Bad Waldsee
Bad Wurzach
Aitrach
Aichstetten
Leutkirch im Allgäu
Bad Grönenbach
Baienfurt
Weingarten
Ravensburg
Wolfegg
Kißlegg
Dietmannsried
Altusried
Kimratshofen
Waldburg
Grünkraut
Bodnegg
Amtzell
Wangen
Wiggensbach
KEMPTEN (Allgäu)
Mittelbiberach
Ummendorf
Warthausen
Maselheim
Mietingen
Achstetten
Öpfingen
Illerkirchberg
Staig
Oberstadion
Schemmerhofen
Uttenweiler
Altheim
Allmendingen
Bibertal
Nersingen
Tannheim
Berkheim
Steinheim
Memmingerberg
Hochgeländ
Aichstetten
Herlazhofen
Ratzenried
Neutrauchburg

TOP-TOUREN

Burg Wildenstein und drei Aussichtsfelsen
Die Wanderung verläuft am Rande des Oberen Donautals und eröffnet reizvolle Ausblicke auf das Durchbruchstal mit seinen Kalkfelsen und Burgen *(Tour 1, 3.10 Std.).*

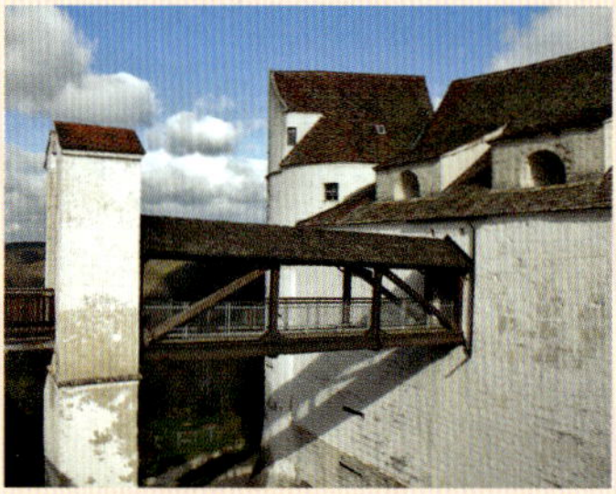

Jakobsweg von Sigmaringen nach Meßkirch
Von der ehemaligen Residenzstadt Sigmaringen führt die Wanderung im Donautal entlang des Flusses, dann durch den Landschaftspark Inzigkofen, der im 19. Jh. von den hohenzollerischen Fürsten angelegt wurde, und schließlich durch Felder, Wiesen und Wälder nach Meßkirch *(Tour 4, 5.50 Std.).*

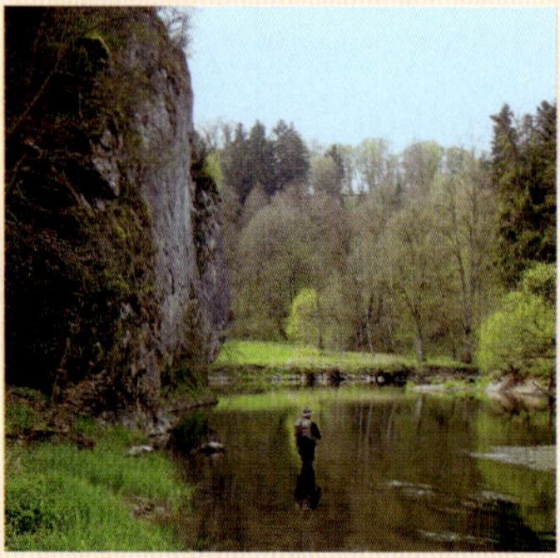

Rund um den Großen Trauben im Pfrunger-Burgweiler Ried
Oberschwaben ist das Land der Riede und Moore. Diese Runde führt durch ein Hochmoor *(Tour 16, 3.00 Std.).*

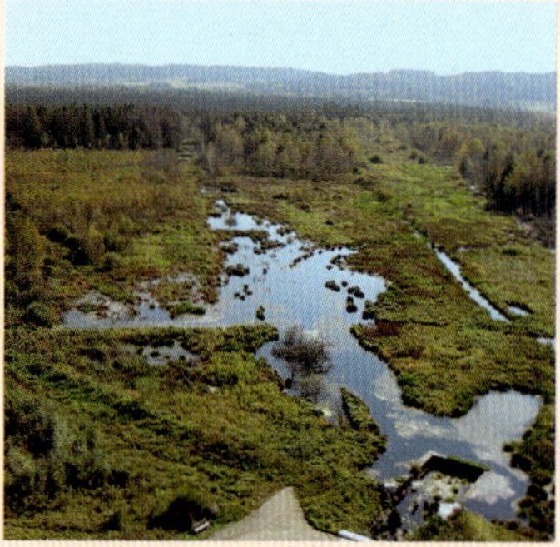

Vom Illmensee zum Höchsten
Vom idyllischen Illmensee zum Höchsten, dem höchsten Berg Oberschwabens. Mit etwas Glück bietet sich dort ein fantastisches Alpenpanorama *(Tour 20, 4.00 Std.).*

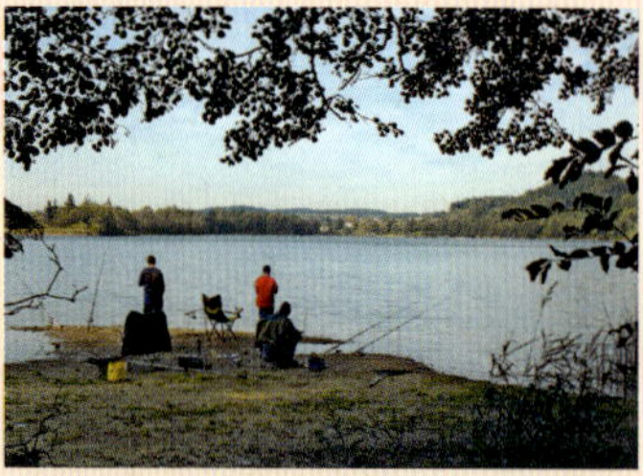

Riedlingen und das Donautal
Von der Donaustadt Riedlingen führt der Weg auf den heiligen Berg Oberschwabens, den Bussen, und zur Donau. Am renaturierten Fluss entlang geht es zurück nach Riedlingen *(Tour 24, 4.30 Std.).*

Rundwanderung im Kanzachtal
Eine schöne Wanderung für Eisenbahnfreunde und Kinder. Zuerst verläuft der Weg auf der Trasse des »Buchauer Zügles«, einer längst vergessenen Schmalspurbahn, zur Bachritterburg. Eine Ritterburg wurde Anfang des 21. Jh. wieder aufgebaut. Wer Burgen mit Steingemäuern auf Felsspornen verbindet, wird überrascht sein. Zurück wandert man durch Wälder, vorbei an einem verwunschenen Moorsee *(Tour 31, 2.30 Std.).*

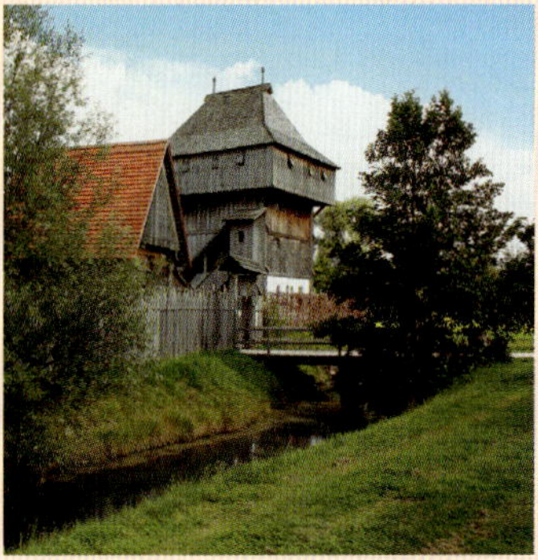

Rundwanderung um den Federsee
Idyllische Tour durch die Riedlandschaft rund um den Federsee. Ein Highlight für Kinder sind die Pfahlbauten im Federseemuseum in Bad Buchau *(Tour 32, 4.20 Std.).*

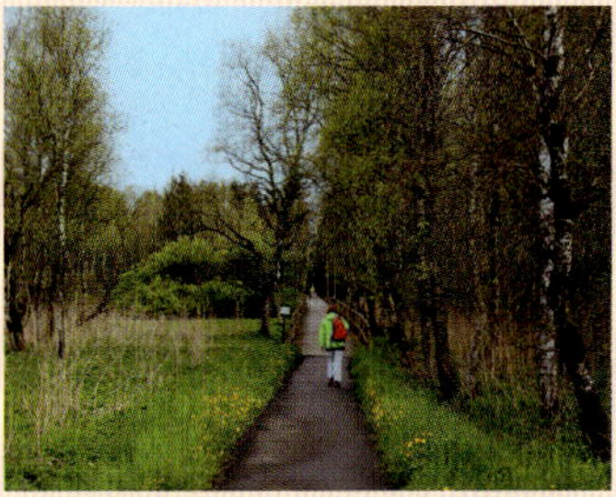

Grabener Höhe
Zwischen den Kurorten Bad Waldsee und Bad Wurzach liegt die Grabener Höhe. Von dort bietet sich ein reizvoller Ausblick auf das Wurzacher Ried, bei guter Sicht ist das Alpenpanorama die Zugabe *(Tour 37, 2.20 Std.).*

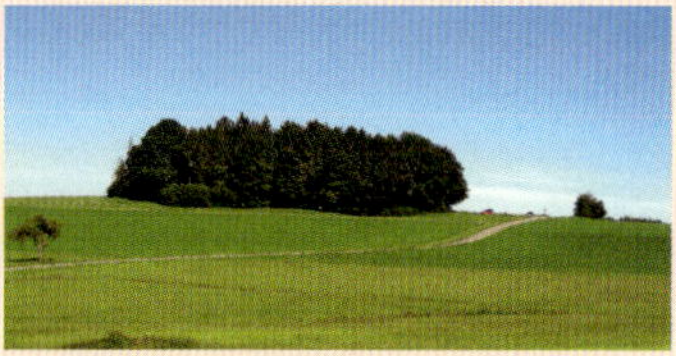

Von Ochsenhausen nach Biberach
Durch Felder, Wiesen und Wälder führt diese Tour. Immer wieder eröffnen sich weite Ausblicke über die reizvolle Hügellandschaft. Die Reichsabtei Ochsenhausen am Anfang und die Reichsstadt Biberach am Ende sind eine Besichtigung wert *(Tour 45, 4.15 Std.).*

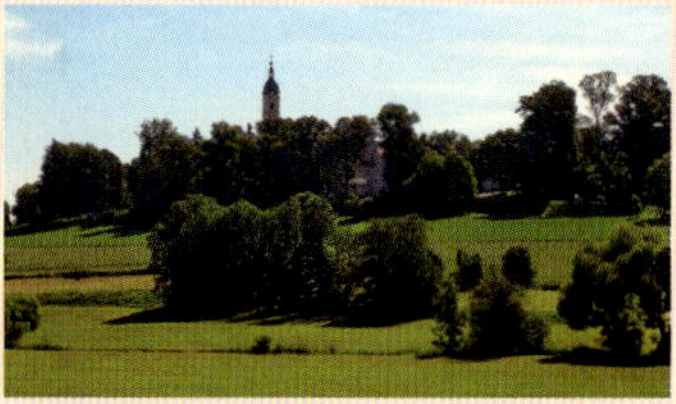

Laupheim
Im Rißtal im Westen von Laupheim verläuft diese Rundwanderung. Die zwei Badeseen sind eine Verlockung für Kinder *(Tour 47, 3.40 Std.).*

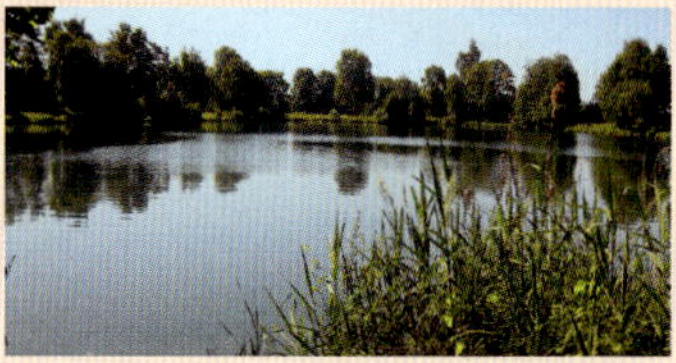

ALLGEMEINE HINWEISE

Anforderungen

Die Anforderungen sind mäßig und die Wege überwiegend deutlich. Die Markierungen sind gut, aber gelegentlich gibt es viele unterschiedliche Wanderwege und kaum noch einen unmarkierten Baum.
Zur besseren Einschätzung des Schwierigkeitsgrads einer Wanderung wurde jeder Vorschlag mit einer Farbe gekennzeichnet, dabei gelten im Normalfall folgende Kriterien:

SCHWIERIGKEITSKATEGORIEN

■ = Leicht

Diese Wege sind entweder markiert oder von der Orientierung her leicht. Sie können mit gutem Schuhwerk von jedermann begangen werden. Die Gehzeit beträgt normalerweise weniger als 3 Std.

■ = Mittel

Diese Wanderungen erfordern eine gewisse Ausdauer und überall dort, wo keine Markierungen vorhanden sind, ein gutes Orientierungsvermögen. Die Gehzeit beträgt normalerweise über 3 Std.

Ausrüstung

Es ist keine spezielle Ausrüstung erforderlich. Wanderschuhe haben Vorteile, aber sie sind nicht notwendig. Natürlich ist es sinnvoll, bei bestimmten Wetterlagen Regenjacke oder Pullover mitzuführen, aber das muss eigentlich nicht extra erwähnt werden. Bei Wanderungen durch Moor- und Riedgebiete kann ein Mückenspray manchmal gute Dienste leisten.

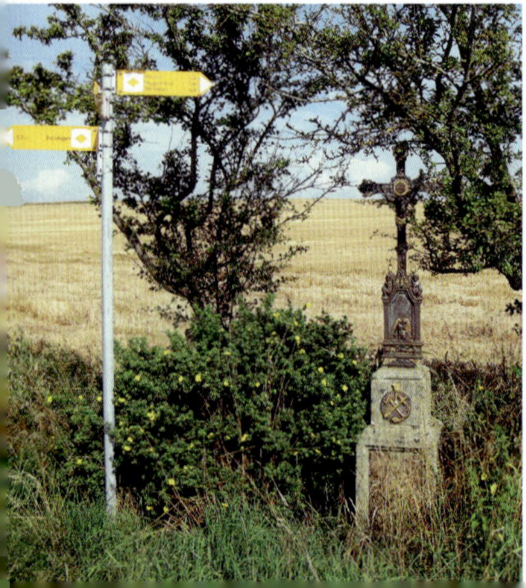

Gefahren

Wirkliche Gefahren existieren nicht. Selbstverständlich kann man Situationen falsch einschätzen, z. B. sich bei Anbruch der Dämmerung noch im Wald befinden, sich verlaufen, in ein Gewitter kommen, den Fuß vertreten usw., aber das gehört eher in den Bereich »allgemeines Lebensrisiko«.

Links: Feldkreuz bei Altshausen (Tour 36). Rechts: Traditionen werden in Oberschwaben gepflegt, wie etwa beim Weingartner Blutritt.

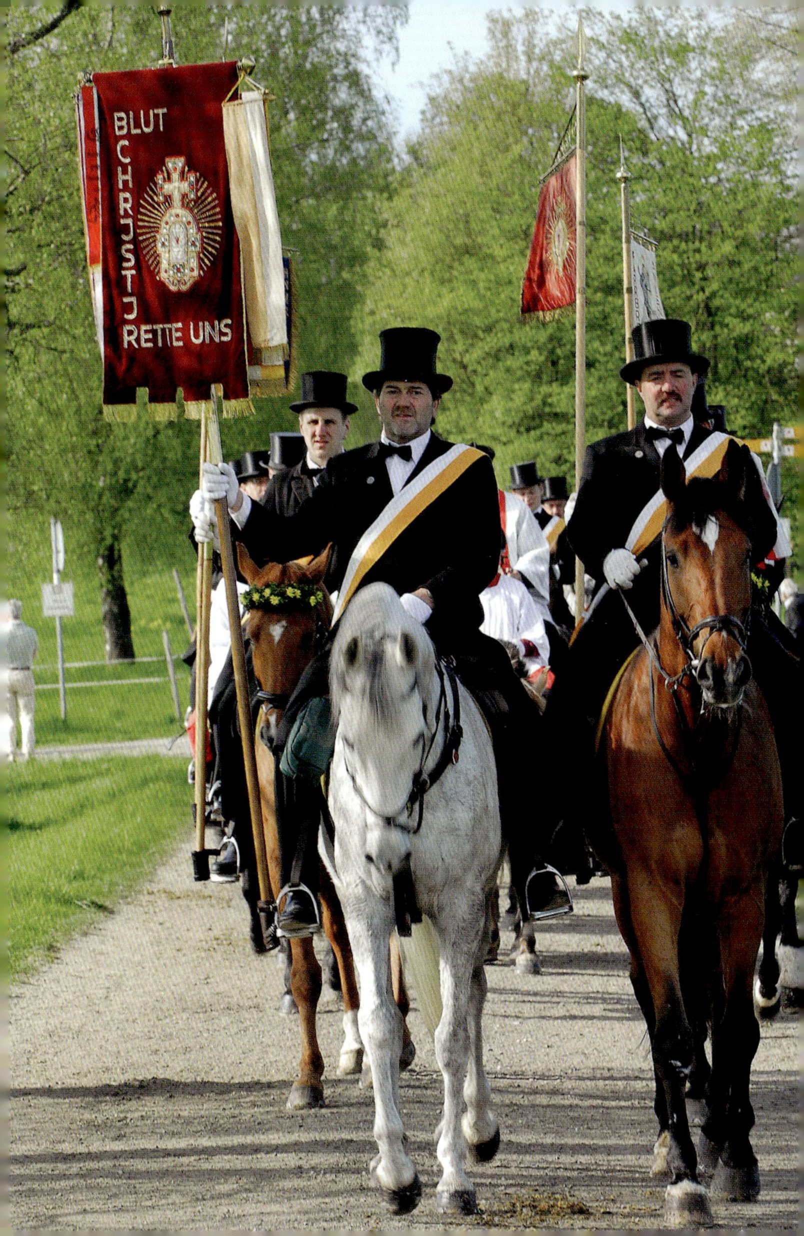
BLUT
CHRJSTJ
RETTE UNS

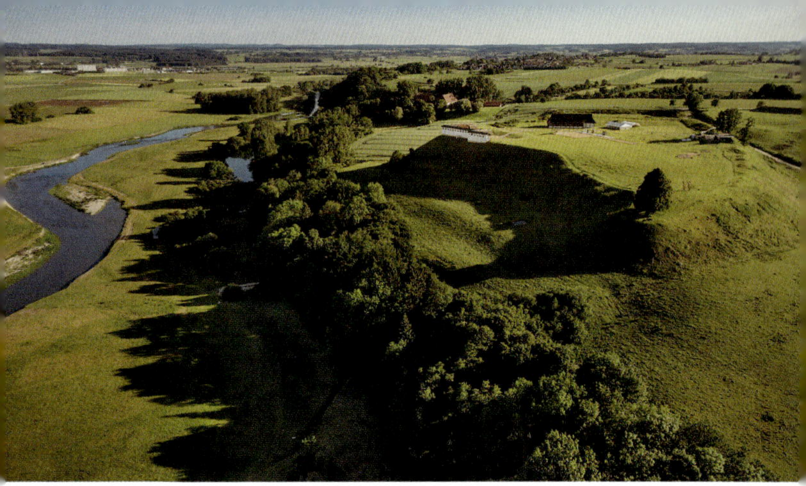

Die rekonstruierte keltische Heuneburg auf einem Plateau über der Donau (Touren 21, 22).

Gehzeiten

Die Zeitangaben enthalten nur die reine Gehzeit eines guten Wanderers. Welche Zu- und Abschläge zur eigenen Gehzeit angebracht sind, sollte jeder austesten. Neben der Gesamtgehzeit sind zur besseren Orientierung auch Zeiten für einzelne Abschnitte im Text angegeben.

Verkehrsverbindungen

Im Norden verläuft am Rand Oberschwabens die Donautalbahn von Donaueschingen nach Ulm, im Osten die Bahnstrecke Ulm–Friedrichshafen, im Süden die Bodenseegürtelbahn von Friedrichshafen nach Singen und

GPS-TRACKS UND KOORDINATEN DER AUSGANGSPUNKTE

Zu diesem Wanderführer stehen auf www.rother.de GPS-Tracks und Koordinaten der Ausgangspunkte zum kostenlosen Download bereit.
3. Auflage, Passwort: **446203rey**
Sämtliche GPS-Daten wurden vom Autor im Gelände erfasst. Verlag und Autor haben die Tracks und Wegpunkte nach bestem Wissen und Gewissen überprüft. Dennoch können wir Fehler oder Abweichungen nicht ausschließen, außerdem können sich die Gegebenheiten vor Ort zwischenzeitlich verändert haben. GPS-Daten sind zwar eine hervorragende Planungs- und Navigationshilfe, erfordern aber nach wie vor sorgfältige Vorbereitung, eigene Orientierungsfähigkeit sowie Sachverstand in der Beurteilung der jeweiligen (Gelände-)Situation. Man sollte sich für die Orientierung auch niemals ausschließlich auf GPS-Gerät und -Daten verlassen.

Der Umwelt zuliebe ...

Auch beim Wandern hinterlassen wir einen ökologischen Fußabdruck, aber im Einklang mit der Natur unterwegs zu sein, ist gar nicht so schwer!

VORBEREITUNG UND ANFAHRT

- Sich vorab informieren, worauf in Bezug auf Natur und Umwelt in der jeweiligen Wanderregion besonders zu achten ist.
- Soweit möglich mit Bahn und Bus anreisen, Wander- und Rufbusse nutzen.
- Ist eine Anfahrt mit dem Auto nötig, Fahrgemeinschaften bilden.
- Bei weiten Anfahrten Mehrtagestouren planen oder von einem Quartier vor Ort aus mehrere Touren absolvieren.
- Flugreisen möglichst reduzieren und durch Beiträge zu Klimaschutzprojekten kompensieren.

KLEIDUNG UND AUSRÜSTUNG

- Beim Kauf von Outdoor-Kleidung auf umweltfreundliche und faire Herstellung achten und Kleidungsstücke möglichst viele Jahre nutzen.
- Ausrüstung kann man eventuell auch gebraucht kaufen oder ausleihen.
- Reparieren statt neu kaufen.

VERPFLEGUNG

- Beim Einkauf Bio-Ware, regionale und saisonale Erzeugnisse bevorzugen.
- Hütten und Gasthäuser auswählen, die regionale Produkte verwenden.
- Auf Einwegflaschen und Plastikverpackungen verzichten, stattdessen wiederverwendbare Trinkflaschen und Brotzeitboxen benutzen.

ÜBERNACHTUNG

- Bei lokalen Anbietern buchen, damit Menschen vor Ort profitieren.
- Auf Hütten und in anderen Unterkünften Strom und Wasser sparen.

UNTERWEGS

- Wege benutzen und Abkürzer vermeiden.
- Sperrungen von Wegen und Schutzgebieten respektieren.
- Keine Blumen pflücken und keine Pflanzen entnehmen.
- Waldbrandgefahr beachten.
- Müll wieder mit nach Hause nehmen und dort entsorgen.
- Toilettengänge in freier Natur möglichst vermeiden.
- Lärm vermeiden.
- Hunde an die Leine nehmen.

ROTHER
BERGVERLAG

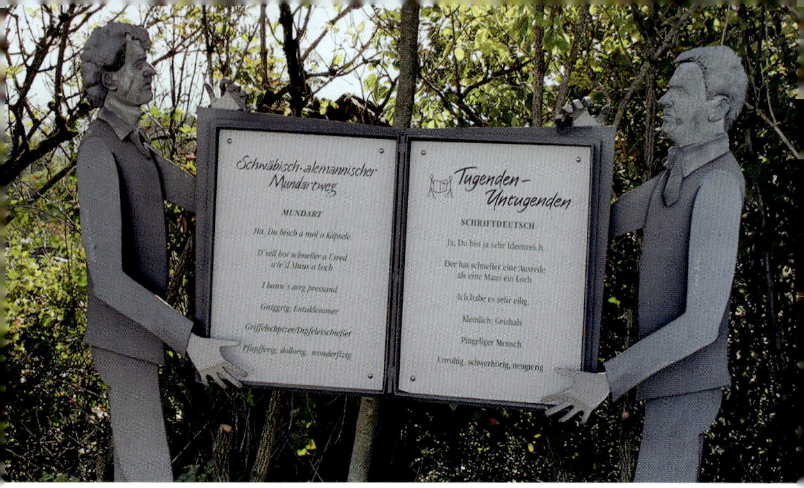

Schwäbisch im Schnelldurchgang auf dem Mundartweg (Tour 20).

im Westen die Schwarzwaldbahn von Singen nach Donaueschingen. Die Bahnstrecke von Herbertingen im Donautal nach Isny im Allgäu schneidet die Nordostecke dieses durch die Hauptstrecken gegebenen Vierecks ab. Stockach ist im Stundentakt mit Radolfzell am Bodensee verbunden, die Fortsetzung dieser Strecke von Stockach nach Mengen im Donautal erlebte 2021 eine Wiederauferstehung, zurzeit gibt es aber nur an Wochenenden im Sommer einen Ausflugs-Personenverkehr. Dasselbe gilt für die Strecke von Altshausen (an der Strecke Herbertingen–Isny) nach Pfullendorf.
Der südliche Teil Oberschwabens wird durch den Bodensee-Oberschwaben Verkehrsverbund bodo abgedeckt (www.bodo.de), im nordöstlichen Teil ist

WOHNMOBILSTELLPLÄTZE

Park-Camping Iller, Illerstraße 57, 88319 Aitrach
Reisemobilstellplatz Carthago, Carthago Ring, 88326 Aulendorf
Reisemobilstellplatz Gasthaus zum Rad, Im Gumpen 1, 88326 Aulendorf
Komfortplatz am Kurpark, Am Kurpark/Seegasse, 88422 Bad Buchau
Wohnmobilstellplatz Rondell, Seegasse, 88422 Bad Buchau
Stellplatz am Federseemuseum, August-Gröber-Platz, 88422 Bad Buchau
Reisemobilhafen an der Sonnenhof-Therme, Am Schönen Moos 1, 88348 Bad Saulgau
Wohnmobilstellplatz auf dem Golf Platz Bad Saulgau, Koppelweg, 88348 Bad Saulgau
Stellplatz am Bierkrugmuseum, Wilhelm-Schussen-Straße 12, 88427 Bad Schussenried

WOHNMOBILSTELLPLÄTZE

Campingplatz, Dorfstraße 8, 88427 Bad Schussenried-Steinhausen
Reisemobilstellplatz bei der Waldsee-Therme, Unterurbacher Weg, 88339 Bad Waldsee
Stellplatz Bertsch & Lott, Mattenhaus 4, 88339 Bad Waldsee
Wohnmobilstellplatz, An der Thermalquelle 1/Riedhalde, 88410 Bad Wurzach
Wohnmobilstellplatz, Rißstraße 2, 88400 Biberach an der Riß
Wohnmobilstellplätze Brauerei Biberach, Weißenhorner Straße 24, 89297 Roggenburg-Biberach
Wohnmobilstellplatz Am Stadion, Am Stadion, 89584 Ehingen/Donau
Wohnmobilstellplätze, Donauwinkel 4, 89155 Erbach
Campingplatz/Zeltplatz beim Gasthof Hirsch, Rißtisser Straße 4, 89155 Erbach-Ersingen
Wohnmobilstellplätze am Königseggsee, Seestraße, 88374 Hoßkirch
Reisemobilstellplatz Dethleffs, Alemannenstraße, 88316 Isny im Allgäu
Camping Christophorus, Werte 6, 88486 Kirchberg an der Iller
Camping Seewiese, Kirchplatz 2/1, 88636 Illmensee
Wohnmobilstellplatz am Obersee, Strandbadweg, Kißlegg
Seecamping, Ablacher Straße 4, 72505 Krauchenwies
Schloss Großlaupheim, Claus-Graf-Stauffenberg-Straße 15, 88471 Laupheim
Campinggarten, Beim Freibad 1, 88637 Leibertingen
Wohnmobilplatz Zielfinger Seen, Uferweg 18, 88512 Mengen
Camping an der Ablach, Am Stachus 26, 88605 Meßkirch
Reisemobilstellplatz An der Kapfhalle, Jahnstraße, 88416 Ochsenhausen
Wohnmobilstellplatz Weites Ried, Schulstraße 12, 88356 Ostrach-Burgweiler
Wohnmobilstellplatz am Seepark Linzgau, Am Litzelbacherweg, 88630 Pfullendorf
Wohnmobilstellplatz, Mühlbruckstraße, 88212 Ravensburg
Wohnmobilstellplatz, Schlachthausstraße 25 und Hindenburgstraße, 88499 Riedlingen
Ferienhof Musch, Unterer Weg 7, 88430 Rot an der Rot
Natur Camping Tipihof, Hardthöfe 9, 88605 Sauldorf
Wohnmobilstellplatz, Georg-Zimmerer-Straße 6, 72488 Sigmaringen
Reisemobilhafen Papiermühle, Johann-Glatt-Straße 3, 78333 Stockach
Wohnmobilstellplatz am Donaubad Ulm/Neu-Ulm, Öschweg 6, 89231 Neu-Ulm
Wohnmobilstellplatz Bräuhaus, Bachstraße 10, 88444 Ummendorf
Wohnmobilstellplatz, Weiherstraße 100, 88524 Uttenweiler
Wohnmobilstellplatz, Abt-Hyller-Straße, 88250 Weingarten
Reisemobilhafen Loretopark, Rötenbacher Straße, 88364 Wolfegg

der Verkehrsverbund Neckar-Alb-Donau naldo (www.naldo.de) aktiv und der Donau-Iller-Nahverkehrsverbund DING (www.ding.eu) organisiert den Nahverkehr in den Landkreisen Ulm und Biberach.
Umfassende Informationen zum ÖPNV in Oberschwaben, auch zu den Abfahrtszeiten der Busse, bietet die App der Deutschen Bahn (www.bahn.de).

Wohnmobilstellplätze

Oberschwaben ist ein Eldorado für Wohnmobile, die Zahl der Stellplätze ist riesig und in der Nähe fast jeden Ausgangspunkts der Touren findet man einen Platz (siehe Seite 14/15).
Allgemeine Informationen für Wohnmobil-Reisende findet man auf der Website www.oberschwaben-tourismus.de/reisewelten/reisemobil-camping.

Informationen

Fast jede Gemeinde bietet Informationsmaterial und/oder Wanderkarten an, dazu gibt es auf beinahe allen Internet-Seiten weitere Wandervorschläge. Allerdings sind die Verkehrsämter/Touristeninformationen vor Ort oft nur unregelmäßig und an Wochenenden und Feiertagen gar nicht geöffnet. In kleineren Orten finden sich an zentralen Stellen (Rathaus, Marktplatz usw.) häufig Übersichtstafeln mit markierten Wanderungen im Gemeindegebiet.
Allgemeine Informationen zur Region halten bereit:

- **Schwäbischer Albverein e. V.**, Hospitalstraße 21 B, 70174 Stuttgart, Tel. +49 711 225850, www.albverein.net
- **Oberschwaben-Portal**, Zentrum für Regionalität und Schulgeschichte, Pädagogische Hochschule Weingarten, Kirchplatz 2, 88250 Weingarten, www.oberschwaben-portal.de
- **Ferienregion Nördlicher Bodensee**, Kirchplatz 1, 88630 Pfullendorf, Tel. +49 7552 251131, www.noerdlicher-bodensee.de
- **Deutsche Bodensee Tourismus GmbH** (Echt Bodensee), Karlstraße 13, 88045 Friedrichshafen, Tel. +49 800 7326033, www.echt-bodensee.de
- **Oberschwaben-Tourismus GmbH**, Neues Kloster 1, 88427 Bad Schussenried, Tel. +49 7583 926380, www.oberschwaben-tourismus.de
- **Schwäbische Bäderstraße**, Wilhelm-Schussen-Straße 36, 88427 Bad Schussenried, Tel. +49 7583 940171, www.schwaebische-baederstrasse.de
- **Alb-Donau-Kreis Tourismus**, Landratsamt Alb-Donau-Kreis, Schillerstraße 30, 89077 Ulm, www.tourismus.alb-donau-kreis.de
- **Deutsche Donau Tourismus e. V.**, Neue Straße 45, 89073 Ulm, Tel. +49 731 1612814, www.deutsche-donau.de
- **Donaubergland**, Am Seltenbach 1, 78532 Tuttlingen, Tel. +49 7461 7801675, www.donaubergland.de
- **Naturpark Obere Donau e. V.**, Wolterstraße 16, 88631 Beuron, Tel. +49 7466 92800, www.naturpark-obere-donau.de
- **Stiftung Naturschutz Pfrunger-Burgweiler Ried**, Riedweg 3, 88271 Wilhelmsdorf, Tel. +49 7503 739, www.riedstiftung.de

VERKEHRSÄMTER UND TOURISTENINFORMATIONEN

Ort	Telefon	Internet
Altshausen	+49 7584 92060	www.altshausen.de
Bad Buchau	+49 7582 93360	www.bad-buchau.de
Bad Saulgau	+49 7581 20090	www.t-b-g.de
Bad Schussenried	+49 7583 9401171	www.bad-schussenried.de
Bad Waldsee	+49 7524 941342	www.bad-waldsee.de
Bad Wurzach	+49 7564 302150	www.bad-wurzach.de
Biberach a. d. Riß	+49 7351 51165	www.biberach-riss.de
Dietenheim	+49 7347 96960	www.dietenheim.de
Dürmentingen	+49 7371 95070	www.duermentingen.de
Eberhardzell	+49 7355 93000	www.eberhardzell.de
Ehingen	+49 7391 503207	www.ehingen.de
Ertingen	+49 7371 5080	www.ertingen.de
Fronreute	+49 7502 9540	www.fronreute.de
Herbertingen	+49 7586 92080	www.herbertingen.de
Horgenzell	+49 7504 97010	www.horgenzell.de
Illmensee	+49 7558 92070	www.illmensee.de
Inzigkofen	+49 7571 730711	www.inzigkofen.de
Laupheim	+49 7392 7040	www.laupheim.de
Maselheim	+49 7351 18400	www.maselheim.de
Mengen	+49 7572 6070	www.mengen.de
Meßkirch	+49 7575 2061422	www.messkirch.de
Munderkingen	+49 7393 5980	www.munderkingen.de
Obermarchtal	+49 7375 205	www.obermarchtal.de
Oberstadion	+49 7357 92140	www.oberstadion.de
Ochsenhausen	+49 7352 922026	www.ochsenhausen.de
Ostrach	+49 7585 3000	www.ostrach.de
Pfullendorf	+49 7552 251131	www.pfullendorf.de
Ravensburg	+49 751 82800	www.ravensburg.de
Riedlingen	+49 7371 1830	www.riedlingen.de
Rot a. d. Rot	+49 8395 94050	www.rot.de
Rottenacker	+49 7393 95040	www.rottenacker.de
Scheer a. d. Donau	+49 7572 76160	www.stadtscheer.de
Sigmaringen	+49 7571 106224	www.sigmaringen.de
Stockach	+49 7771 802300	www.stockach.de
Ulm	+49 731 1612830	www.tourismus.ulm.de
Ummendorf	+49 7351 34770	www.ummendorf.de
Wald/Hohenzollern	+49 7578 92160	www.wald-hohenzollern.de
Weingarten	+49 751 405232	www.weingarten-online.de
Wilhelmsdorf	+49 7503 9210	www.gemeinde-wilhelmsdorf.de
Wolpertswende	+49 7502 94030	www.wolpertswende.de
Zwiefalten	+49 7373 20520	www.zwiefalten.de

REGION OBERSCHWABEN

Geografie

Heute wird die in etwa ein Dreieck bildende Landschaft im Südosten Baden-Württembergs zwischen der Donau am Südrand der Schwäbischen Alb, dem Bodensee und der württembergisch-bayerischen Grenze, die weitgehend entlang der Iller verläuft, Schwäbisches Oberland oder auch Oberschwaben genannt. Früher wurden auch die in Bayern liegenden Teile Schwabens (d. i. im Wesentlichen der heutige bayerische Regierungsbezirk Schwaben) und das Allgäu dazugezählt. Die Grenzen sind fließend. Da das Allgäu meist positive Assoziationen bewirkt, wurde es aus Gründen des Marketings vergrößert und seine Grenze nach Norden verschoben.

Oberschwaben ist im Norden ein flachwelliges Hügelland (Altmoränenlandschaft der Riß-Eiszeit); südlich der Linie Pfullendorf–Bad Saulgau, wo der Bodensee und die Vulkanberge des Hegau liegen, ist die Landschaft ausgeprägt kuppig-hügelig (Jungmoränenlandschaft der Würm-Eiszeit).

Die geografische Region stellt gleichzeitig auch eine geologische Einheit dar. Im Tertiär schob sich die afrikanische Platte nach Norden, kollidierte vor etwa 50 Mio. Jahren mit der europäischen Platte und presste die Alpen nach oben. Dieser Vorgang ist bis heute nicht abgeschlossen. Im Alpenvorland lagerten die Flüsse aus den Bergen Sedimente (Molasse) ab. Mit zunehmender Sedimentlast sank das Voralpenland tiefer. Das Gebiet war abwechselnd trocken, von einem süßen See oder einem salzigen Binnenmeer bedeckt.

Laucherthal entstand als Arbeitersiedlung, als 1708 eine Eisenschmelze errichtet wurde (Tour 10).

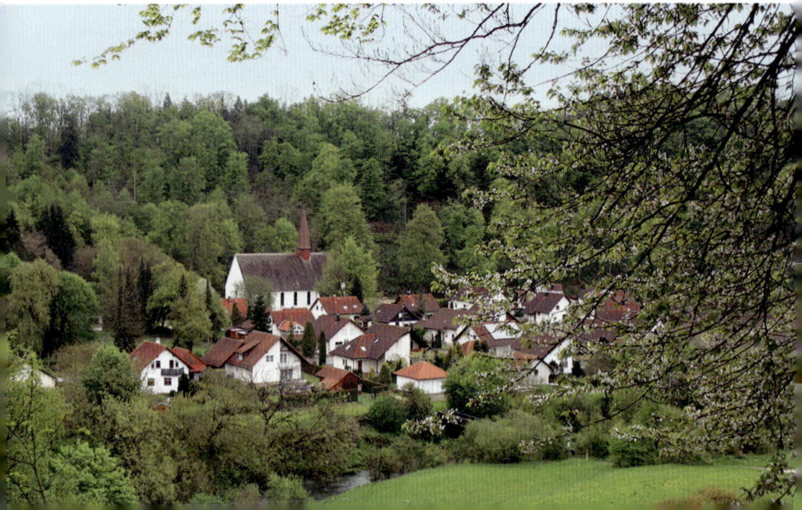

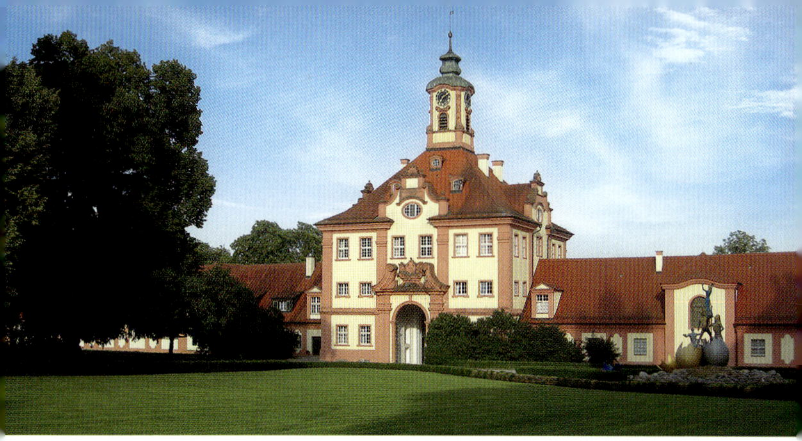

Torgebäude des Schlosses in Altshausen (Tour 36).

Enorme Spannungen in den Gesteinen führten zur Entstehung von Bruchzonen, an denen heißes Magma aus dem Erdinneren aufstieg. Die Asche großer Vulkanschlote bedeckte bis zu 100 m hoch die Landschaft. Einige Millionen Jahre später schob sich wieder Magma nach oben. Diesmal war es aber nicht energisch genug, bis an die Oberfläche durchzubrechen. Es blieb in den Deckentuffen stecken und erstarrte zu riesigen Pfropfen. Erst die eiszeitliche Abtragung »befreite« die harten Phonolithkuppen, die heute die imposanten Kegel der Hegau-Vulkane bilden.
Mehrmals wechselten sich Kalt- und Warmzeiten ab. Während der Eiszeiten stießen jedes Mal riesige Gletscher aus den Alpen nach Oberschwaben vor. Sie formten die Landschaft, schufen zahllose Seen und Moore, Hügel und lang gestreckte Moränenzüge. Das Wasser leistet bis heute die »Feinmodellierung«, grub enge Tobel in steile Felsen und rundete große Steine.

Die wichtigsten Erhebungen Oberschwabens sind:

- Der **Höchsten** (838 m) ist ein beliebter Aussichtspunkt etwa 17 km nördlich des Bodensees im westlichen Oberschwaben.
- Die **Waldburg** (772 m) befindet sich auf einem kegelförmigen Hügel östlich von Ravensburg.
- Der **Bussen** (767 m) gilt als heiliger Berg Oberschwabens und wird als Aussichtsberg und Wallfahrtsort viel besucht.
- Der **Gehrenberg** (752 m) bei Markdorf bietet von einem 30 m hohen Aussichtsturm bei schönem Wetter eine herrliche Aussicht auf den Bodensee und die Alpen.
- Von der **Grabener Höhe** (754 m) zwischen Bad Waldsee und Bad Wurzach eröffnet sich eine reizende Aussicht auf die Alpen und das Wurzacher Ried, das größte Hochmoor Mitteleuropas.

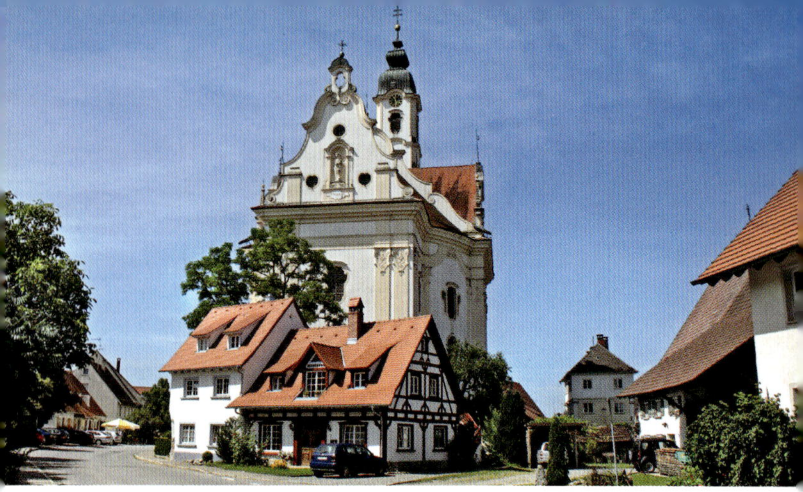

Die »schönste Dorfkirche der Welt« in Steinhausen (Tour 34).

Geschichte und Wirtschaft

Der Begriff »Oberschwaben« entstand Ende des 13. Jh., als das Herzogtum Schwaben nach dem Aussterben der Staufer zerfiel und König Rudolf von Habsburg versuchte, das Reichs- und Herzogsgut, das sich die schwäbischen Adeligen noch nicht angeeignet hatten, zu zwei Reichslandsvogteien zusammenzufassen: Niederschwaben und Oberschwaben. Mangels Masse wurde Niederschwaben nach hundert Jahren zu Oberschwaben geschlagen. Viel später gab es im Herzogtum Württemberg verwaltungstechnisch eine räumliche Gliederung in ein »Land ob der Steig« (Oberland) und ein »Land unter der Steig« (Unterland). Die Grenze bildete die Alte Weinsteige in Stuttgart. Der Begriff »Unterland« hat sich dann für den Raum um Heilbronn eingebürgert, während »Oberland« inzwischen gleichbedeutend mit »Oberschwaben« ist. Nach dem Zerfall des schwäbischen Herzogtums konnte sich in Oberschwaben keine Zentralmacht etablieren. Zwar gelang es den Habsburgern, einige Gebiete unter ihre Kontrolle zu bringen, aber daneben gab es reichsfürstliche und -gräfliche Gebiete (u. a. Fürstenberg, Hohenzollern, Königsegg, Montfort, Stadion, Thurn und Taxis, Waldburg, Württemberg), das Bistum Konstanz und reichsunmittelbare Klöster (u. a. Baindt, Buchau, Gutenzell, Heggbach bei Maselheim, Marchtal, Ochsenhausen, Petershausen bei Konstanz, Salem, Schussenried, St. Georg in Isny, Weißenau bei Ravensburg), Freie Reichsstädte (Bad Buchau, Biberach an der Riß, Buchhorn, heute ein Teil von Friedrichshafen, Konstanz, Isny, Leutkirch, Lindau, Pfullendorf, Ravensburg, Überlingen, Ulm, Wangen) und reichsritterschaftliche Gebiete. Dieser Flickenteppich von mehr oder weniger unabhängigen Miniherrschaften prägte mit einer Vielzahl von

Schlössern und Burgen, Residenzen und Klöstern nicht nur die Landschaft, sondern auch die Mentalität ihrer Bewohner. Die Bauern waren selbstbewusst und setzten sich oft streitbar gegen feudale Bedrückung zur Wehr, forderten Freiheitsrechte und kommunale Autonomie ein. Oberschwaben war ein Zentrum im Deutschen Bauernkrieg (1524–1526), die im März 1525 verfassten »Zwölf Artikel von Memmingen« gelten als erste Niederschrift der Menschenrechte. Der elf Jahre früher im Herzogtum Württemberg ausgehandelte »Tübinger Vertrag« wird oft mit der englischen »Magna Carta« auf eine Stufe gestellt.

1801 fielen im Frieden von Lunéville die Gebiete westlich des Rheins an Frankreich. Im Vertrag wurde den weltlichen deutschen Fürsten, die westlich des Rheins Gebiete verloren hatten, östlich davon Ersatz versprochen. Leider hatte man »übersehen«, dass Frankreich östlich des Rheins keine Besitzungen hatte. So beschloss der Reichstag 1803 im sog. Reichsdeputationshauptschluss, diese Fürsten aus reichsunmittelbarem Besitz zu entschädigen.

Durch diese Säkularisation verloren die Bistümer ihren weltlichen Herrschaftsbereich und fast alle Klöster wurden aufgelöst, die Mediatisierung bedeutete das Ende der Freien Reichsstädte und vieler kleiner Herrschaften. 1805 wurden im Pressburger Friedensvertrag die österreichischen Besitzungen in Oberschwaben an Baden, Bayern und Württemberg verteilt. Für die kleineren Fürstentümer, die die Mediatisierung überlebt hatten oder sogar noch neu entstanden waren, kam 1806 mit dem Ende des Alten Reichs das Aus. Im Südwesten waren die neuen Königreiche Bayern und Württemberg sowie das zum Großherzogtum erhobene Baden die Gewinner. Nur die beiden kleinen Fürstentümer Hohenzollern-Sigmaringen und Hohenzollern-Hechingen bestanden aufgrund der engen Beziehung der Sigmaringer Fürstin Amalie Zephyrine zur französischen Kaiserin Josephine und der dynastischen Verbindungen mit Preußen als souveräne Staaten weiter. Der größte Teil des vorwiegend katholischen Oberschwabens fiel an das protestantische Königreich Württemberg, ein kleinerer Teil an das Großherzogtum Baden. Aus den Klöstern wurden Remisen, Gefängnisse und »Irrenhäuser«, ihre Ausstattung wurde auf Ochsenkarren nach Stuttgart transportiert. Zugleich passte den pietistischen Altwürttembergern die Lebensart in ihrer neuen Kolonie nicht. Der württembergische evangelische Pfarrer und Pädagoge

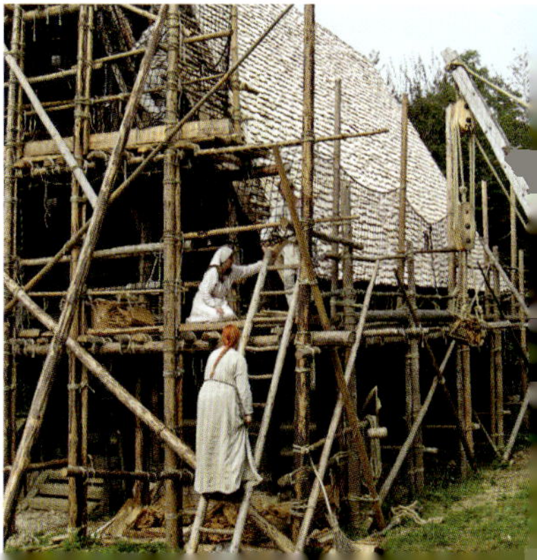

Bei Meßkirch entsteht im 21. Jh. die karolingische Klosterstadt Campus Galli (Tour 3).

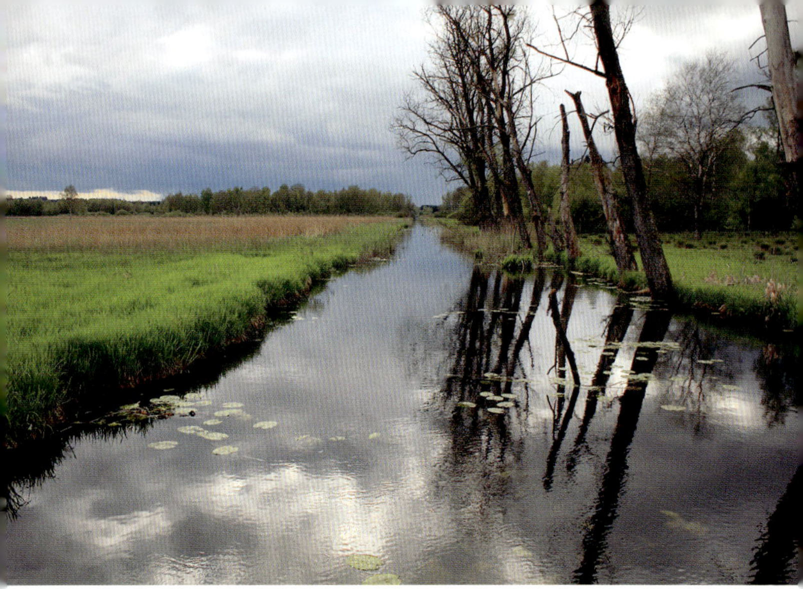

Moorlandschaft am Federsee (Tour 32).

Johann Ludwig Völter erwähnte 1836 in seinem Geografiebuch für den Anfangsunterricht »die vorherrschende Sinnlichkeit, eine gewisse Lebenslust und Hang zum Vergnügen« und schreibt: »Kein Wunder, dass die Zahl der unehelichen Kinder nicht gering war sowie Diebstähle, nächtliche Einbrüche und Brandstiftungen an der Tagesordnung. Bei dieser Wertschätzung erstaunt es nicht, dass es bis weit ins 19. Jh. Bestrebungen gab, Oberschwaben an Österreich anzuschließen.

Neben dem pietistischen Protestantismus in Altwürttemberg und dem barocken Katholizismus in Oberschwaben war es vor allem das Erbrecht, das die Mentalität der Menschen prägte. In Altwürttemberg galt Realteilung; jedes Kind, ob männlich oder weiblich, erhielt denselben Erbteil. Das führte dazu, dass die Höfe bald zu klein wurden, um eine Familie zu ernähren. Die Kleinstlandwirte waren gezwungen, nebenbei ein Handwerk zu betreiben. Diese Schicht erfahrener Handwerker erleichterte trotz fehlender Rohstoff- und Energiequellen die Industrialisierung. Andererseits fühlten sich viele Arbeiter nicht als Angehörige des Proletariats, da sie auch Landbesitzer waren. Deshalb war die Arbeiterbewegung traditionell eher gemäßigt.

Im ländlich strukturierten Oberschwaben bestand dagegen das Anerbenrecht. Es schrieb die ungeteilte Übergabe des Besitzes an einen der Söhne, meist den ältesten, manchmal auch den jüngsten, vor und begrenzte die Heiratsmöglichkeiten – heiraten durfte nur, wer einen eigenen Hof besaß.

Für die nicht erbenden Kinder bedeutete das im Zweifelsfall ein Leben in Abhängigkeit – als Magd oder Knecht auf dem Land, als Dienstbote in einer Stadt oder als Soldat – mit wenig Hoffnung auf ein Weiterkommen und der steten Gefahr, in Armut abzusinken. Manche wurden kriminell, andere wanderten aus. Die Bevölkerungszahl wuchs kaum. Die für die damalige Zeit großen Höfe konnten aber Überschuss produzieren, der exportiert wurde. Oberschwaben wurde so im 19. Jh. zur Kornkammer der Schweiz und Vorarlbergs und die Bauern waren wohlhabend. Die Landwirtschaft benötigte viele Arbeitskräfte – aus den Alpenländern kamen die Schwabenkinder –, deshalb entstand gar nicht der Wunsch nach Industrie. Im Gegenteil, Industrie wurde eher als unliebsame Konkurrenz auf dem Arbeitskräftemarkt betrachtet. Nur Ulm, Biberach und das Schussental um Ravensburg konnten sich aufgrund der Tradition der alten Großen Ravensburger Handelsgesellschaft, die im Spätmittelalter bedeutender als die Fugger war, zu Industriestandorten entwickeln, später kam nach der Initialzündung durch den Grafen Zeppelin noch der Raum Friedrichshafen dazu. Als gegen Ende des 19. Jh. die Landwirtschaft in Deutschland in eine eigentlich bis heute andauernde Krise schlitterte und große strukturelle Änderungen notwendig wurden, geriet Oberschwaben ins Hintertreffen. Erst jetzt musste man sich um Industrieansiedlungen bemühen, hatte dann aber, ähnlich wie in Oberbayern, den Vorteil, dass sich »saubere« Industrien ansiedelten. In Friedrichshafen, Ravensburg und Biberach, aber auch in vielen kleineren Orten befinden sich heute weltweit agierende Unternehmen wie ZF Friedrichshafen, MTU Friedrichshafen, Liebherr, Hymer, Ravensburger, Vetter Pharma, Waldner, Handtmann, Weishaupt. Inzwischen liegt der Anteil der in der Landwirtschaft Beschäftigten an den Erwerbstätigen in der Region Bodensee-Oberschwaben nur noch bei 3,5 % (zum Vergleich Deutschland insgesamt: 1,4 %). Wandert man durch die Dörfer, fällt die Zahl großer neuer Einfamilienhäuser auf, deren Bewohner oft außerhalb arbeiten.

Im Seepark in Pfullendorf stellt Peter Lenks »Jungbrunnen« den Grafen Bernadotte als »Schmetterlingsmann« dar (Tour 5).

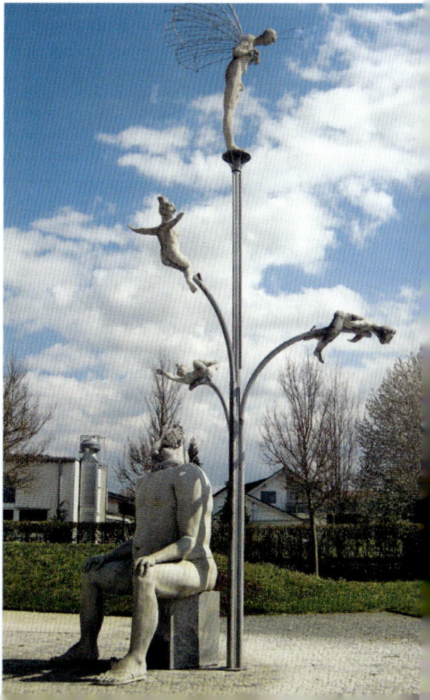

Fauna und Flora

Typisch für Oberschwaben sind die zahlreichen Feuchtgebiete und bekannten Moorgebiete wie z. B. das Wurzacher Ried und das Federseeried. Dort wachsen botanische Kostbarkeiten wie z. B. die Blumenbinse oder der seltene Karlszepter, die dort seit der letzten Kaltzeit überdauern konnten. Vom Menschen angelegte Weiher, artenreiche Streuobstwiesen und Streuwiesen als Ergebnis extensiver bäuerlicher Landnutzung ergänzen die große Vegetationsvielfalt. Im Schussenbecken herrschen Hopfengärten und Obstbau vor, in den anderen Gebieten Milchwirtschaft und Getreideanbau. Die Fauna Oberschwabens ist ebenso vielfältig. Moore bieten unterschiedlichsten Tierarten Lebensräume. Beispielsweise brüten im Federseeried Möwen, Enten und Taucher, Purpurreiher, Seeadler und Schwarzmilan, aber auch das seltene Blaukehlchen. Die Argen-Täler zählen aufgrund ihrer Lage mit ca. 87 Brut- und 29 Zugvogelarten ebenfalls zu den Vogelparadiesen. Hier sind z. B. der Kolkrabe, der Eisvogel, der Ziegenmelker und die Wasseramsel heimisch. Ein weiterer typischer Bewohner Oberschwabens ist inzwischen wieder der Biber, dem die zahlreichen Bach- und Flussläufe ideale Lebensräume bieten. Nachdem er aufgrund langer und intensiver Bejagung aus Oberschwaben verschwunden war, ist er zurückgekehrt.

Im Pfrunger-Burgweiler Ried (Tour 16).

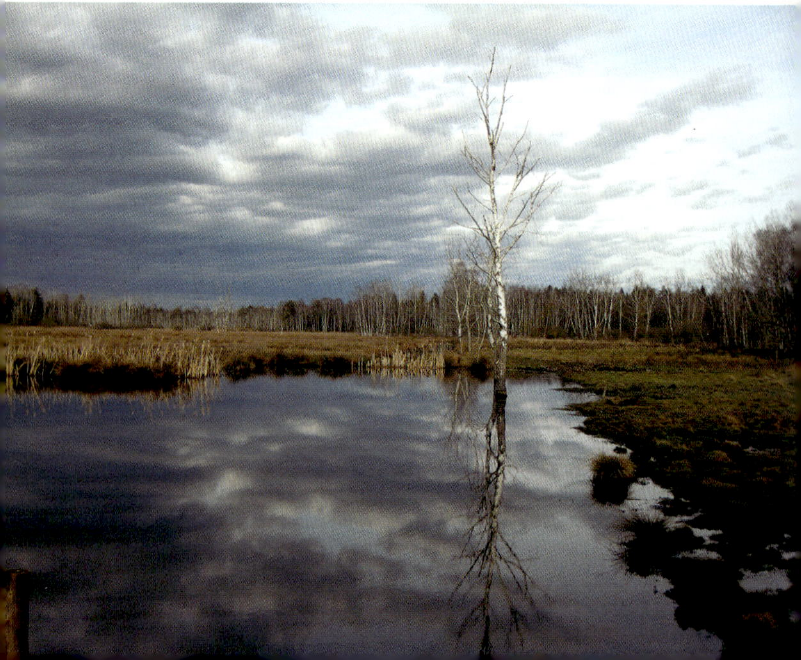

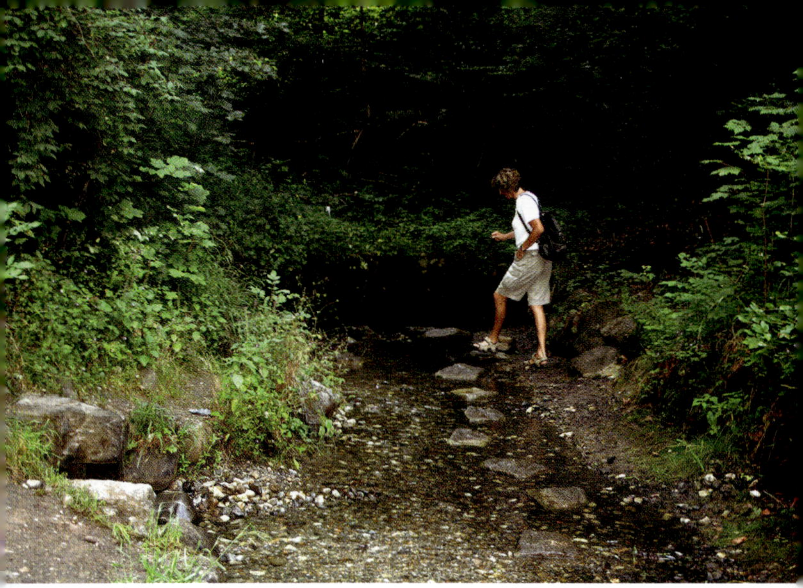

An der Schussenquelle (Tour 34).

Wanderregion Oberschwaben

Die Entwicklung des Tourismus in Oberschwaben verlief anfangs nur schleppend. Die angrenzenden Gebiete Allgäu, Schwäbische Alb, Schwarzwald und Bodensee profitierten weit stärker. So existiert für das Nordufer des Bodensees, das unbestritten ein Teil Oberschwabens ist, schon lange ein eigener Rother-Wanderführer. Erst seit einigen Jahren weist Oberschwaben ein ausgeprägtes touristisches Angebot auf. Auch der sanfte Tourismus und dessen spirituelle Seite gewannen immer mehr Gewicht. Der Oberschwäbische Jakobsweg und der Oberschwäbische Pilgerweg sind Angebote, um auf sorgfältig ausgeschilderten Wegen ein umfassendes Bild von der Region zu bekommen. Der Schwäbische Albverein hat u. a. mit seinem Main-Donau-Bodensee-Weg (Hauptwanderweg HW 4) und dem Schwarzwald-Schwäbische-Alb-Allgäu-Weg (HW 5) das Land für Wanderer ebenfalls bestens erschlossen, kartiert und mit Schildern versehen. Durch die Landschaft führen zwei Äste des Jakobswegs: Der Hohenzollerische Jakobsweg, in sieben Etappen von Rottenburg über Hechingen, Burladingen und Sigmaringen nach Überlingen und Konstanz, und der oberschwäbische Jakobsweg in zehn Etappen von Ulm über Biberach und Ravensburg nach Konstanz.

Siehe www.regenpilger.blogspot.com/2018/02/pilgerwegde-startseite.html, www.oberschwaben-tourismus.de/reisewelten/kultur-barock/jakobusweg.

TOP

1

↗ 240 m | ↘ 240 m | 11.2 km

Burg Wildenstein und drei Aussichtsfelsen

3.10 h

Am Rand des Donautals

Die vermutlich im 13. Jh. entstandene Burg Wildenstein liegt auf einem steil abfallenden Felsen gut 200 Meter über der Donau östlich der bekannten Benediktinerabtei Beuron. Anfang des 16. Jh. wurde die Burg zu einer frühneuzeitlichen Festung verstärkt und blieb seither unverändert. Stolz wird verkündet, dass das monumentale Bauwerk niemals erobert wurde. 1971 verkauften die Fürsten von Fürstenberg sie an das Jugendherbergswerk, das sie restaurieren und sanieren ließ und in eine Jugendherberge umwandelte. Von dort führt die Wanderung entlang des Steilabfalls ins obere Donautal zu drei Aussichtsfelsen – auf der gegenüberliegenden Seite erblicken wir das noch im Privatbesitz der Fürstenberger befindliche Schloss Werenwag – und zurück zum Ausgangspunkt.

Ausgangspunkt: Parkplatz vor der Burg Wildenstein (am Ende der Wildensteiner Straße) bei Leibertingen.
Anforderungen: Leichte Wanderung auf deutlichen, meist unbefestigten Wegen.
Einkehr: Burg Wildenstein; Gasthof zum Adler, Kreuzbühl 1, Leibertingen, Tel. +49 7466 318 (etwas abseits der Route, Ruhetage Di und Mi, Sa und So durchgehend geöffnet, sonst 14 bis 17 Uhr geschlossen).
Variante: Von 4 geradeaus (südöstlich) zur Kreisstraße und weiter auf der Hauptroute (siehe Ende der Tourenbeschreibung, insgesamt 90 Min.).

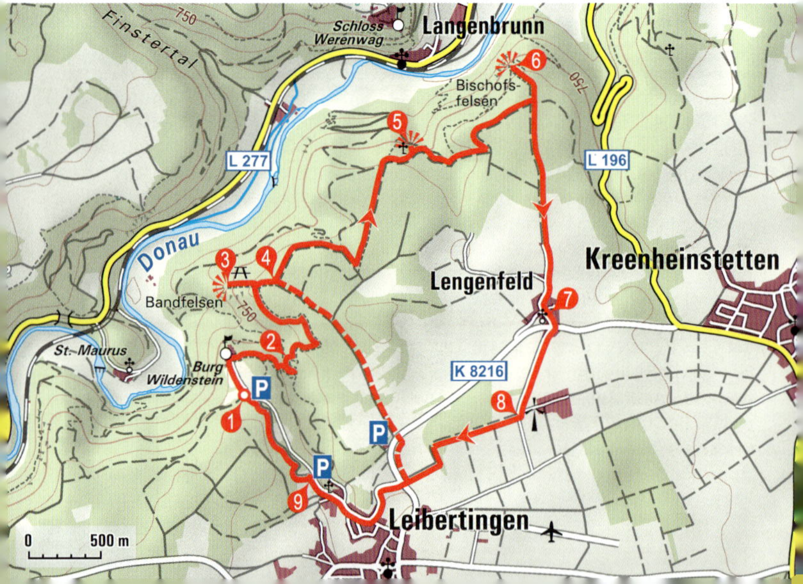

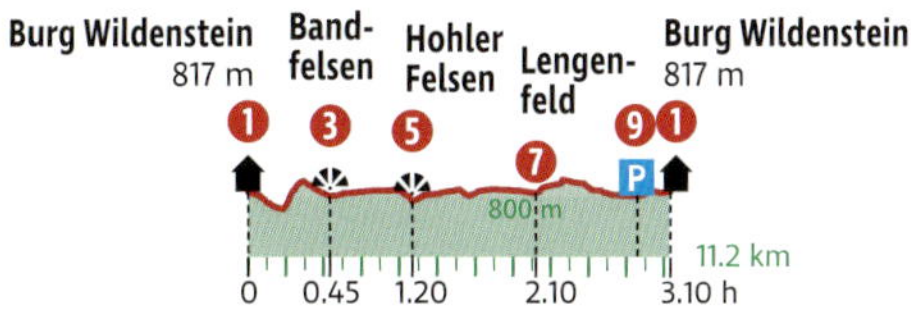

Vom Parkplatz bei **Burg Wildenstein** 1 gehen wir zur Burgbrücke, unmittelbar davor nach rechts (Ww. Bandfelsen und rotes –‹) und dann im Buchenwald weiter geradeaus, immer am Abfall entlang. Bei einer Gabelung folgen wir den Markierungen links abwärts in den Tobel, unten links, dann nach 50 m 2 rechts zum Aufstieg Richtung »Bandfelsen« (Ww. 1 schwarz umrandet und Donau-Zollernalb-Weg). Nach dem Aufstieg halten wir uns bei zwei aufeinander folgenden Kreuzungen jeweils links und bei einer T-Kreuzung nochmals. Nach 5 Min. genießen wir auf dem **Bandfelsen** 3 den Ausblick auf die Burg Wildenstein und das romantische Donautal tief unter uns.

Zurück bei der T-Kreuzung wandern wir jetzt geradeaus (Ww. Hohler Felsen, Bischofsfelsen und rotes –‹) und bei der folgenden T-Kreuzung nach rechts. 1 Min. später kommen wir zu einer **Forststraße** 4. Dieser folgen wir nach links (ohne Ww.) und gelangen in einer großen Rechtskurve auf der Hügelkuppe entlang zu einer Wegspinne, wo wir uns rechts halten. Nach ca. 200 m folgen wir einem Pfad, der nach links in den Wald führt (Ww. Hohler Felsen, Bischofsfelsen und rotes –‹). Immer geradeaus gehend, biegen wir nach gut 10 Min. bei einer T-Kreuzung rechts ab und stehen wenige Minuten später auf dem **Hohlen Felsen** 5 – wir genießen den Blick ins Donautal mit veränderter Perspektive, direkt gegenüber liegt Schloss Werenwag.

Burg Wildenstein.

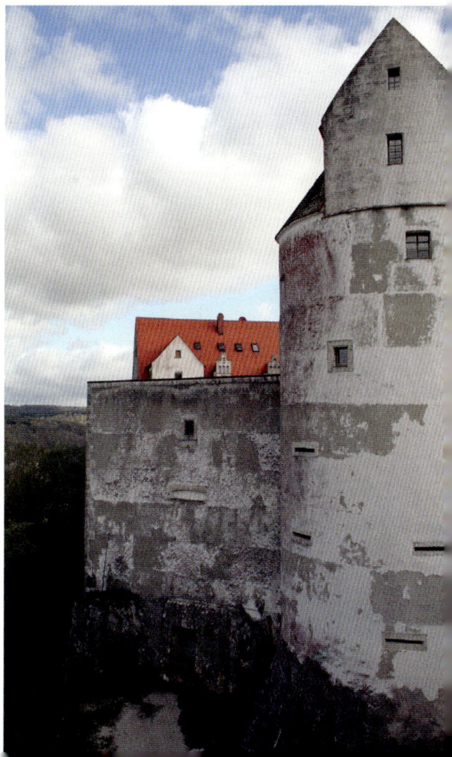

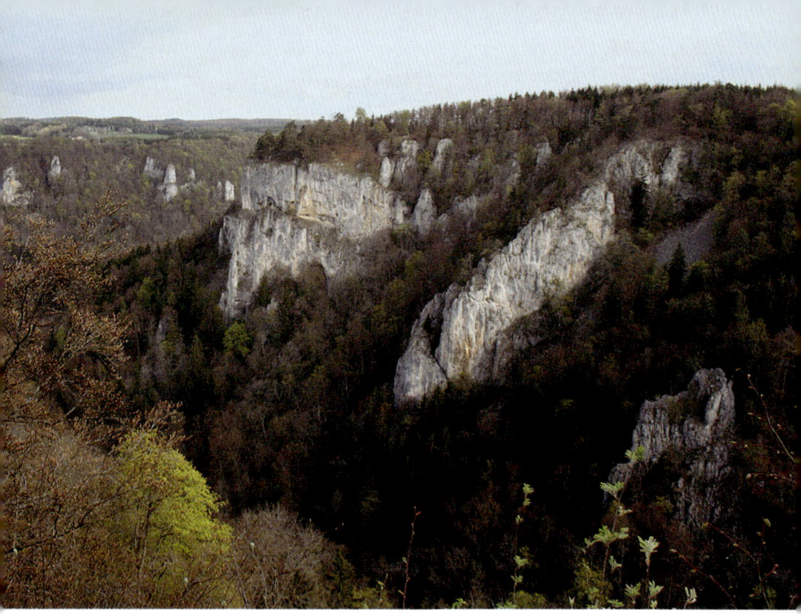

»Kreidefelsen« im Donautal.

Wir gehen wenige Meter zurück und setzen die Wanderung auf der breiten Forststraße fort. Wo sie 3 Min. später nach links ins Tal biegt, gehen wir leicht ansteigend nach rechts und bei einer T-Kreuzung am Ende des Anstiegs nach links. Knapp 10 Min. später erreichen wir eine Kreuzung mit vielen Markierungen, hier wandern wir (bei einer Gabelung links) in 3 Min. nach links zum **Bischofsfelsen** 6. Von dort gehen wir zurück, bei der Kreuzung und bis zur Kreisstraße hinter **Lengenfeld** 7 immer geradeaus (Ww. blaue Raute). Auf der gegenüberliegenden Seite der Kreisstraße gehen wir halb rechts. Bei der Wegkreuzung am Bäumle-Hof, an der ein weithin sichtbares **Windrad** 8 steht, biegen wir nach rechts. Der aussichtsreiche Weg führt zuerst am Waldrand, später im Wald geradeaus, macht dann eine S-Kurve, überquert die Kreisstraße und endet nach einer großen Linkskurve in **Leibertingen**. Hier gehen wir auf der Ortsstraße nach rechts, bis wir bei einem **Wanderparkplatz** 9, 200 m nach den letzten Häusern, links einem Waldweg parallel zur Straße zu **Burg Wildenstein** 1 folgen.

Variante: Wandern wir auf der Forststraße 4 im Wald immer geradeaus, erreichen wir nach gut 20 Min. einen Parkplatz an der Kreisstraße bei Leibertingen, biegen dort nach rechts und finden den Anschluss an die längere Hauptroute.

↗ 330 m | ↘ 330 m | 19.8 km

5.15 h

Rund um Altheim

2

Waldreiches Oberschwaben

Die Gemeinde Leibertingen liegt im Donaubergland, einer reizvollen, waldreichen Region, die Wanderer mit herrlichen Ausblicken auf Burgen, Ruinen, Felspartien und naturbelassene Landschaft begeistert. Der Naturpark Obere Donau bietet eine Vielzahl von Wanderungen.

Ausgangspunkt: Altheim (Ortsteil von Leibertingen). Am Ortsausgang nach Heudorf (Nähe Palaststraße 21) parken.
Anforderung: Breite Forstwege, nur zum geringen Teil asphaltiert. Am Anfang und am Ende Jakobsweg-Markierungen (Variante des Jakobswegs von Balingen nach Konstanz).

Einkehr: Gasthof zum Adler, Kreuzbühl 1, Leibertingen, Tel. +49 7466 318 (Ruhetag Di und Mi, Sa und So ganztags geöffnet, sonst 14 bis 17 Uhr geschlossen); Gasthaus Zur Traube, Abraham-a-Sancta-Clara-Straße 12, Kreenheinstetten, Tel. +49 7570 440 (Ruhetag Mo und Mi, Sa und So ab 11 Uhr, sonst ab 17 Uhr geöffnet).

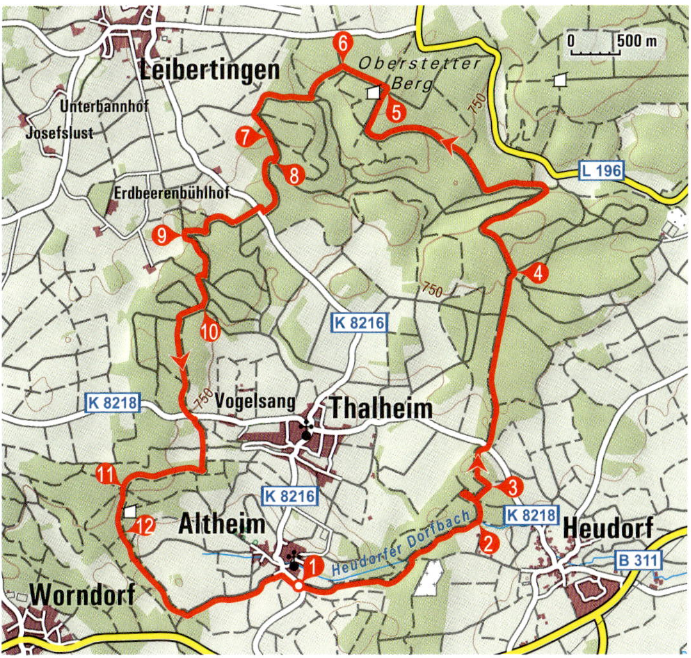

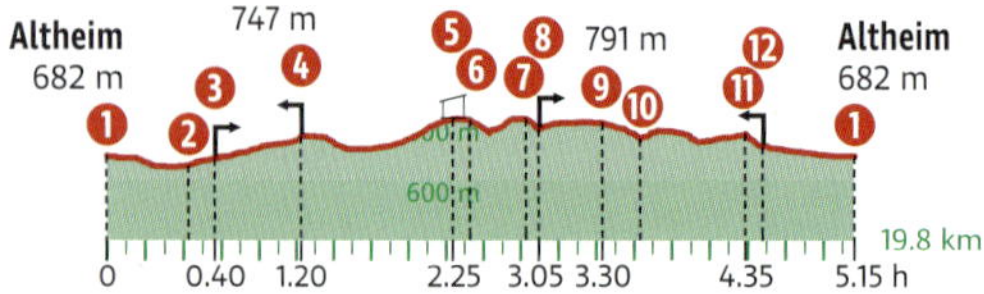

Kurz vor dem Ortsschild von **Altheim** ❶ geht von der *Palaststraße* (ortsauswärts gehend) links ein asphaltierter Weg ab, links vorbei an einer braunen Scheune. Nach 5 Min. endet der Asphaltbelag, links befindet sich die Kläranlage. Der Weg führt nach rechts und in ein feuchtes Waldtal. Wir folgen dem Ww. Jakobsmuschel/blauem Dreieck bei einer Gabelung nach rechts. Der Weg stößt auf einen besseren Weg, wir folgen ihm nach links über den Bach und nach wenigen Metern bei einer Gabelung nach rechts am Heudorfer Dorfbach entlang in ein Tal (Ww. wie oben). In diesem Tal wandern wir auf dem Jakobsweg, bis nach knapp 15 Min. bei einer grünen **Bank** ❷ links ein aufwärtsführender Weg abgeht.

Am Ende des Anstiegs macht der Weg eine Linkskurve, wir biegen rechts ab. Der anfangs mit Gras bewachsene Weg wird schnell besser. Bei einer T-Kreuzung gehen wir nach rechts (links sehen wir ein Wasserhaus), nach 150 m nach links und bei einem **Hochsitz** ❸ nach weiteren 150 m nochmals. Wir folgen diesem Weg bis zur Kreisstraße, überqueren diese und wandern auf der gegenüberliegenden Seite bei allen Gabelungen und Kreuzungen geradeaus weiter. Nach einer weiten Rechtskurve biegen wir bei einer **Kreuzung** ❹ nach links und folgen dem blauen Dreieck Richtung Wildenstein. Nach einer Gefällestrecke stößt unser Weg im spitzen Winkel auf eine Forststraße, der wir nach links folgen. Bei der zweiten Abzweigung nach knapp 10 Min. wandern wir nach rechts. Abschnittsweise wird

Grüner Feldrandweg.

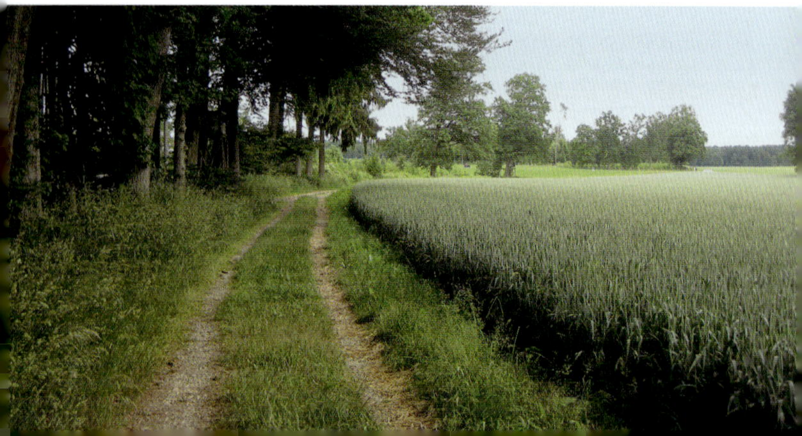

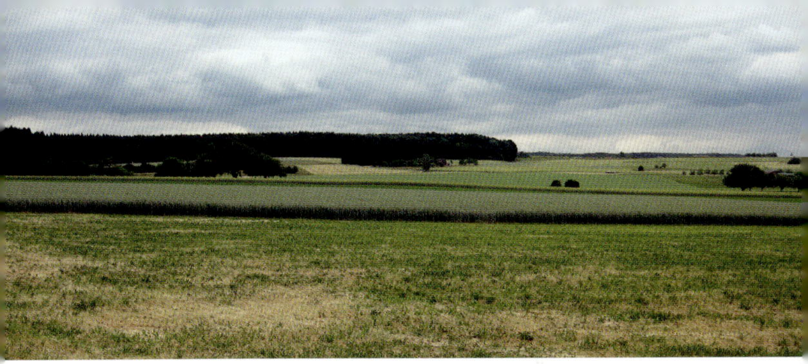

Kulturlandschaft.

der Wald lichter. 25 Min. später folgen wir nach einer Rechtskurve einem breiten, geraden Weg nach rechts. Bei der folgenden Kreuzung mit **Hütte** 5 gehen wir nach links und dann geradeaus. Am Ende einer kleinen Waldwiese liegt rechts ein Hochstand. Bevor der Forstweg sich nach rechts wendet und bald zur Landstraße führt, gehen wir in einem **Einschnitt** 6 links abwärts. Hier wächst möglicherweise höheres Gras auf dem Weg.
Unten angekommen, biegen wir bei einer T-Kreuzung nach links und nach knapp 100 m nach rechts. Auf dem ansteigenden Wegabschnitt (Ww. blaues Dreieck) ignorieren wir zwei Abzweigungen nach links und gehen auch bei einer Kreuzung am Ende des Anstiegs geradeaus. Bei der folgenden **Gabelung** 7 und einer **Wegspinne** 8 wandern wir nach rechts und erreichen dann die Landstraße.
Etwas nach rechts versetzt finden wir auf der gegenüberliegenden Seite die Fortsetzung des Wegs. Er fällt zuerst, rechts liegt außerhalb des Waldes ein Gehöft, dann steigt er wieder an. Unser Forstweg mündet dann spitzwinklig in einen querenden **Forstweg** 9, hier biegen wir nach links. Bei der nächsten T-Kreuzung wandern wir nach rechts, aber schon nach 50 m wieder links. Nach einer Gefällstrecke nehmen wir im tiefsten Punkt den **zweiten Weg** 10 nach rechts, biegen nach wenigen Metern nach links, folgen dem ansteigenden Weg um eine Rechtskurve und biegen dann nochmals nach links. Bald kommen wir aus dem Wald, überqueren die Kreisstraße (vor der Kreuzung auf einem kurzen Stück asphaltiert) nach Thalheim (links), erreichen dann wieder den Wald und gehen dann bei zwei in 50 m Abstand aufeinander folgenden T-Kreuzungen nach rechts. Bei einem **Wegdreieck** 11 mit einer Bank biegen wir nach links abwärts. Ab hier begleiten uns bis zum Ende der Wanderung die Jakobsmuschel und das blaue Dreieick.
Bei einer **Gabelung** 12 halten wir uns links, gehen bei einer Kreuzung (linker Weg asphaltiert) geradeaus am Wandrand entlang. Dann kreuzt ein asphaltierter Weg, der uns links nach **Altheim** 1 leitet.

↗ 150 m | ↘ 80 m | 11.2 km

3 Von Meßkirch zum Campus Galli

3.00 h

Mittelalter hautnah erleben

Auf der Klosterbaustelle »Campus Galli« entsteht Tag für Tag ein Stück Mittelalter: Handwerker und Ehrenamtliche schaffen mit den Mitteln des 9. Jh. ein Kloster auf Grundlage des St. Galler Klosterplans. Dieser weltberühmte Plan eines idealen Klosters entstand vor 1200 Jahren auf der Insel Reichenau im Bodensee. Hier erwacht er nun zum Leben. Ohne Maschinen und ohne modernes Werkzeug wird seit 2012 ein Kloster gebaut und der Besucher erlebt hautnah eine mittelalterliche Baustelle. Alles muss von Hand gemacht werden, alles ist mühsamer und geht langsamer als heutzutage. Die Idee zu diesem Projekt hatten der Aachener Unternehmer Bert Geurten und die Schweizerin Verena Scondo. Die große Herausforderung für die zwei bestand darin, ohne Geld ein geeignetes Grundstück für das Vorhaben zu finden. Anfangs hagelte es nur Absagen. Als die Hoffnung schon fast verloren war, erklärte sich die Stadt Meßkirch bereit, ein 25 ha großes Gelände bereitzustellen und sich obendrein finanziell zu engagieren. Die Kritik daran war anfangs erheblich. Inzwischen ist die Klosterbaustelle ein Touristenmagnet und verschafft Meßkirch nicht nur in Deutschland Aufmerksamkeit.

Ausgangspunkt: Meßkirch, Bushaltestelle am Adlerplatz.
Endpunkt: Kirche in Inzigkofen-Engelswies. Rückfahrt mit dem Bus.
Anforderungen: Leichte, markierte Wanderung auf deutlichen, zum Teil befestigten Wegen.
Einkehr: In Meßkirch; auf dem Campus Galli; Pizzeria Mama Mia, Am Kirchbühl 1, Inzigkofen-Engelswies, Tel. +49 7575 3208 (Ruhetag Di, sonst 11–14 Uhr und ab 17 Uhr).
Tipp: Die Klosterbaustelle Campus Galli (www.campus-galli.de) ist ab April bis Anfang Nov. Di–So 10–18 Uhr geöffnet (Erwachsene 13 €), Führungen sind möglich.
Variante: Rückfahrt mit dem Bus auch vom Campus Galli nach Meßkirch ist möglich.

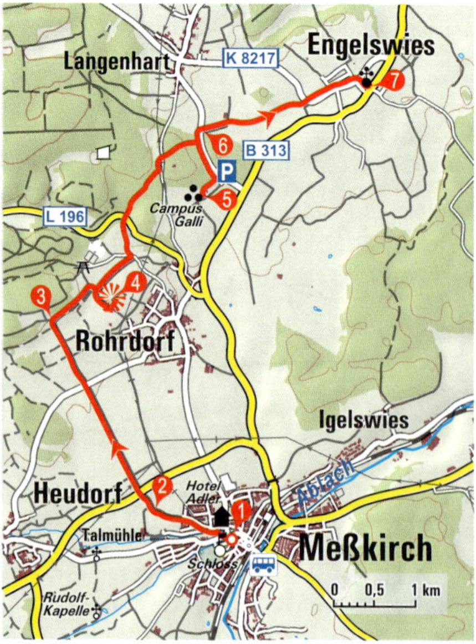

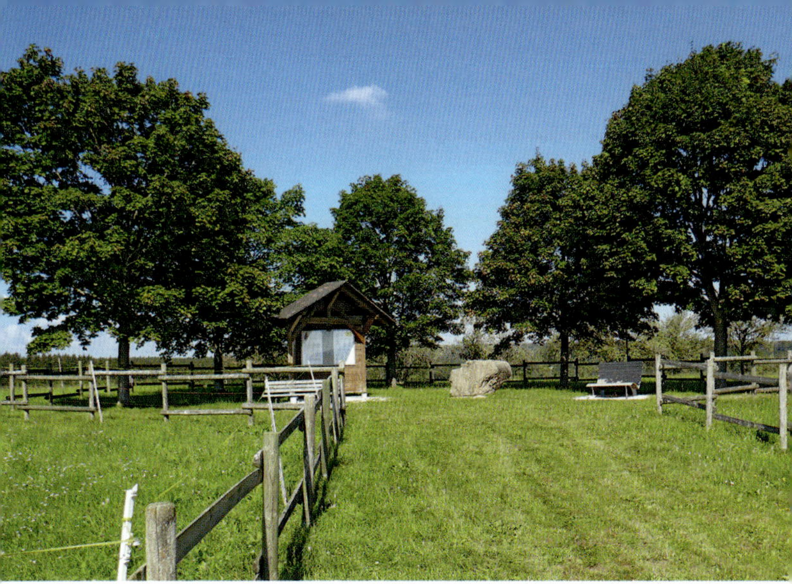

Auf dem Feldherrnhügel erlebte der österreichische General die Niederlage seiner Truppen.

Vom Adlerplatz in **Meßkirch** ❶ gehen wir links neben dem Hotel Alte Post durch einen Hausdurchgang in den *Mühlenweg*, bei der T-Kreuzung an seinem Ende links und nach wenigen Metern rechts in den *Siemensweg* (Ww. Campus Galli, blaues Dreieck). Ihm folgen wir geradeaus und ignorieren alle Abzweigungen. Am Ende der Bebauungsgrenze endet der Belag. Gut 5 Min. später biegen wir bei einem **Wegdreieck** ❷ nach rechts (Ww. blaues Dreieck) und gehen die nächsten **45** Min. mit weitem Blick geradeaus bis zum Waldrand, zuerst unter der Bundesstraße B 313 durch, dann vorbei an einer Doline. Später kreuzen wir eine Fahrstraße, passieren auf dem ab hier befestigten Weg einen Wasserbehälter (Ww. Leibertingen, Burg Wildenstein) und erreichen 5 Min. danach den Waldrand. Dort biegen wir vor einem **Hochstand** ❸ nach rechts. Der Weg ist anfangs undeutlich, wird aber im nahen Wald besser. Er erreicht nach 10 Min. einen asphaltierten Fahrweg, dem wir nach rechts folgen.
Die zweite Abzweigung nach links bringt uns zum **Feldherrnhügel** ❹ mit baumumstandener Schutzhütte und Info-Tafeln.
Die Schlacht bei Meßkirch (Moeskirch auf dem Arc de Triomphe in Paris) war einer der blutigsten

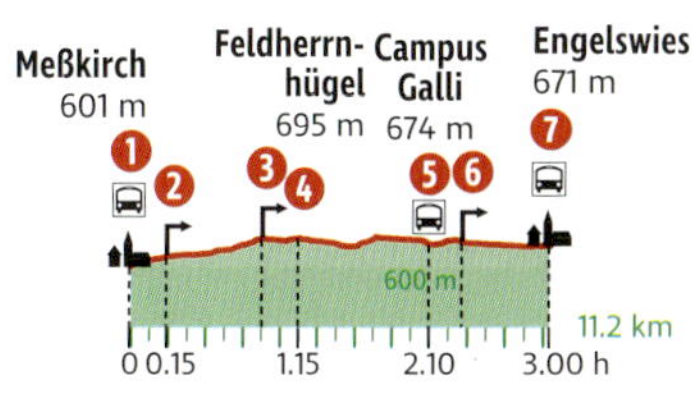

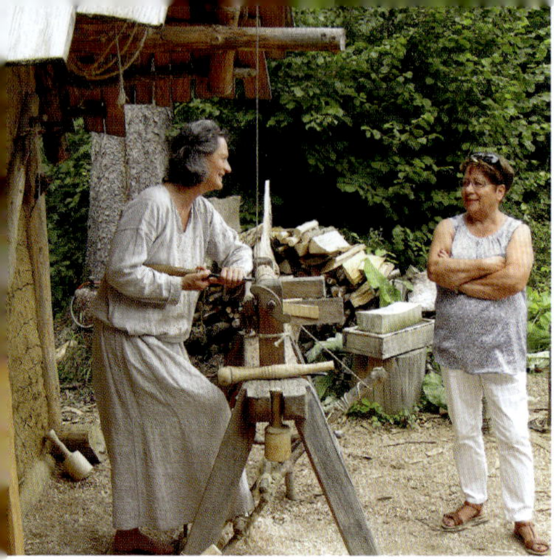

Eine Drechslerin erklärt ihr Handwerk.

Kämpfe im sogenannten Zweiten Koalitionskrieg (1798/99–1801/02). Jeweils etwa 50.000 Mann starke österreichische und französische Truppen standen sich am 5. Mai 1800 gegenüber, jede Seite hatte etwa 3000 Tote zu beklagen. Die Schlacht endete mit einem Sieg der Franzosen, dem Rückzug der Österreicher und damit der Räumung Südwestdeutschlands. Vom Feldherrnhügel aus leitete Generalfeldzeugmeister Kray die österreichischen Truppen. Der weite Blick über das 36 km^2 große Schlachtfeld und darüber hinaus bis zur Alpenkette ist geblieben, an die blutigen Ereignisse erinnern nur noch Erläuterungstafeln auf dem Hügel.
Wir gehen zurück und biegen bei der ersten Gelegenheit nach rechts, bis wir auf dem unbefestigten Weg nach 10 Min. eine Kreuzung vor einem großen Stall mit Solarzellen auf dem Dach erreichen. Dort halten wir uns links und nach 20 m bei einer Gabelung mit Bank rechts (Ww. blaues Dreieck, gelber Kreis). Nach gut 5 Min. überqueren wir die ins Donautal führende Landstraße L 196 und gehen dann in einem breiten Einschnitt mit einigen Felsformationen immer geradeaus aufwärts, bis wir nach knapp 10 Min. auf die nächste Fahrstraße stoßen. Ihr folgen wir 150 m nach links, vorbei an einem Mitarbeiterzugang ins Campus Galli, und wenden uns bei der darauffolgenden Möglichkeit nach rechts. Der Waldweg führt an der nördlichen Begrenzung der Klosterbaustelle entlang und in weiteren knapp 10 Min. zur Kreisstraße K 8279. Auf einem parallelen Nebenweg dazu gehen wir 5 Min. nach rechts, dann über den Parkplatz zum Eingang des **Campus Galli** 5.
Auf dem Nebenweg zur K 8279 wandern wir zurück und noch 200 m weiter. Nach dem Waldrand folgen wir einem befestigten Weg nach rechts 6. Vorbei an einem Bauernhof mit Biogasanlage und einem großen Solarfeld biegen wir nach 15 Min. in die nach Engelswies führende Landstraße K 8217 und gehen nach rechts. Im Ort halten wir uns bei der Kreuzung mit dem Verena-Brunnen rechts und wandern zur weithin sichtbaren gelben Kirche von **Engelswies** 7.

Die Kirche aus Holz war eines der ersten Bauwerke, die auf dem Campus Galli entstanden.

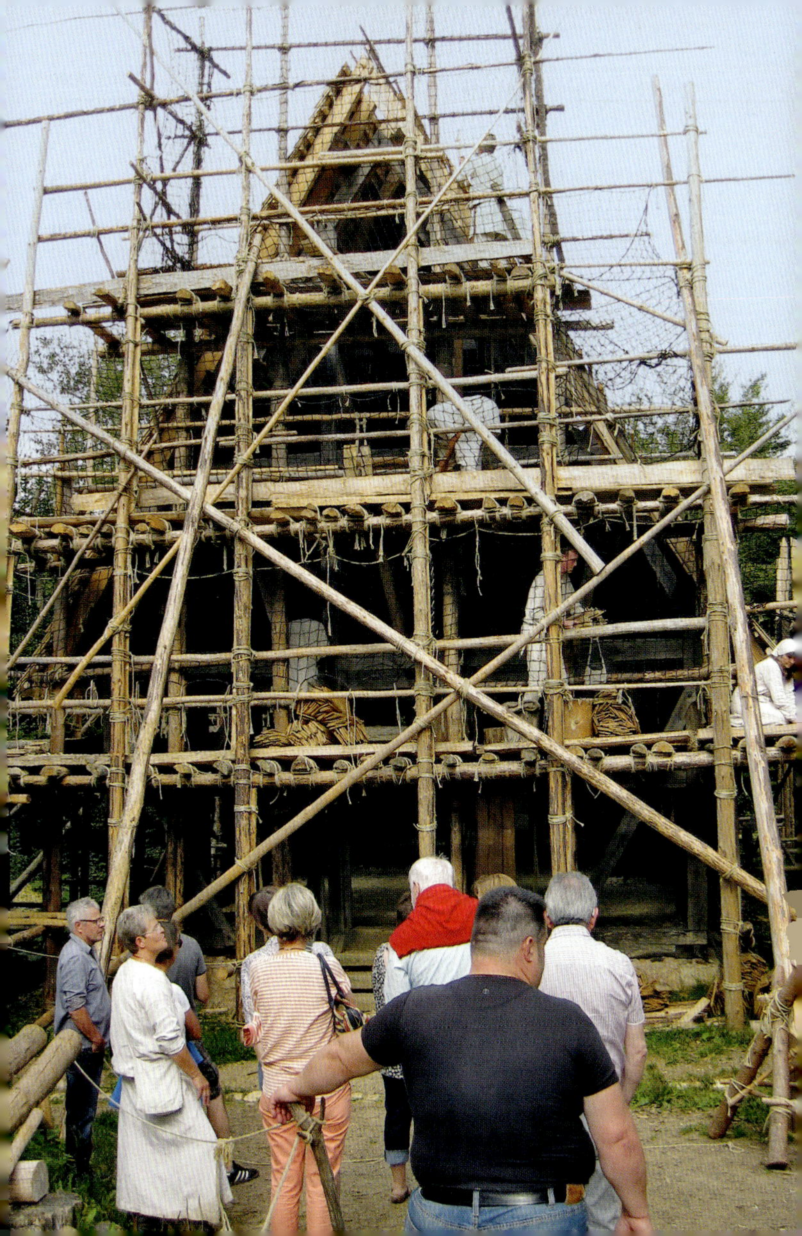

TOP 4

↗ 240 m | ↘ 210 m | 23.4 km

Jakobsweg von Sigmaringen nach Meßkirch

5.50 h

Der fürstliche Landschaftspark

Der Hohenzollerische Jakobsweg führt von Rottenburg nach Überlingen, unsere Wanderung folgt Teilen der fünften und sechsten Etappe. Sie beginnt in Sigmaringen, der Residenzstadt der Fürsten von Hohenzollern, und führt nach Meßkirch. Am Weg liegt der fürstliche Park des ehemaligen Klosters in Inzigkofen, ein Landschaftsgarten aus der Romantik. Er wurde Anfang des 19. Jh. unter der Fürstin Amalie Zephyrine angelegt. Eine Inschrift in großen Eisenlettern am 28,6 m über dem Wasserspiegel der Donau aufragenden Amalienfelsen erinnert an diese ungewöhnliche Frau, deren Lebensgeschichte von Gabriele Loges in dem Roman »Paris, Sigmaringen oder die Freiheit der Amalie Zephyrine von Hohenzollern« geschildert wird. Der Park liegt beidseits der Donau und bezieht den felsigen Steilhang, der den Ausgang des Donaudurchbruchs markiert, in die Gartenarchitektur ein. Der Gegensatz von schroffen Felsen, steilen Abhängen und engen Schluchten einerseits und sanften Uferwiesen und der mäandrierenden Donau andererseits gibt ihm sein besonderes Gepräge.

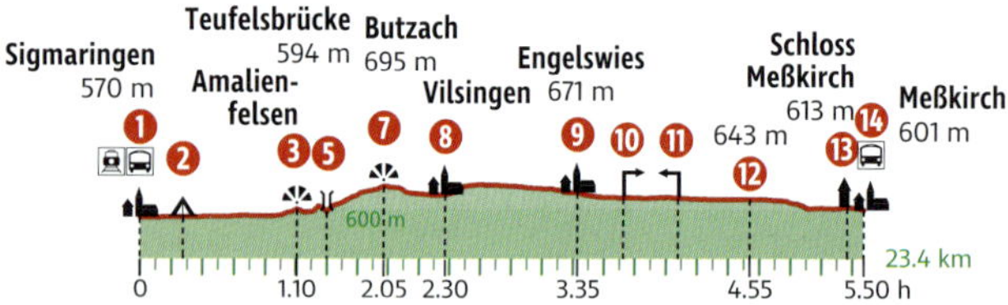

Ausgangspunkt: Sigmaringen Bahnhof/Busbahnhof.
Endpunkt: Meßkirch, Rückfahrt nach Sigmaringen mit dem Bus vom Adlerplatz in der Regel im Stundentakt.
Anforderungen: Leichte Wanderung auf deutlichen, teils befestigten Wegen.
Markierung: Jakobsmuschel. Die Strahlen zeigen die Wegrichtung an.
Einkehr: In Inzigkofen; Landgasthof Zoller, Dorfstraße 33, Inzighofen-Vilsingen, Tel. +49 7571 51089; Pizzeria Mama Mia, Am Kirchbühl 1, Inzigkofen-Engelswies, Tel. +49 7575 3208 (Ruhetag Di, ansonsten 11–14 Uhr und ab 17 Uhr); in Meßkirch.
Variante: Von 9 über Campus Galli nach Meßkirch (30 Min. länger).

Vom Bahnhof in **Sigmaringen** 1, einem Neorenaissance-Bau von 1872/73, folgen wir der *Bahnhofstraße* in Richtung Schloss zu einer T-Straßenkreuzung. Auf der gegenüberliegenden Seite der Querstraße leitet die Einfahrt zu einem Parkplatz, der hinter einer Hecke liegt, zu einem Haus mit Türmchen. Dort gehen wir nach rechts und folgen dann einem schmalen Weg, der entlang der Bahngleise nach links führt. Bald erreichen wir die kombi-

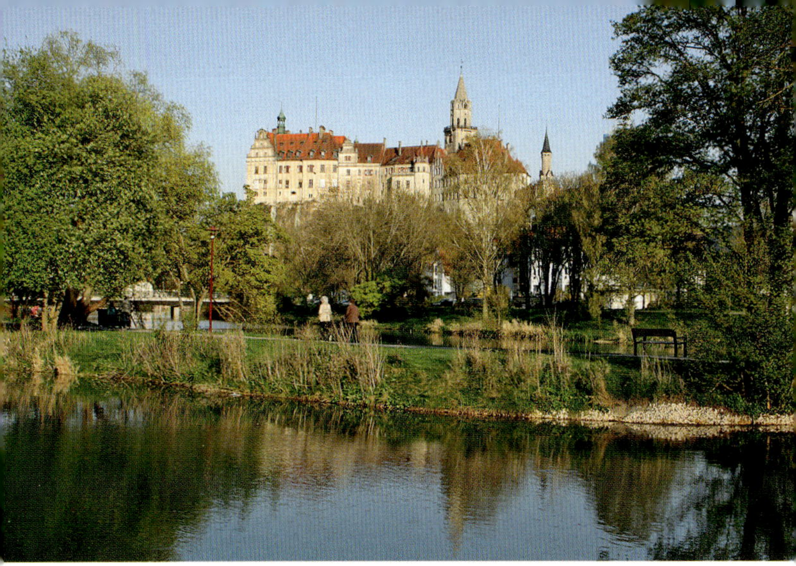

Am Ufer der Donau in Sigmaringen.

nierte Eisenbahn-/Fußgängerbrücke. Bis nach **Laiz** gibt es sowohl auf der gegenüberliegenden Nordseite als auch auf der Südseite der Donau einen Uferweg. Der auf der Südseite ist asphaltiert, der andere überwiegend unbefestigt. Zwischen der Eisenbahnbrücke und der Brücke in Laiz gibt es noch vier weitere Brücken über die Donau. Wir bleiben auf der Südseite, gehen vor der Brücke nach links und gleich wieder nach rechts zur Donau. Vorbei am historischen E-Werk und dem Schlossfelsen mit dem imposanten Gebäude, dessen Ostflügel 1893 bei einem Brand zerstört und dann wieder aufgebaut wurde, wandern wir durch das Gelände der Landesgartenschau von 2013, am **Campingplatz** ❷ und dem Freibad vorbei nach Laiz, bekannt als Wohnort des baden-württembergischen Ministerpräsidenten Winfried Kretschmann.

Bei der Donaubrücke überqueren wir die Straße und gehen in der *Inzigkofer Straße* weiter geradeaus. Hier sehen wir erstmals auch die strahlende gelbe Jakobsmuschel auf blauem Grund. Bei der ersten Möglichkeit biegen wir rechts ab und wandern an der Donau entlang, bis am Amalienfelsen kein Weiterkommen möglich ist. Wir folgen dem Weg zuerst in einer Linkskurve und dann am Waldrand aufwärts. Bei einer Gabelung gehen wir rechts und bleiben am Waldrand. Bei einer Wegspinne führen rechts zwei Wege auf den singulär stehenden **Amalienfelsen** ❸, ein steiler und ein sanft ansteigender. Wir gehen weiter geradeaus und dann links (Ww. Meßkirch) aufwärts. Bei der folgenden T-Kreuzung halten wir uns rechts (Ww. Tier-

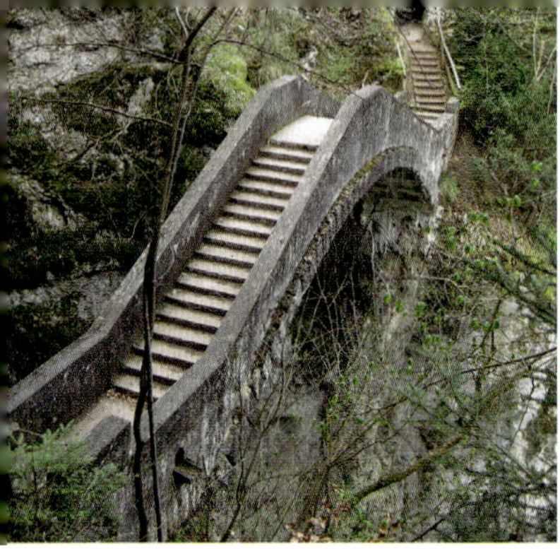

Teufelsbrücke.

garten-Beuron, nicht Ww. Meßkirch) und wandern zwischen den Mauern des früheren Klosters Inzigkofen und dem Steilabfall (Geländer vorhanden!) zum **Teeplatz** ❹. Hier wurde den fürstlichen Gästen durch eine Luke in der Klostermauer der Tee gereicht. Bei der folgenden Gabelung folgen wir dem Ww. Teufelsbrücke nach rechts und überqueren auf der elegant geschwungenen Betonkonstruktion der **Teufelsbrücke** ❺ von 1895 die wildromantische Schlucht »Höll«. Hinter dem anschließenden kurzen Tunnel steigen wir die Stufen und Treppen links aufwärts und oben auf einem breiten Weg nach rechts.
Bei einer Kreuzung wenig später folgen wir der *Lindenallee*, einem unbefestigten Weg rechts vom Parkplatz, hier treffen wir auch wieder auf die Jakobsmuschel. Am Ende der *Lindenallee* biegen wir nach rechts (Ww. Dietfurt-Gutenstein-Thiergarten), bis der zwischen Einfamilienhäusern (links) und Steilabfall ins Donautal (rechts) verlaufende Weg auf eine asphaltierte, aus Inzigkofen kommende Straße trifft, der wir geradeaus, parallel zum Steilabfall, folgen. Bei der zweiten **Gabelung** ❻ führt der rechte Weg in den Wald, hier gehen wir links und bleiben am Waldrand. Nach einer Bank mit Kreuz wandern wir mit dem Waldrand nach rechts und kommen zum Aussichtspunkt **Butzach** ❼ – vor einer Bank auf einem kleinen Hügel erklärt eine Tafel, welche Alpengipfel bei gutem Wetter von hier zu sehen sind.
Bald danach folgen wir dem Waldrand nach rechts und biegen nach 20 m links zum gegenüberliegenden Waldrand, gehen dort nach links und erreichen eine T-Kreuzung. Auf dem asphaltierten Weg wandern wir nach rechts, dann immer geradeaus und sehen bald Vilsingen vor uns liegen. Schon im Ort halten wir uns bei der T-Kreuzung am Wegende rechts, biegen dann bei der ersten Gelegenheit nach links und folgen der *Schmiedgasse* und dem *Rosenweg* bis zur Kirche. In der *Dorfstraße* vor der Kirche von **Vilsingen** ❽ gehen wir nach links, bis wir sie kurz vor der B 313 rechts verlassen. Immer am Waldrand bleibend führt uns der *Bergweg* leicht steigend aufwärts zu einer Straßenspinne an der Bebauungsgrenze, hier gehen wir halb rechts in den *Buchenweg*, der bald den Belag verliert.
Am rechten Rand einer großen, von Wald umstandenen bewirtschafteten Freifläche wandern wir geradeaus bis zu ihrem Ende. Der Weg führt wieder in den Wald. Nach 150 m halten wir uns bei einer T-Kreuzung links und nach wenigen Metern bei einer Gabelung nochmals. Bei allen Kreuzungen und Abzweigungen wandern wir geradeaus, bis wir Engelswies erreichen. An der Bebauungsgrenze, bei der ersten mächtigen Eigenheimburg, halten

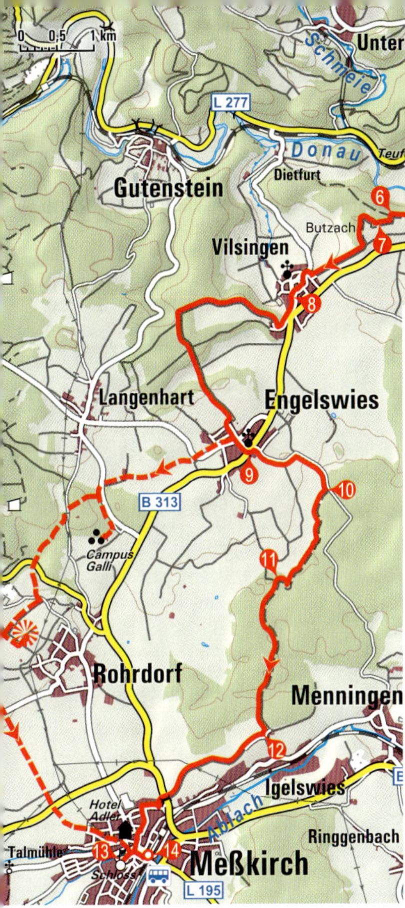

wir uns zuerst rechts, kurz danach links und wandern auf die Kirche zu.

Bei der Kirche von **Engelswies** 9 überqueren wir die Bundesstraße, gehen einige Meter nach links und dann in den *Verenaweg* nach rechts. Wir wandern geradeaus, im Zweifelsfall links, bis zu einem umzäunten Wegkreuz von 1968. Dort gehen wir rechts, am Waldrand nochmals. Bei einer **Gabelung** 10 führt die asphaltierte Straße in den Wald, wir wandern auf dem unbefestigten Weg weiter, der nach rechts am Waldrand entlangführt. Bei mehreren T-Kreuzungen halten wir uns rechts, bis wir bei einem **Wegdreieck** 11 nach links gehen. Am Waldende halten wir auf das große Dach einer weiteren **»Eigenheimburg«** 12 zu, davor nach rechts und bei der Gabelung bei diesem Haus ebenfalls. Auf einer Brücke überqueren wir die B 313, biegen dann nach rechts in die *Graf-Mangold-Straße* und schließlich nach links in die *Messostraße*. Nach einer Rechtskurve wandern wir nach links in den schmalen *Katzensteig* und dann zur Kirche. Dort folgen wir der *Julius-Bender-Straße* wenige Meter nach links und dann der *Conradin-Kreutzer-Straße* rechts. Vorbei am neogotischen Rathaus und der Kirche St. Martin gehen wir zum **Schloss Meßkirch** 13 mit seinen drei Museen. Auf dem Rückweg biegen wir vor dem Rathaus nach links zum knapp 150 m entfernten *Adlerplatz* im Zentrum von **Meßkirch** 14.

↗ 160 m | ↘ 120 m | 18.7 km

5 Auf dem Jakobsweg von Meßkirch nach Pfullendorf

4.30 h

Eine Wanderung im Linzgau

Der Weg von Meßkirch nach Pfullendorf leitet zuerst durch einen großen Wald zum Kloster Wald, dem ersten Zisterzienserkloster, das in Oberschwaben gegründet wurde. 600 Jahre lang wurden hier die Töchter des schwäbischen Adels versorgt. Von dort führt der Weg weiter in die alte Reichsstadt Pfullendorf.

Ausgangspunkt: Meßkirch, Kreisverkehr am Ende der Bahnhofstraße. Bushaltestelle und Parkplätze sind in der Nähe.
Endpunkt: Busbahnhof Pfullendorf, Rückfahrt nach Meßkirch mit dem Bus in der Regel im Stundentakt.
Anforderungen: Wanderung auf deutlichen, meist unbefestigten und mit der Jakobsmuschel markierten Wegen.
Einkehr: Lukullum im Seepark in Pfullendorf; Ristorante s'Rathaus am Brunnen, Bichtlingerstraße 7, Meßkirch-Schnerkingen, Tel. +49 7575 9268190 (Ruhetag Di, Sa/So ab 11 Uhr, sonst ab 17 Uhr).
Tipp: Schöne Bademöglichkeit im Seepark in Pfullendorf.

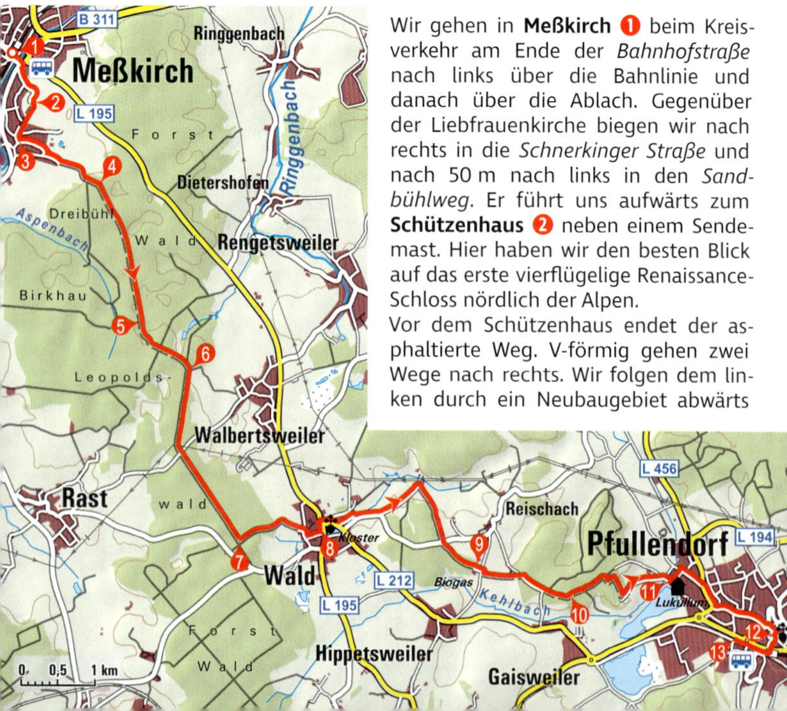

Wir gehen in **Meßkirch** ❶ beim Kreisverkehr am Ende der *Bahnhofstraße* nach links über die Bahnlinie und danach über die Ablach. Gegenüber der Liebfrauenkirche biegen wir nach rechts in die *Schnerkinger Straße* und nach 50 m nach links in den *Sandbühlweg*. Er führt uns aufwärts zum **Schützenhaus** ❷ neben einem Sendemast. Hier haben wir den besten Blick auf das erste vierflügelige Renaissance-Schloss nördlich der Alpen.

Vor dem Schützenhaus endet der asphaltierte Weg. V-förmig gehen zwei Wege nach rechts. Wir folgen dem linken durch ein Neubaugebiet abwärts

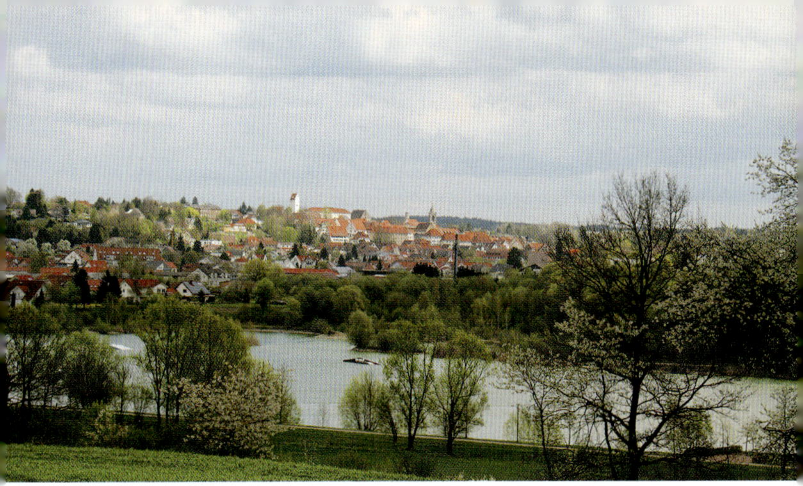

Pfullendorf am Seepark Linzgau.

zur Straße in **Schnerkingen** und dann vorbei an der St.-Peter-und-Paul-Kapelle. Beim Ristorante **s'Rathaus am Brunnen** ❸ plätschert ein Brunnen. Hier wandern wir nach links (*Hinterer Stockertweg*) und bei der T-Kreuzung am Wegende ebenfalls (*Vorderer Stockertweg*). Bald erreichen wir das Ortsende und der Weg verliert seinen Belag.

Bei einer Gabelung vor dem Wald gehen wir rechts, die nächste Abzweigung nach rechts ignorieren wir, halten uns aber kurz darauf bei der folgenden **Gabelung** ❹, schon im Wald, wieder rechts. Danach gehen wir bei allen Kreuzungen und Abzweigungen geradeaus, auch dort, wo nach 25 Min. der bessere Weg nach rechts biegt ❺.

Nach einer Linkskurve wandern wir bei der ersten Kreuzung geradeaus, bei der zweiten nach rechts ❻ und dann auf dem breiten Weg geradeaus. Nach einer Linkskurve folgt ein weiteres langes gerades Wegstück mit vielen Hochsitzen, bis wir bei einer **Kreuzung** ❼ nach links gehen (Ww. Wald 1,2 km) und bei einer zweiten nach 250 m geradeaus.

Im Ort **Wald** gehen wir auf der Straße nach rechts, nach etwa 100 m biegt der Jakobsweg bei einem Fensterbaubetrieb nach links. Der Fußweg en-

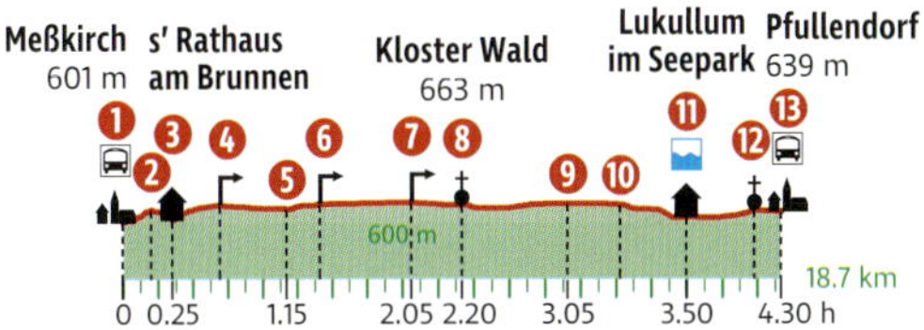

det beim **Kloster Wald** ❽, in dem sich seit vielen Jahren ein renommiertes »von-Mädchen«-Internat befindet. Wir folgen der Straße zuerst nach links und dann nach rechts. Die Klosterkirche lohnt einen Abstecher. Beim Klosterweiher gehen wir nach links in den *Mühlenweg*, müssen dann am Klärwerk entlang ein kurzes Stück auf der Kreisstraße gehen, bis sie nach rechts biegt und wir geradeaus Richtung Burraumühle wandern. Kaum 10 Min. später folgen wir dem zweiten ansteigenden Weg nach rechts am Waldrand den Hang hinauf, überqueren die Kreisstraße und kommen zu einer **Biogasanlage** ❾. Bei der folgenden T-Kreuzung halten wir uns rechts, gleich darauf links. Wir wandern geradeaus, bis der Weg bei einer T-Kreuzung in die asphaltierte Verbindungsstraße Reischach–Gaisweiler mündet. Hier gehen wir nach rechts. Sobald die Asphaltstraße gut 5 Min. später nach rechts biegt, wandern wir geradeaus.

Bei einem **Hochsitz** ❿ knapp 10 Min. später gabelt sich der Weg. Wir gehen links abwärts auf den Hof Vorderstock zu, dann links an dem braunen Holzhaus in einem großen Garten vorbei und folgen nach 5 Min. dem zweiten Weg nach rechts. Bei einem Haus am Wegende sehen wir zwei Kiesseen vor uns, der linke wurde zum Naherholungsgebiet Seepark Linzgau umgestaltet. Der Weg links abwärts führt zum Eingang in das Freizeitgelände, wir können dort baden oder auf der Terrasse des Restaurants **Lukullum im Seepark** ⓫ Kaffee trinken.

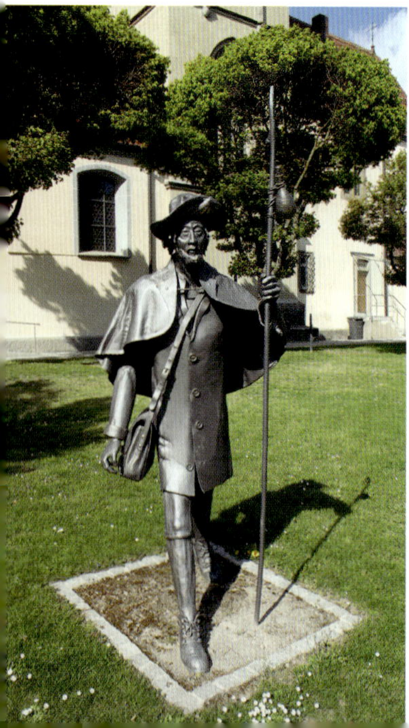

Vorbei an der Skulptur von Peter Lenk, die den als fortpflanzungsfreudig bekannten Mainau-Grafen Bernadotte als nackten Schmetterlingsmann mit einem riesigen »Bestäuber« darstellt, verlassen wir das Gelände durch den zweiten Ausgang und biegen nach rechts in den *Litzelbacher Weg*, der uns im Ort zur Landstraße nach Krauchenwies führt. Ihr folgen wir nach rechts. Nach wenigen Minuten überqueren wir sie bei einer scharfen Rechtskurve und wandern in der *Überlinger Straße* geradeaus zur Pfarrkirche **St. Jakob** ⓬ im historischen Kern der alten Reichsstadt Pfullendorf, die wir nach etwa 15 Min. erreichen. Von dort gehen wir abwärts zum Busbahnhof von **Pfullendorf** ⓭ neben dem alten Bahnhofsgebäude.

Jakobs-Pilger vor der Stadtkirche St. Jakob.

3.40 h

Im badischen Geniewinkel 6

Auf den Spuren Heideggers südlich von Meßkirch

*Meßkirch ist eine kleine Landstadt mit großer Vergangenheit im westlichen Oberschwaben. In der Residenzstadt der Grafen von Zimmern entstand Mitte des 16. Jh. das erste vierflügelige Renaissance-Schloss nördlich der Alpen, bekannter ist sein Erbauer als Verfasser der Zimmer'schen Chronik. Unter den Fürsten von Fürstenberg wurde dann aber die Residenz nach Donaueschingen verlegt. Da rund um Meßkirch mehrere bedeutende Persönlichkeiten geboren wurden, wird die Gegend als badischer Geniewinkel bezeichnet. Überregional sind bekannt: Arnold Stadler (*1954, Schriftsteller), Abraham a Santa Clara (1644–1709, Wiener Hofprediger und Schriftsteller), Conradin Kreutzer (1780–1849, Dirigent und Komponist) und Martin Heidegger (1889–1980, Philosoph). Heidegger gilt trotz seines ungeklärten Verhältnisses zum Nationalsozialismus als einer der einflussreichsten Philosophen des 20. Jh. Sein Bruder Fritz soll gesagt haben: »Den Martin hot me für nix Gscheits brauche kenne, no isch er halt Philosoph worre.«*

In den letzten Jahrzehnten des 20. Jh. erlebte Meßkirch einen wirtschaftlichen Niedergang. Inzwischen siedelten sich, auch dank einer tatkräftigen Verwaltung, neue Unternehmen an und in den Tourismus wurde investiert. Man sieht es der Stadt an, dass es wieder aufwärts geht.

Ausgangspunkt: Meßkirch, Kreisverkehr am Ende der Bahnhofstraße. Parkplätze in der Nähe.

Anforderungen: Leichte, markierte Wanderung auf deutlichen, zum Teil befestigten Wegen.

Einkehr: In Meßkirch; Ristorante s'Rathaus am Brunnen, Bichtlingerstraße 7, Meßkirch-Schnerkingen, Tel. +49 7575 9268190 (Ruhetag Di, Sa/So und an Feiertagen ab 11 Uhr, ansonsten ab 17 Uhr geöffnet).

Wir gehen in **Meßkirch** ❶ beim Kreisverkehr am Ende der *Bahnhofstraße* nach links über die Bahnlinie und danach über die Ablach, einem 33 km langen Nebenfluss der Donau. Gegenüber der Liebfrauenkirche biegen wir nach rechts in die *Schnerkinger Straße* und nach 50 m nach links in den *Sandbühlweg*. Er führt uns aufwärts zum **Schützenhaus** ❷ neben einem Sendemast. Hier haben wir den besten Blick aufs Schloss und die Altstadt. Vor dem Schützenhaus endet der asphaltierte Weg. V-förmig gehen zwei Wege nach rechts. Wir folgen dem linken durch ein Neubaugebiet abwärts zur Straße in Schnerkingen, dann vorbei an der St.-Peter-und-Paul-

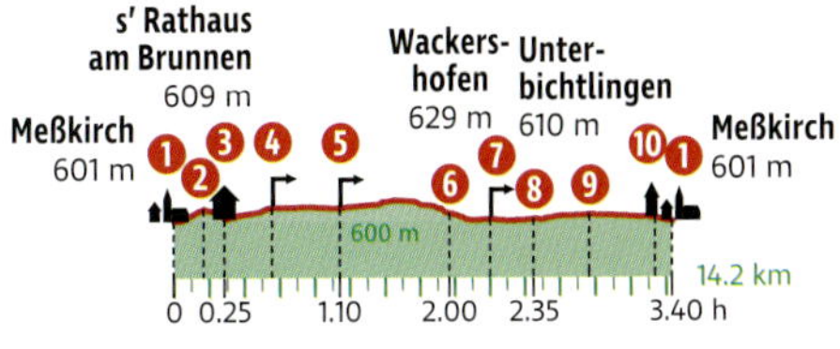

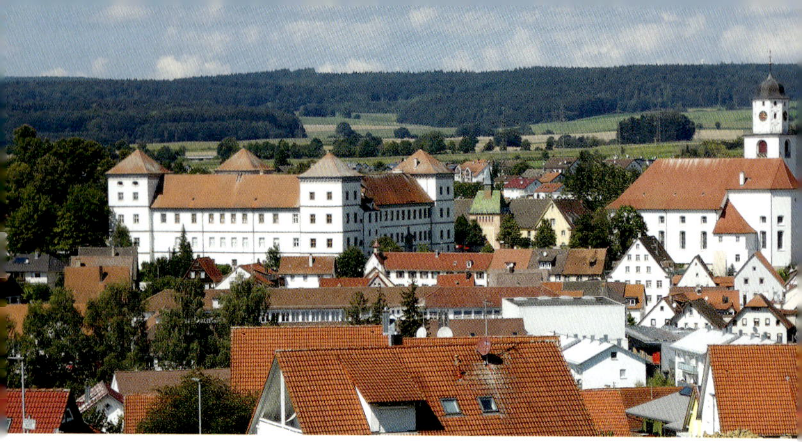

Altstadt von Meßkirch mit Schloss und Pfarrkirche St. Martin.

Kapelle. Beim Ristorante **s'Rathaus am Brunnen** ❸ plätschert ein Brunnen. Hier wandern wir nach links (*Hinterer Stockertweg*) und bei der T-Kreuzung am Wegende ebenfalls (*Vorderer Stockertweg*). Bald erreichen wir das Ortsende und der Asphalt endet.

Bei einer Gabelung vor dem Wald gehen wir rechts, die nächste Abzweigung nach rechts ignorieren wir, halten uns aber kurz darauf bei der folgenden **Gabelung** ❹, schon im Wald, wieder rechts. Danach gehen wir bei allen Kreuzungen und Abzweigungen geradeaus, bis wir nach 25 Min., kurz nach einem Hochstand mit Scheiben, den Jakobsweg verlassen und bei einer **Gabelung** ❺ dem besseren Weg nach rechts folgen (ohne Wegweiser).

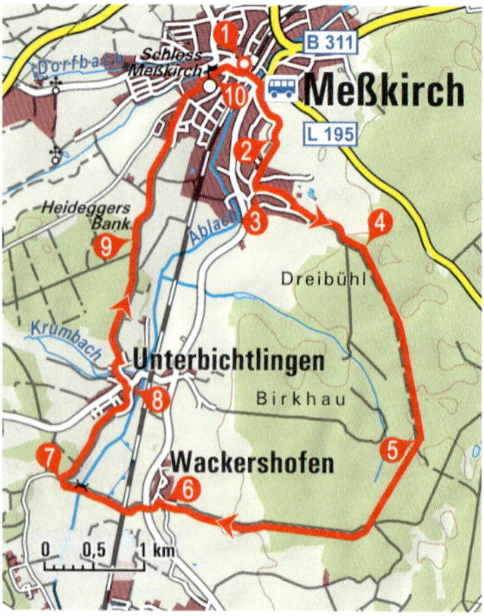

Bei der nächsten Gabelung nach kaum 5 Min. halten wir uns links, bei einem Wegdreieck 10 Min. später rechts und nach 20 m geradeaus. Nach weiteren gut 10 Min. erreichen wir am Waldrand eine Kreuzung mit Picknickplatz. Dort gehen wir geradeaus (Wz gelber Kreis) auf einen Bauernhof zu und dann auf dem ab hier befestigten Fahrweg bis zur Fahrstraße in Wackershofen. Bei der T-Kreuzung in **Wackershofen** ❻ folgen wir dieser Fahrstraße nach rechts. In einer Rechtskurve nach 100 m verlassen wir sie und biegen in eine Straße nach links (Ww. Meßkirch, Unterbichtlingen). Nach weiteren 100 m endet die Bebauung. Der ab hier für Kfz gesperrte Fahrweg leitet unter der Kreisstraße durch und überquert dann eine Bahnlinie mit interessanter Geschichte.

Von 1865 bis 1873 wurde in den damals drei eigenständigen Staaten Baden, Württemberg und dem preußischen Hohenzollern die Ablachtalbahn von Radolfzell nach Mengen gebaut. In den 1970er- und 1980er-Jahren wurde die Bahnlinie in Etappen stillgelegt. Dann geschah ein kleines Wunder, seit dem Sommer 2021 fahren auf der jetzt Biberbahn genannten Linie wieder regelmäßig Personenzüge, vorerst nur an Sonn- und Feiertagen, vielleicht irgendwann täglich (www.biberbahn.de). Der Biber, der in der Region jahrzehntelang verschwunden war, ist inzwischen zurückgekehrt und in Feuchtgebieten im Ablachtal, wie den Sauldorfer oder Krauchenwieser Baggerseen, sehr aktiv. Insofern passt der neue Name der Bahn gut.

Nach dem Bahnübergang leitet der Fahrweg geradeaus über drei Wasserläufe, der dritte und größte ist die Ablach. Am 180 m entfernten Waldrand halten wir uns bei einer **Gabelung** 7 rechts (Ww. Meßkirch, Unterbichtlingen) und gehen immer geradeaus zum 10 Min. entfernten Unterbichtlingen. Seit Heideggers Zeiten hat das Dorf einen Bauboom erlebt und wir erreichen zwischen Neubaugebiet und Ablach immer geradeaus gehend die Hauptstraße von **Unterbichtlingen** 8, überqueren sie und folgen, 10 m nach links versetzt, der *Ehnriedstraße* weiter geradeaus.

Nach einem Sägewerk überqueren wir auf einer Brücke den Krumbach, halten uns danach rechts und dann bei der ersten Gelegenheit links. Bald führt der Feldweg 15 Min. an einem Waldstück entlang, kurz vor dem Grillplatz an seinem Ende steht links **Heideggers Bank** 9. In seiner Schrift »Der

Auf dem Feldweg.

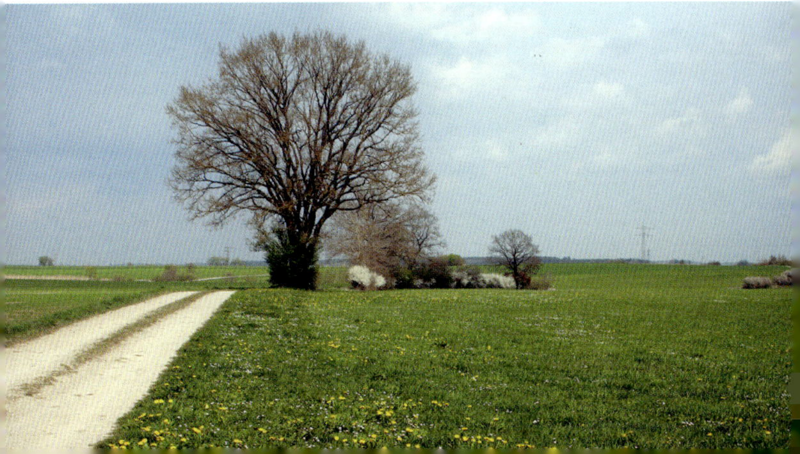

Feldweg« schreibt Martin Heidegger über sie: „Darauf lag bisweilen die eine oder die andere Schrift der großen Denker, die eine junge Unbeholfenheit zu entziffern versuchte. Wenn die Rätsel einander drängten und kein Ausweg sich bot, half der Feldweg. Denn er geleitet den Fuß auf wendigem Pfad still durch die Weite des kargen Landes.« Von wegen karg, weite fruchtbare Felder links und rechts. Dem unbefestigten Feldweg ging es wie den Heinzelmännchen in Köln, er ist verschwunden, ersetzt durch einen asphaltieren Fahrweg, der 15 Min. später am Ortsanfang vom Meßkich zur Straße *Am Feldweg* wird, gesäumt von lockerer Bebauung aus den 1960er-Jahren. Am Ende der Wohnstraße überqueren wir die *Abraham-a-Sancta-Clara-Straße* und gehen durch den Hofgarten auf das im Renaissance-Stil erbaute **Schloss Meßkirch** ⑩ zu, an der Mauer nach links und durch einen Durchgang in den Innenhof der ersten regelmäßigen vierflügeligen Schlossanlage nördlich der Alpen.
Heute ist das Schloss mit dem Oldtimer-Museum, dem Martin-Heidegger-Museum und der Kunstsammlung des Landkreises Sigmaringen ein Museumszentrum. Dem Schloss gegenüber steht die Kirche St. Martin. Die barockisierte Nepomuk-Kapelle wurde 1732–1739 als Anbau an die gotische Kirche nach Plänen von Johann Caspar Bagnato erbaut und von den Münchner Brüdern Asam ausgestattet. In der Kirche hängt vorne links eine Tafel vom Hauptaltar des Meisters von Meßkirch, die übrigen Tafeln befinden sich in bedeutenden Kunstmuseen von Philadelphia bis Moskau.
Links von der Kirche gehen wir abwärts zum neogotischen Rathaus und dann in der *Hauptstraße* nach rechts zum Ausgangspunkt in **Meßkirch** ❶.

Vor dem Schloss von Meßkirch erinnert ein Denkmal an Conradin Kreutzer, den Komponisten der Oper »Das Nachtlager in Granada«.

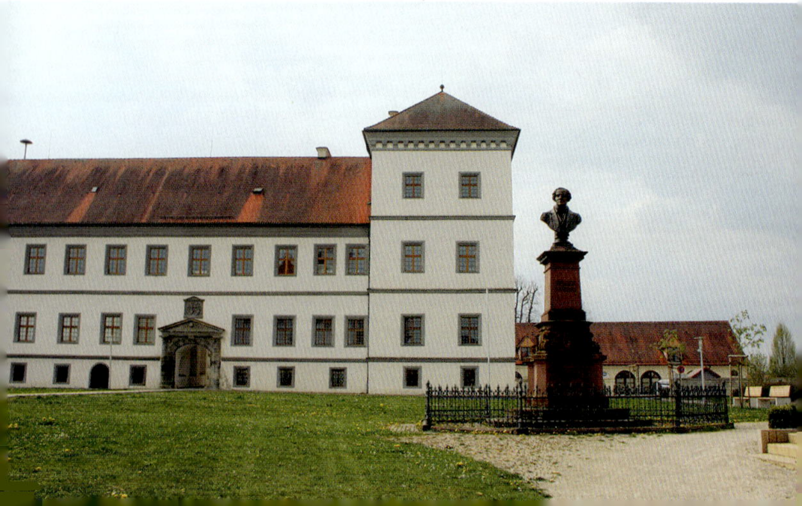

↗ 50 m | ↘ 50 m | 14.0 km

3.15 h

Naturschutzgebiet Sauldorfer Baggerseen

7

Vögel und Biber

Diese Wanderung verläuft durch eine der vielen künstlichen Seenplatten Oberschwabens, die durch Kiesabbau entstanden ist. Das Naturschutzgebiet im Ablachtal ist heute ein Paradies für Zugvögel, Schmetterlinge und Libellen. Auch Biber sind in dem Feuchtgebiet wieder heimisch geworden. Für den Eisenbahnfreund ist interessant, dass hier bis 1969 eine durchgehende Bahnlinie von Stuttgart zum Bodensee führte, in Schwackenreute sollte sie eine Ost-West-Verbindung von Ulm nach Basel kreuzen. Der elegante, palaisähnliche Bahnhof, von dem nur noch die Außenmauern stehen, und das große Mehrfamilienhaus mit Wohnungen für Bahnbeamte zeugen noch von den großen Plänen, die nie Realität wurden. Seit 2021 verkehrt an Sonntagen auf der Bahnlinie zwischen Radolfzell am Bodensee und Mengen im Donautal die Biberbahn (www.biberbahn.de).

Ausgangspunkt: Ehemaliger Bahnhof zwischen Schwackenreute und Sauldorf an der B 313. Parkmöglichkeit auf der Zufahrt zum aufgelassenen Bahnhof, aber darauf achten, dass die Linienbusse nicht behindert werden, die die Haltestelle anfahren.
Anforderungen: Leichte Wanderung auf deutlichen, z. T. asphaltierten Wegen.
Einkehr: Erlebniswelt Tipihof, Hardthöfe 9, Sauldorf, Tel. +49 7777 2190021, (So 12–20 Uhr, von Ostern bis 31. Okt. zusätzlich Fr/Sa/Feiertag 12–20 Uhr); Landmetzgerei Walk, Hauptstraße 33, Sauldorf, Tel. +49 7578 2835 (Mo–Fr 7–18 Uhr, Sa 7–13 Uhr).
Varianten: 1. Von ❻ über die Landbrücke direkt nach ⓫ (90 Min. kürzer). 2. Streckenwanderung vom Bahnhof Schwackenreute nach Meßkirch und zurück mit dem Bus. Dazu bei der Gabelung ❽ links und über Unterbichtlingen in 90 Min. nach Meßkirch (insgesamt 3.10 Std.).

Vom ehemaligen Bahnhof von **Schwackenreute** ❶ folgen wir zwischen Wohnhaus und Bundesstraße einem asphaltierten Sträßchen nach Nordosten, nicht immer in Sichtweite, aber parallel zu den Bahngleisen. Bei einer **Gabelung** ❷ halten wir uns rechts (Ww. Sauldorf). 10 Min. später zweigt rechts ein Weg ab und führt über das **Gleis** ❸, hier kommen wir zurück. Auch der Weg zu einem Baggersee, der als Badesee freigegeben ist, führt

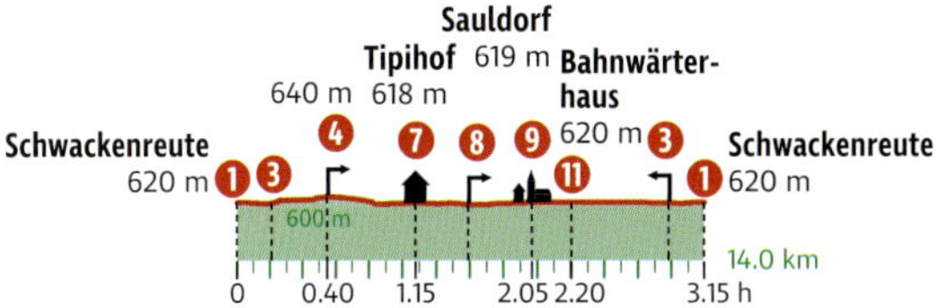

über das Gleis. Kurz darauf biegt der Weg nach links, bei der darauf folgenden Kreuzung wandern wir nach rechts und dann im Wald geradeaus, bis der Weg aus dem Wald auf eine große Wiese kommt. Dort biegen wir nach links in den Wald. Bei einer Kreuzung mit einem großen **Wegkreuz** 4 und bei einer **T-Kreuzung** 5 knapp 10 Min. später halten wir uns rechts und gehen dann geradeaus. Bei einer **Überlandleitung** 6 zweigt rechts ein Weg ab (siehe Variante), wir aber biegen nicht ab und wandern auf dem Fahrweg weiter geradeaus. 10 Min. später kreuzt er die Kreisstraße K 8216 und bekommt einen Asphaltbelag. Nach weiteren gut 5 Min. erreichen wir den **Tipihof** 7 mit Einkehrmöglichkeit.

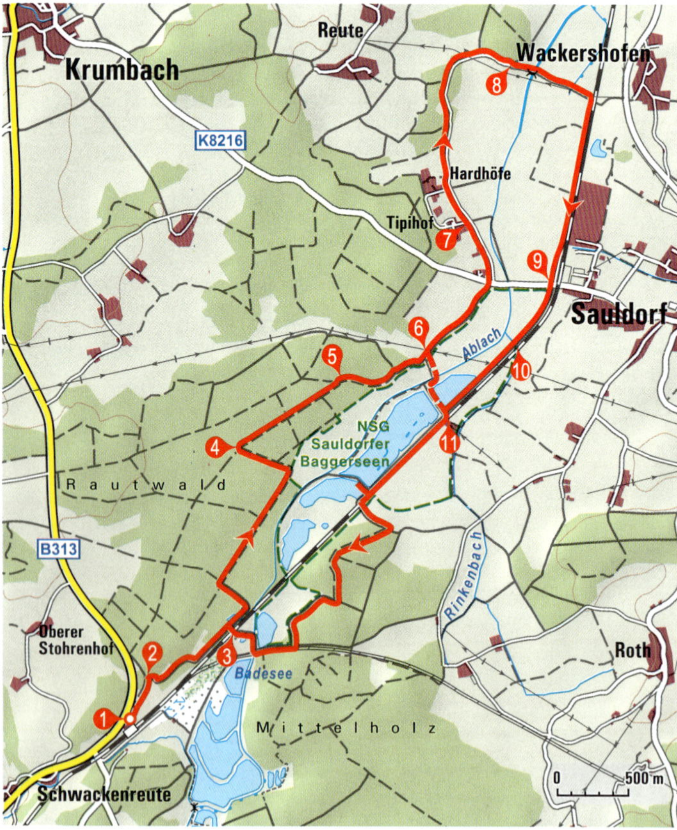

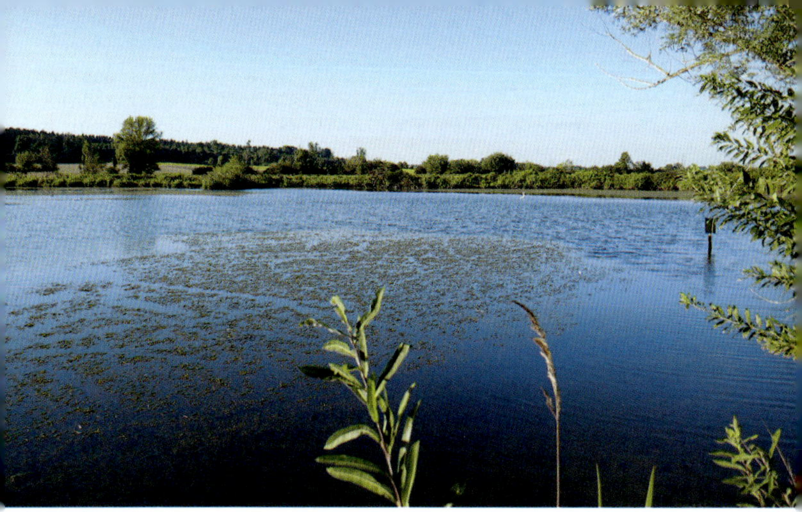

Die zehn Schwackenreuter Seen sind aus einem Kiesabbaugebiet entstanden und gelten heute als Naturschutzgebiet.

Wir folgen dem asphaltierten Fahrweg und unterqueren nach knapp 20 Min. zwischen zwei Waldstücken eine Stromleitung. Kurz darauf ignorieren vor dem zweiten Waldstück eine Abzweigung nach links und gehen an ihm entlang zu einer **Gabelung** 8. Links führt der asphaltierte Fahrweg über Unterbichtlingen nach Meßkirch (siehe Variante 2), wir aber gehen auf dem unbefestigten Fahrweg nach rechts und queren das Ablachtal. Vor dem Bahnübergang folgen wir dem breiten Weg nach rechts. Immer am Bahndamm entlang kreuzen wir nach 20 Min. wieder die Kreisstraße K 8216. Links leitet sie, nach gut 5 Min., vorbei an der Landmetzgerei Walk, nach **Sauldorf** 9.

Wir wandern weiter geradeaus. Nach gut 5 Min. überquert der Fahrweg den Rinkenbach und wir können einen **Biberdamm** 10 bestaunen. Gut 10 Min. später erreichen wir bei einer Kreuzung das **Bahnwärterhaus** 11, das wir bereits von jenseits der Landbrücke aus gesehen haben. Der Weg verläuft jetzt ganz nahe an der Kette von Baggerseen und bietet vielfältige Möglichkeiten, die Vogelwelt zu beobachten.

Gut 10 Min. nach dem Bahnwärterhaus biegt der Fahrweg nach links und überquert das Bahngleis. Bei der ersten Gelegenheit knapp 5 Min. später folgen wir einem breiten, aber unbefestigten Weg nach rechts in den Wald (Bank). Bei den folgenden beiden T-Kreuzungen halten wir uns rechts und an der Gabelung darauf ebenfalls (Ww. Schwackenreute). Wir überqueren wieder das **Gleis** 3, halten uns danach links und kommen auf bekanntem Weg in 15 Min. wieder zum ehemaligen Bahnhof von **Schwackenreute** 1.

↗ 340 m | ↘ 340 m | 17.6 km

8 An der Stockacher Aach

4.45 h

Die Heidenhöhlen von Zizenhausen

Die Wanderung verläuft an der Grenze zwischen Oberschwaben, dem Hegau und dem Bodenseeraum westlich und östlich von der Stockacher Aach. Typisch für die Landschaft sind die vielen Einzelhöfe und kleinen Weiler, an denen die Tour vorbeiführt. Von den zahlreichen Burgen des Aachtals besuchen wir zwei, die zu Schlössern verwandelt wurden. Im 18. und 19. Jh. war das Tal ein Industriestandort, von dem heute nur noch Ruinen zeugen. Zizenhausen, der Ausgangsort, ist bekannt durch die Zizenhauser Terrakotten von Anton Sohn (1769–1840). Die kleinen, bunt bemalten Tonfiguren sind heute begehrte Sammlerstücke. Ganz in der Nähe des Ausgangspunktes liegen die Heidenhöhlen, künstlich in den Sandsteinfelsen gehauene Gänge und Räume unbekannten Ursprungs.

Ausgangspunkt: Zizenhausen (Ortsteil von Stockach), Parkplatz links neben Rathaus (Schloss), Schlossplatz 1.
Anforderung: Wiesen- und Waldwege, zum größeren Teil asphaltierte Landwirtschaftswege, nur auf dem letzten Drittel einige Wegweiser. Nach den Heidenhöhlen eine kurze, ausgesetzte Passage.
Einkehr: Gasthaus Adler, Haldenrain 3, Mühlingen, Tel. +49 7775 920092.
Tipp: Sammlung Zizenhauser Terrakotten im Stockacher Stadtmuseum, Salmannsweilerstraße 1, Tel. +49 7771 802300.

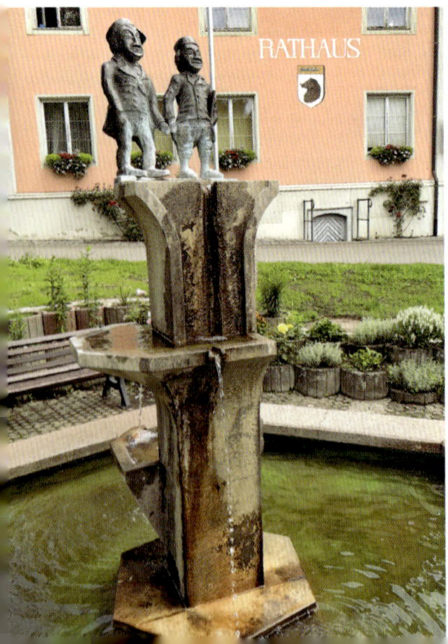

Wir wandern zuerst auf der Straße zwischen dem Schloss von **Zizenhausen** ❶ und dem Parkplatz geradeaus (Ww. gelbe Raute) und dann, wenn die Straße nach rechts biegt, 3 Min. auf einem Pfad entlang der Stockacher Aach. Auf einem Steg überqueren wir den kleinen Fluss und oberhalb von einem weithin bekannten Bikerzentrum die Bundesstraße. Nach wenigen Metern folgen wir der von der B 313 abgehenden Straße *Im Langacker*, biegen mit ihr bald nach links. Bei der T-Kreuzung an ihrem Ende leitet die Straße *Stampfwiesen* nach rechts zu einem Wendeplatz. Dort führt ein

Zwei närrische Figuren schmücken den Brunnen in Zizenhausen.

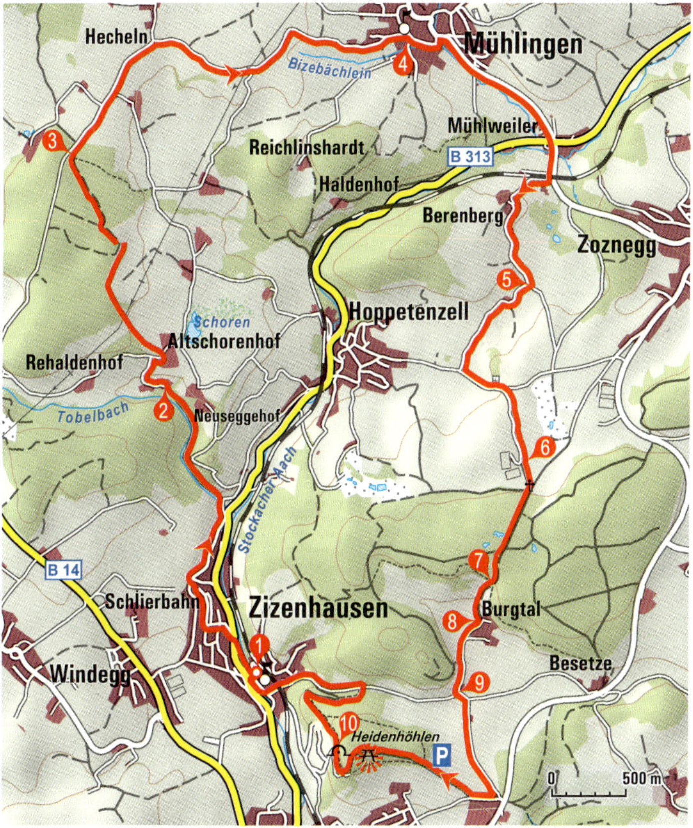

Weg zur Straße *Jägerweg*, wir gehen links aufwärts und an ihrem Ende in der *Schmelzestraße* nach rechts. Diese Straße führt auf eine frühere Erzschmelze zu. In diesem Hüttenwerk wurde bis 1863 Bohnerz verarbeitet, das vor allen im nahen Liptingen gefunden wurde. Die Hüttenwerke der Gegend (Rißdorf, Bachzimmern, Thiergarten usw.) konnten mit den großen Werken an Ruhr und Saar, die Erz und Kohle in nächster Nähe hatten, nicht mehr konkurrieren und mussten schließen.

Vor dem Mineralfutterhersteller, der heute hier produziert, führt die *Schmelzestraße* wieder aufwärts. Nach 100 m überqueren wir den **Tobelbach**, wandern dann nach links und in dem Tal an ihm entlang in gut 10 Min.

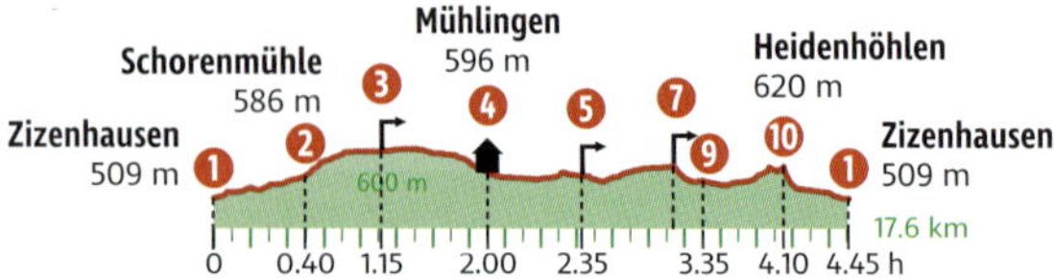

zur **Schorenmühle** ❷. Dort folgen wir der Zufahrtsstraße und halten uns nach 5 Min. bei der T-Kreuzung an ihrem Ende rechts. Nach ca. 80 m, in einer Linkskurve, biegen wir scharf nach links. Der nicht immer deutliche Wiesenpfad leitet am Feldrain entlang – anfangs etwas oberhalb des Straßenstücks zwischen T-Kreuzung und Linkskurve – und dann am Waldrand. Bald wandern wir ein kurzes Stück auf einer Wiese, über die eine Hochspannungsleitung führt, dann noch einmal 80 m am Waldrand entlang und schließlich wenige Minuten durch ein vorspringendes Waldstück.

Kurz nach diesem Waldstück wird der Weg besser und verläuft wieder am Waldrand. Wenn er nach einer Linkskurve wieder in den Wald leitet, biegen wir unmittelbar hinter einem **Hochstand** nach rechts (Ww. Oberer Bußwinkelweg) und gehen 10 Min. geradeaus. Dann mündet der Waldweg in eine asphaltierte Straße. Hier entdecken wir ein Schild mit einem roten Balken, dem Zeichen des Hauptwanderwegs 9 des Schwäbischen Albvereins (HW 9, Heuberg-Allgäu-Weg). Bei der dortigen **T-Kreuzung** ❸ halten wir uns rechts und verlassen nach wenigen Metern den Wald. Der HW 9 leitet nach links am Waldrand entlang, wir aber wandern auf dem asphaltierten Landwirtschaftsweg geradeaus, bis wir nach 10 Min. unmittelbar vor dem Ortsschild von **Hecheln** bei einer Gabelung nach rechts biegen. 20 Min. später erreichen wir Mühlingen und gehen bei der T-Kreuzung am Schloss in **Mühlingen** ❹ rechts abwärts. Bald mündet die *Schlossstraße* in die *Hauptstraße*, der wir nach rechts folgen. Nach 15 Min. überqueren wir die Bundesstraße und die Stockacher Aach. Vor uns sehen wir die Unterführung einer reaktivierten Bahnlinie und dahinter ein riesiges Gebäude aus Ziegelsteinen. Die Ziegelei Zoznegg-Beerenberg wurde Ende des 19. Jh. gegründet und später von einer Schweizer Firma übernommen. Die Blütezeit erlebte die Ziegelproduktion vor und nach dem Ersten Weltkrieg, als dort 150 Arbeiter beschäftigt waren. Seit die Produktion 1962 eingestellt wurde, liegt das Gelände brach und sucht einen Käufer.

Direkt nach der Bahnlinie leitet ein Asphaltweg nach rechts, biegt bald nach der Ziegelei nach links, und bei einer **Gabelung** ❺ 200 m nach dem letzten Haus des Weilers halten wir uns rechts. Der Weg führt, vorbei am Wolfholzerhof, in 10 Min. zu einer T-Kreuzung. Wir folgen dem gleichfalls befestigten Weg nach links und nach wenigen Minuten vor dem Friedhof einer rechts abgehenden Straße (Ww. Sportplatz) in den Wald. Nach gut 5 Min. erreichen wir eine Gabelung am Rand des Waldes und des **Sportplatzes** ❻, hier halten wir uns links. Der unbefestigte Weg führt kurz durch Felder

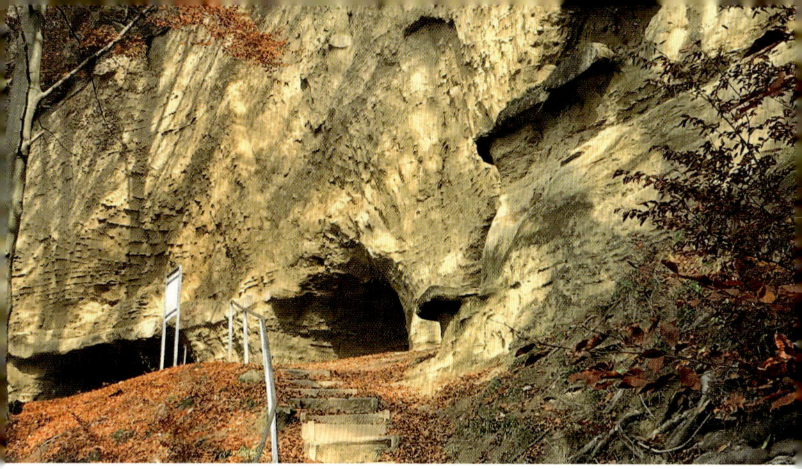

Über einem Eingang in die Heidenhöhlen ist ein Gedicht von 1786 eingemeißelt.

und Wiesen zu einer T-Kreuzung am nächsten Waldrand, dort gehen wir links und bei der nächsten T-Kreuzung (Evangelizipfel) nach wenigen Metern rechts (Ww. Zizenhausen). Auf diesem geraden, im Wald ansteigenden ehemaligen Postweg kommen wir nach 5 Min. zu einer Kreuzung mit einer Bank und, jetzt abwärts, nach weiteren 5 Min. am Waldrand zu einer **Gabelung** 7. Hier folgen wir dem Wiesenweg rechts, der hinunter in den Weiler **Burgtal** 8 leitet. Dort an der Zufahrtsstraße nach rechts. Nach gut 5 Min. halten wir uns an der Gabelung bei einem **gelben Haus** 9 links (rechts in ca. 20 Min. zum Ausgangspunkt) und bei der nächsten Gabelung nach knapp 100 m rechts. Auf dem Asphaltweg erreichen wir nach ca. 10 Min die Berlinger Siedlung nahe der Landstraße, biegen scharf nach rechts und gehen durch die Siedlung mit den kleinen Häuschen.
Am Ende der Siedlung wandern wir bei einer Gabelung nach rechts und kurz nach dem Wanderparkplatz am Waldrand nochmals (Ww. Heidenhöhlen). Das Dach eines Wasserreservoirs ist ein schöner Aussichtspunkt und Rastplatz. Danach halten wir uns links, stoßen auf einen Weg, der gleichfalls vom Wanderparkplatz kommt, und gehen nach rechts. Nach wenigen Metern halten wir uns nochmals rechts (links führen Stufen abwärts). Der schmale Pfad leitet am Steilhang entlang, bei Nässe kann er tückisch sein. Vor der Sandsteinwand führt eine Treppe aufwärts zu den **Heidenhöhlen** 10. Danach kommt ein kurzes Stück am Steilabfall entlang, das Wanderern mit Höhenangst Probleme bereiten könnte. Kurz danach wird der Pfad zum Weg, bei einer Gabelung halten wir uns links und steigen abwärts zu einem asphaltierten Fahrweg. Wir gehen nach links und in 10 Min. zurück zum Schloss in **Zizenhausen** 1, dazu halten wir uns im Ort bei einer T-Kreuzung nach einer **Bahnunterführung** rechts.

↗ 90 m | ↘ 90 m | 9.3 km

9 Im Tal des Andelsbachs

2.15 h

Die Pfullendorfer Wallfahrtskirche Maria Schray

Die Pfullendorfer Wallfahrtskirche Maria Schray, ein beliebtes Pilgerziel im Linzgau, ist ein barockes Kleinod. Seit dem 14. Jh. wird dort die Gottesmutter verehrt, seit 1516 wird jeden Samstag um 9 Uhr ein Wallfahrtsgottesdienst gefeiert. Im Jahr 1632, während des Dreißigjährigen Kriegs, belagerten und eroberten schwedische Truppen die Reichsstadt Pfullendorf. Die vor den Toren der Stadt liegende Wallfahrtskirche ging dabei in Flammen auf. Die Legende erzählt, dass die Wallfahrtsmadonna auf wundersame Weise der Zerstörung des Gotteshauses entging und sich im nahen Wald in einer alten Eiche, der Maria-Eiche, niederließ.

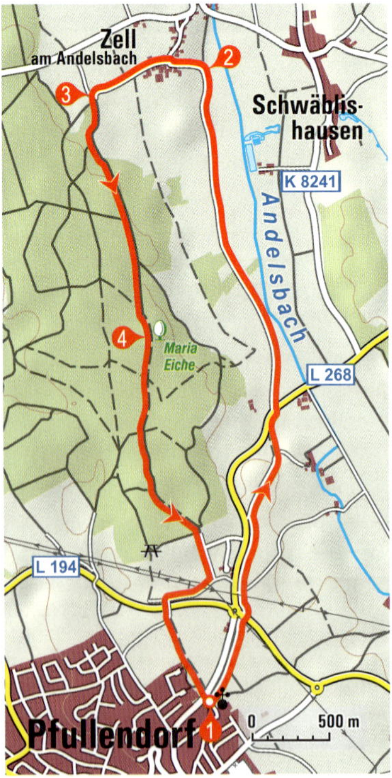

Ausgangspunkt: Pfullendorf, Wallfahrtskirche Maria Schray, Mengener Straße 4.
Anforderungen: Leichte Wanderung auf deutlichen, zum Teil befestigten Wegen.
Einkehr: In Pfullendorf.

Vom Parkplatz neben der Wallfahrtskirche von **Pfullendorf** ❶ folgen wir dem Ww. Zell am Andelsbach und wandern auf einem Weg neben der *Mengener Straße* weiter ortsauswärts zu einem Kreisverkehr. Dort überqueren wir die kreuzende Landstraße und gehen weiter geradeaus. Der Weg verlässt bald die Straße und führt abwärts, bei einer Gabelung halten wir uns links. Wir erreichen wieder die Landstraße und gehen auf ihr für etwa 100 m nach rechts. Dann biegen wir nach links und wandern auf der kaum befahrenen Straße in 30 Min. nach **Zell am Andelsbach**. Schon von Weitem sehen wir die romanische **Kirche** ❷ auf einer Anhöhe und das Pfarrhaus. Dort angekommen wandern wir

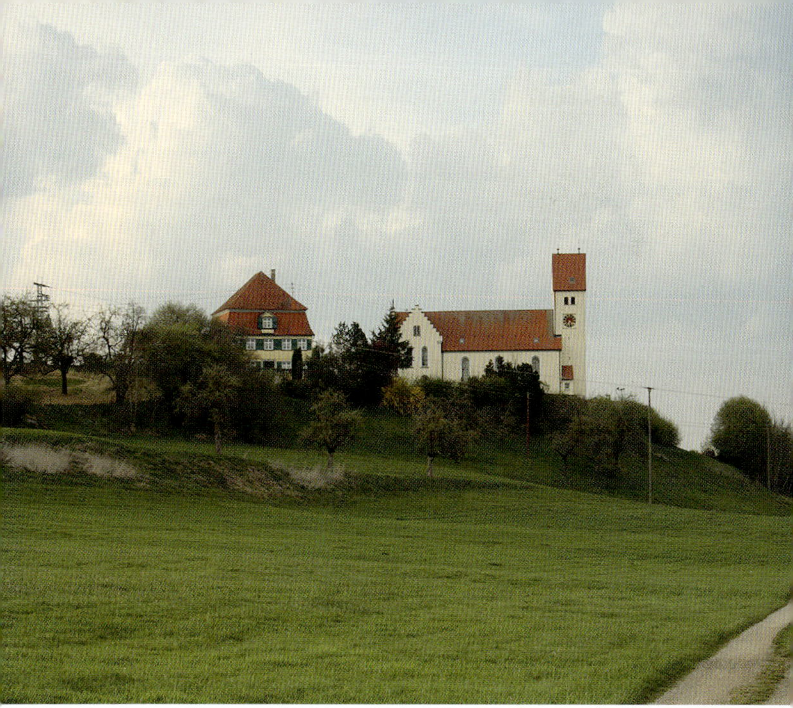

Kirche und Pfarrhaus von Zell am Andelsbach.

nach links in den Ort, folgen bei einer Gabelung dem Ww. Maria Schray erneut nach links und verlassen das Dorf. Wir biegen bei einer **Wegspinne** 3 in der Nähe des Waldes anschließend nochmals nach links ab (Ww. Maria Schray). Der Weg führt uns in den Wald. Hier wandern wir nun immer weiter geradeaus und ignorieren alle Abzweigungen.

Nach knapp 30 Min. erreichen wir den Stumpf der **Maria-Eiche** 4, zu der das Gnadenbild der Pfullendorfer Wallfahrtskirche bei der Zerstörung geschwebt sein soll – auch sie ein Ort religiöser Verehrung. Der Weg leitet weiter geradeaus in 20 Min. zum Waldrand und dann durch Felder und schließlich vorbei an einem kleinen Gewerbegebiet bis zu einer T-Kreuzung. Hier halten wir uns rechts, überqueren auf einer Brücke die Landstraße und wandern dann durch Felder geradeaus auf die schon lange weithin sichtbare Wallfahrtskirche von **Pfullendorf** 1 zu.

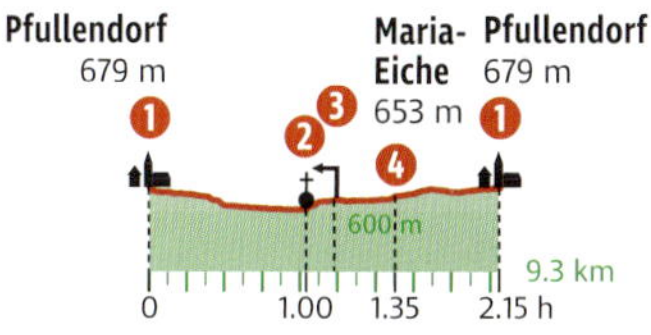

↗ 340 m | ↘ 340 m | 24.3 km

10 Durch zwei Täler bei Sigmaringen

6.10 h

Rundtour um die Hohenzollern-Stadt

Im Naturpark Obere Donau liegt Sigmaringen, die Hauptstadt des ehemaligen Fürstentums Hohenzollern-Sigmaringen. In der früheren Residenzstadt begegnet man überall den Spuren der Vergangenheit. Das Schloss mit seiner spektakulären Lage auf einem Felsen über der Donau sollte unbedingt besichtigt werden. 1850 verzichteten die Fürsten auf ihre Souveränität und das Land kam zu Preußen.

Ausgangspunkt: Sigmaringen Bahnhof, Bahnhofstraße 7.
Anforderungen: Leichte, aber lange Wanderung.
Einkehr: In Sigmaringen, Bingen und Sigmaringendorf.
Variante: Von ❷ vorbei am Nägelesfelsen ins Laucherttal (siehe Ende des Tourentextes, 1 Std. kürzer, 40 Höhenmeter weniger).

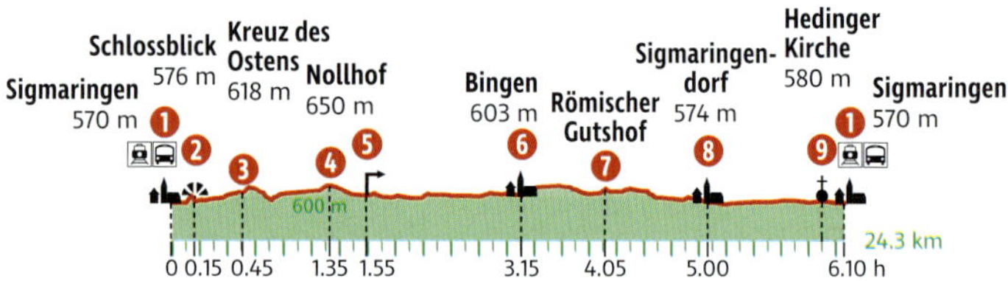

Man tritt aus dem Bahnhof von **Sigmaringen** ❶ heraus, der aufgrund der gelegentlichen Kaiserbesuche bei den schwäbischen Vettern etwas zu groß ausgefallen ist, und geht auf dem Gehweg, parallel zur Bahnlinie, nach rechts zu einer T-Kreuzung. Auf der gegenüberliegenden Seite der Querstraße leitet die Einfahrt zu einem Parkplatz, der hinter einer Hecke liegt, zu einem Haus mit Türmchen. Dort gehen wir nach rechts und folgen dann einem schmalen Weg, der entlang der Bahngleise nach links führt. Bald überqueren wir auf einem Steg an der Eisenbahnbrücke die Donau, links von uns wurde der Fluss gestaut, in dem kleinen See spiegelt sich das auf einem mächtigen Kalkfelsen stehende Schloss. Der Kalkfelsen gegenüber, an dessen Fuß wir stehen, heißt Mühlberg. Erst 1828 ließ Fürst Anton Alois durch Sprengungen Platz für eine Straße zwischen Mühlberg und Donau schaffen. Dabei wurde der »Panthelstein« rechts von uns vom Mühlberg getrennt, eine bronzene Tafel erinnert daran.
Nach der Betonbrücke, die Bahngleis und Straße überquert, sollte man einen Abstecher auf einem unbefestigten Weg nach rechts zum **Schlossblick** ❷ auf dem Mühlberg nicht versäumen (Ww. Donau-Zollernalb-Weg, Hohenzollernweg).

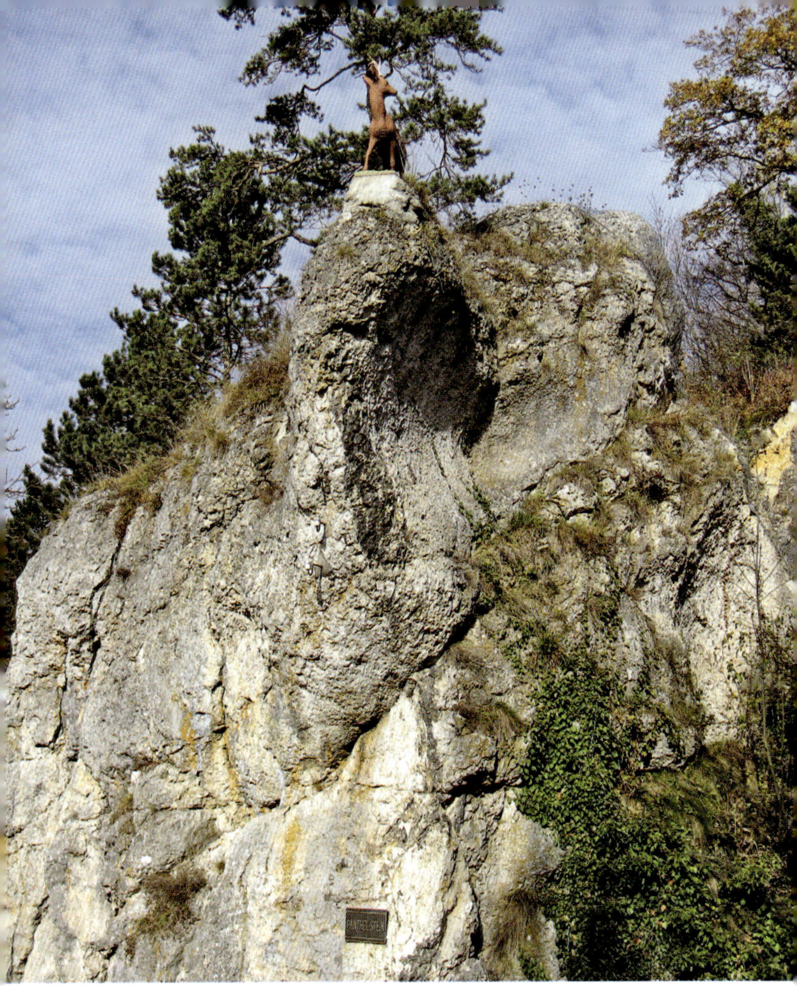

Der Panthelstein in Sigmaringen.

Nach dem Abstecher zum Schlossblick kehren wir zurück zum Hauptweg, der hinter der erwähnten Betonbrücke das Bahngleis und die Straße überquert. Er führt weiter nach links (grüner Ww. Gästehaus Pfefferle) und dann nach rechts durch die Grünanlage vor dem in klassizistischem Stil erbauten ehemaligen Fürst-Carl-Landeskrankenhaus, heute Landratsamt, und stößt

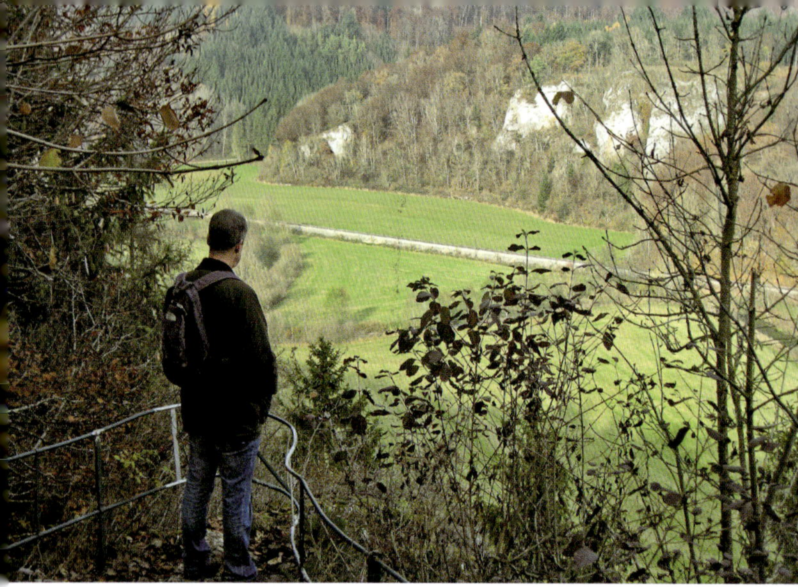

Aussicht vom Nägelesfelsen.

dann auf die *Hohenzollernstraße*, der wir aufwärts folgen. Bei einer Gabelung nach kaum 100 m halten wir uns links, biegen nach wenigen Metern links in eine schmale Straße; nach einer scharfen Linkskurve heißt diese *Brenzkoferberg*. An ihrem Ende beginnt ein unbefestigter Waldweg, der nach 10 Min. scharf nach rechts biegt. Kurz darauf folgen wir einem Pfad (Nr. 3 auf schwarzem Grund) nach links aufwärts und erreichen nach gut 100 m eine größere freie Fläche. Links von uns liegt das Vertriebenendenkmal **»Kreuz des Ostens«** 3 mit Bänken, die einmal vorhandene Sicht wird von hohen Bäumen versperrt.
Von rechts stößt ein Weg auf diese Freifläche, wir wandern auf dem Weg rechts neben dem Zugang zum Denkmal weiter. Nach gut 5 Min. biegen wir bei einer T-Kreuzung scharf nach links und folgen dem Weg in einer lang gestreckten Serpentine knapp 10 Min. abwärts bis zur Nebenstraße neben der B 32. Dort gehen wir nach links, unterqueren die Bundesstraße und folgen dann dem asphaltierten, bald für den Autoverkehr gesperrten Sträßchen. Es verläuft 30 Min. am Waldrand bis zum **Nollhof** 4.
Hier treffen wir bei einem Kreisverkehr wieder auf die Bundesstraße. Rechts neben der geradeaus nach Gammertingen führenden Bundesstraße B 32 wandern wir 15 Min. auf einem Forstweg weiter (rotes Y oder 5), nach 150 m führt der Weg von der Straße weg. Bei der **T-Kreuzung** 5 unterhalb der Ruine Hertenstein wandern wir nach rechts und bei einer Gabelung nach

wenigen Minuten ebenfalls (nach links führt der Weg auf einer Brücke über die nahe Lauchert). Der Weg führt jetzt im Tal entlang, links vom Weg sehen wir die Lauchert und die Bahnlinie der Hohenzollerischen Landesbahn. Nach 25 Min. wandern wir am Fuß des **Nägelesfelsen** entlang und dann bald durch eine Bahnunterführung. Bei der Gabelung auf der anderen Seite der Bahnlinie halten wir uns links. Für 20 Min. leitet der Weg jetzt durch Felder und Wiesen bis zu einem Bahnübergang. Dahinter folgen wir einer Straße nach links, überqueren die Lauchert und wandern nach rechts am Fluss entlang. Das Tal wird enger, vorbei an einer großen Höhle überqueren wir nach 10 Min. die Lauchert auf einem Steg vor einem Wehr erneut, danach begrenzen wenige Minuten lang Kalkklippen das enge Tal auf beiden Seiten. Dieser canyonartige Abschnitt heißt **Bittelschießer Täle**. Am Ende des Durchbruchs weitet sich das Tal, das Bahngleis taucht wieder auf und gut 10 Min. später erreichen wir die ersten Häuser von **Bingen** und den ehemaligen **Bahnhof** **6**.

Wir gehen bis zum Ende des asphaltierten Weges, über die Landstraße und das Bahngleis (geradeaus, beim Rathaus, Hauptstraße 21, fahren im Stundentakt Busse zum Ausgangspunkt), dann nach rechts, wieder über das Bahngleis und die *Leuteberg-Straße* aufwärts. Bei der ersten Gelegenheit biegen wir nach links und halten uns 100 m hinter dem Ortsendeschild von Bingen links. Rechts liegen Felder, links der Ortsteil Hornstein mit der

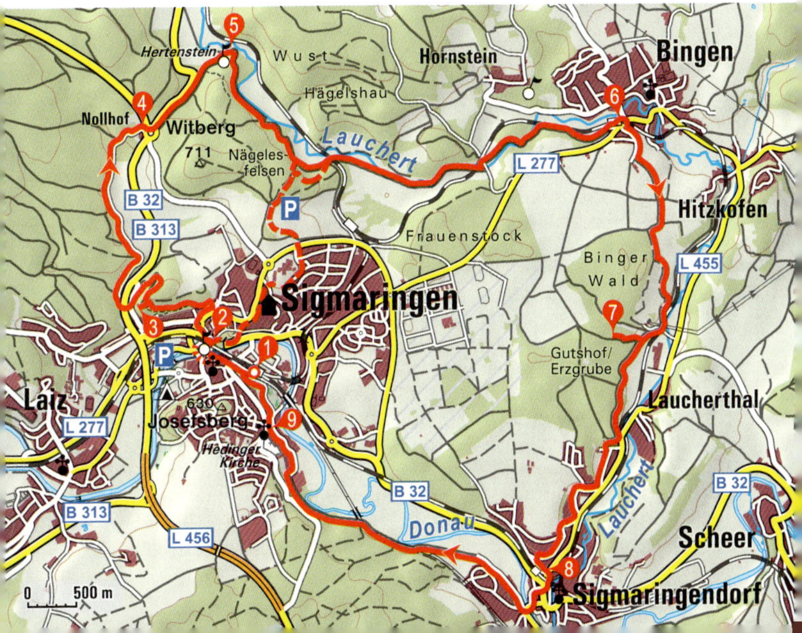

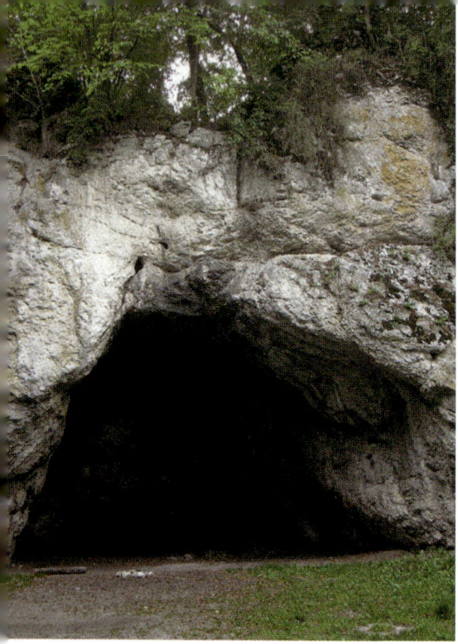

Höhle im Tal der Lauchert.

gleichnamigen Ruine. 10 Min. nach dem Ortsschild gehen wir bei einer Wegkreuzung mit einem Feldkreuz von 1996 geradeaus, hier endet der Asphalt. Bei der folgenden T-Kreuzung halten wir uns rechts. Nach ca. 100 m wandern wir nach links am Wald entlang und bei der folgenden Gabelung links abwärts. Bald sehen wir erstmals das Betriebsgelände der ehemaligen Fürstlich Hohenzollernschen Hüttenwerke in Laucherthal vor uns. Das älteste noch existierende Familienunternehmen Baden-Württembergs, teilweise immer noch im Besitz der Hohenzollern-Fürsten, wurde vor 300 Jahren als Eisenschmelze gegründet und ist inzwischen ein weltweit operierendes Unternehmen.
Der unbefestigte Weg trifft auf eine befestigte Querstraße, wir halten uns rechts und gleich darauf nochmals. Der Weg führt am Zaun des Werksgeländes entlang, die ersten beiden unmittelbar aufeinander folgenden Abzweigungen ignorieren wir, bei der dritten können wir einen Abstecher zu einer alten Erzgrube und einem **römischen Gutshof** 7 machen. Zu sehen ist allerdings wenig. Die folgenden Abzweigungen ignorieren wir wieder.
Am Ende einer scharfen Rechtskurve, wenn der Weg schon wieder in Gegenrichtung verläuft, führt links ein breiter Weg im Wald abwärts (Richtung Scheer a. d. Donau, blaues Dreieck; Gegenrichtung Sigmaringen), am Ende des Weges führen einige Stufen zu einer Straßen-T-Kreuzung. Hier gehen wir geradeaus in die *Gartenstraße*. Etwa 50 m nachdem die *Schlesierstraße* kreuzt, biegen wir nach rechts in die Straße *In der Au* und bei der T-Kreuzung an ihrem Ende nach links in den *Hüttenbergweg*. Unmittelbar bevor der *Hüttenbergweg* in die Landstraße mündet, wandern wir nach rechts in die ansteigende *Braunhaldestraße*. Am Ende des Anstiegs nach einer Linkskurve folgen wir der *Sonnenhalde* geradeaus, bis sie bei einer T-Kreuzung endet. Hier folgen wir der *Weingartenstraße* nach links abwärts. Rechts von uns liegt der **Bahnhof Sigmaringendorf** 8, von dem im Stundenabstand oder weniger Züge und Busse zum Ausgangspunkt fahren. Bei einer Kreuzung am Ende der *Weingartenstraße* gehen wir nach rechts über

die Bahngleise und dann nach links. Nach wenigen Metern verlassen wir die *Hauptstraße* und gehen nach rechts in die *Oberdorfstraße*. Sie führt in einer großen Linkskurve zu einer Brücke über die Donau.
Gleich hinter der Brücke biegen wir nach rechts und wandern 1 Std. auf der asphaltierten, schmalen Straße parallel zur Donau weiter. Die Bebauung endet, bald erblicken wir über den Flusswiesen Schloss Sigmaringen. Die Donau fließt in großen Schleifen durch die Auenlandschaft rechts von uns, der Streifen zwischen dem Fluss und dem bewaldeten Berghang links ist gelegentlich schmal. Über die aufgelassene, nur noch teilweise erhaltene Eisenbahnbrücke fuhren bis 1969 die Züge von Sigmaringen zum Bodensee. Bei den ersten Häusern von Sigmaringen biegen wir nach rechts und kurz darauf nach links. Vor uns sehen wir die monumentale Kuppel der Hedinger Kirche über der Gruft des hohenzollerischen Fürstenhauses. In Höhe der **Hedinger Kirche** 9 gehen wir geradeaus und nach 100 m durch ein großes schmiedeeisernes Tor in den Prinzengarten, der um 1845 im Anschluss an das 1842–48 errichtete Stadtschloss des Erbprinzen Karl Anton entstand. Wenige Minuten später erreichen wir den Bahnhof von **Sigmaringen** 1.

Variante: Am Aussichtspunkt **Schlossblick** 2 wandern wir vorbei und halten uns bei einer nahen Gabelung rechts. (Die Ausschilderung auf der Variante ist unübersichtlich, es gibt gelbe Wegweiser, die u. a. zum Nägelesfelsen beim Zusammentreffen mit dem Hauptweg weisen, und auf neuen blassgrünen Wegweisern finden wir das Etappenziel Sieben Kirschbäume. Daneben gibt es vielleicht noch viele verschiedene kleine quadratische Täfelchen. Für uns wichtig sind der blau-grüne Ring des Donau-Zollernalb-Weges und das schwarz-weiße Wappen des Hohenzollernweges). Der Weg fällt, wir biegen scharf nach links, gehen 50 m an einem Schulsportplatz entlang und an seinem Ende nach rechts. Wir biegen nochmals nach rechts, laufen über den Parkplatz des Hohenzollern-Gymnasiums und dann die *Hohenzollernstraße* aufwärts. Auf die **Jugendherberge** links folgt rechts ein langer Parkplatz. Wir überqueren die aus dem Tal kommende *Schützenstraße* und folgen einem Weg, der im Wald den Hang hinaufführt und das Krankenhausgelände gegen den Uhrzeigersinn umgeht, und dann dem *Wildensteinweg* und der *Achbergstraße* nach links. Nach dem Gebäude der Freien Christengemeinde unterqueren wir die *Hohenzollernstraße*, halten uns nach 100 m bei einer T-Kreuzung links und nach weiteren 30 m bei einer Gabelung rechts. Wir wandern rechts an einem Wäldchen vorbei und biegen dann nach rechts in die Zufahrtsstraße zum 150 m entfernten Wanderparkplatz **Sieben Kirschbäume**. Davor ignorieren wir einen am Waldrand entlangführenden Weg nach rechts. Erst auf dem Parkplatz folgen wir dem rechten der drei Wege (Ww. Hohenzollernweg, Witbergrunde, der Ww. Nägelesfels weist geradeaus) und kommen nach gut 5 Min. zum **Nägelesfelsen**, einer Aussichtskanzel über dem Laucherttal. Davor leitet ein schmaler Pfad nach rechts und in gut 5 Min. zum Hauptweg im Tal.

↗ 200 m | ↘ 200 m | 19.4 km

11 Der Sigmaringer Forst

4.45 h

Vom Residenzschloss in den Wildpark Josefslust

Der Sigmaringer Forst ist nach dem Altdorfer Wald bei Weingarten das größte zusammenhängende Waldgebiet Oberschwabens. Die Anfänge des Wildparks gehen bis ins 15. Jh. zurück, 1727 erbaute Joseph Friedrich Fürst von Hohenzollern-Sigmaringen ein Jagdschloss namens »Josefslust«, 1790 wurde der Wildpark von seinem Enkel, Fürst Anton Aloys, eingezäunt. Die Landstraße L 456 von Sigmaringen nach Pfullendorf führt mitten durch den ca. 15 km² großen Josefsluster Wald, westlich der Straße ist ein 7,2 km² großes Gebiet mit vielen zum Teil unter Naturschutz stehenden alten Bäumen und früher zur Fischzucht genutzten Weihern als Wildpark eingezäunt. In der Nähe des Haupteingangs liegen das Jagdschloss Josefslust und ein Landhaus, in dem bis zu seinem Tod 2010 Fürst Friedrich Wilhelm residierte. In dem für jedermann zugänglichen Wildpark gibt es ein dichtes, 35 km langes Wegenetz. Allerdings ist die Auszeichnung nicht besonders gut, verloren gehen kann man aber nicht. Man kann die Wanderung am Bahnhof in Sigmaringen oder am Parkplatz vor dem Wildpark beginnen.

Ausgangspunkt: Sigmaringen Bahnhof, Bahnhofstraße 7, oder Wanderparkplatz links von der L 456 (Sigmaringen–Pfullendorf/Überlingen) am Eingang zum Wildpark (Bushaltestelle Josefslust).
Anforderungen: Einfache, aber lange Wanderung auf guten, jedoch spärlich markierten Wegen.

Einkehr: In Sigmaringen.
Tipp: Besichtigung des Schlosses Sigmaringen oder im Sommer Bad in den nahen »Zielfinger Baggerseen«.
Varianten: Verschiedene Abkürzungen sind möglich, etwa auf dem Gerhard-Riedmann-Weg von 5 zum Jagdschloss 11 (insgesamt 90 Min. kürzer).

Vom Bahnhof von **Sigmaringen** 1 folgen wir der *Bahnhofstraße* Richtung Schloss zu einer T-Straßenkreuzung. Auf der gegenüberliegenden Seite der Querstraße leitet die Einfahrt zu einem Parkplatz, der hinter einer Hecke liegt, zu einem Haus mit Türmchen. Dort gehen wir nach rechts und folgen dann einem schmalen Weg, der entlang der Bahngleise nach links zu einer kombinierten Eisenbahn-/Fußgängerbrücke führt. Wir bleiben auf der Südseite, gehen vor der Brücke links und gleich wieder nach rechts zur Donau. Vorbei am historischen E-Werk und dem Schlossfelsen mit dem imposanten Gebäude, dessen Ostflügel 1893 bei einem Brand zerstört und dann wieder aufgebaut wurde, wandern wir durch das Gelände der kleinen Landesgartenschau 2013, am Campingplatz vorbei bis zum **Freibad** 2. Davor biegen wir links in den ansteigenden Weg, verlassen ihn aber bei der ersten Gelegenheit rechts. Wir gehen im Wohngebiet über eine Kreuzung, bei der folgenden T-Kreuzung links und der nächsten Kreuzung rechts. Jetzt folgen wir der alten Landstraße nach Krauchenwies geradeaus. Beim ersten **Ab-**

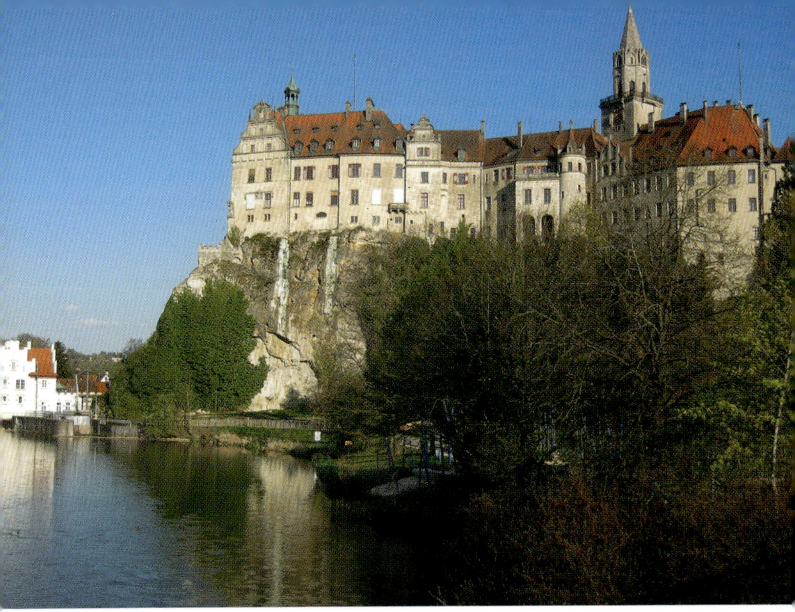

Das Schloss von Sigmaringen.

zweig ❸ nahe beim Gewerbegebiet Wachtelhau wandern wir nach rechts, überqueren auf einer Brücke die tiefer gelegte Landstraße, gehen bei einer Gabelung geradeaus bis zum Waldrand und dort nach links, auf die Landstraße zu. Kurz davor biegt der Weg scharf nach rechts und kreuzt bald einen anderen Waldweg. Bei der folgenden T-Kreuzung wenden wir uns nach links, kurz darauf nach rechts und erreichen nach einer S-Kurve die Landstraße. Hier gehen wir nach rechts und steigen nach wenigen Minuten auf einer Treppe über den Zaun des **Wildparks Josefslust** ❹. Dort biegen wir bei der ersten Gelegenheit nach rechts und nach weiteren 10 Min. nach links. 10 Min. später kommen wir zu einer **Wegkreuzung** ❺.
Wir wandern nach rechts (Ww. Gögginger Weiher), 5 Min. später halten wir uns bei einer Gabelung links und bei einer T-Kreuzung wenig später noch-

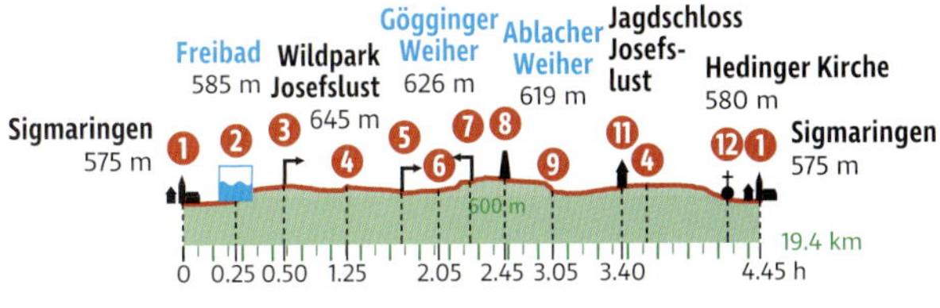

mals. Nach weiteren 5 Min. gehen wir bei einer Kreuzung geradeaus und sehen dann bald links von uns den **Gögginger Weiher** 6 liegen. Gut 5 Min. später, bei einer Gabelung am Ende des Weihers, halten wir uns rechts und kommen dann bald zu einer Schneise. Rechts geht ein Weg ab, links etwas weiter oben steht ein Turm. Wir wandern geradeaus, bei einer **Gabelung** 7 links und bei der folgenden T-Kreuzung nochmals. Der Weg führt geradeaus an dem **Turm** 8 vorbei, bis wir bei der übernächsten Kreuzung nach links gehen. Kurz darauf sehen wir links vor uns den **Ablacher Weiher** 9.

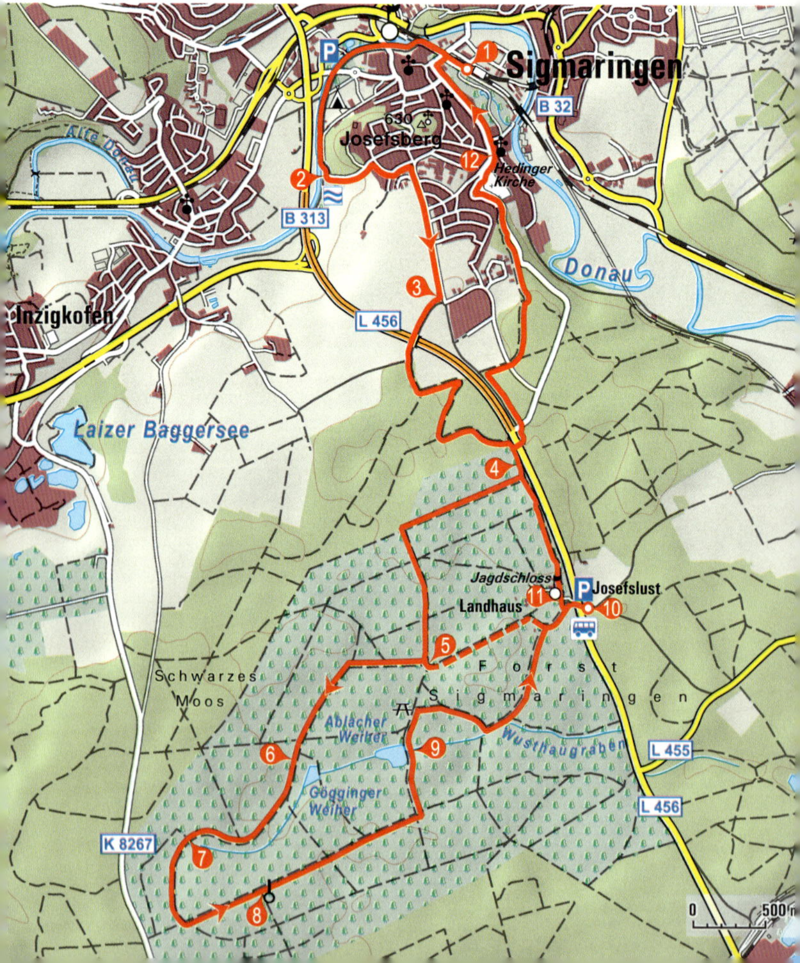

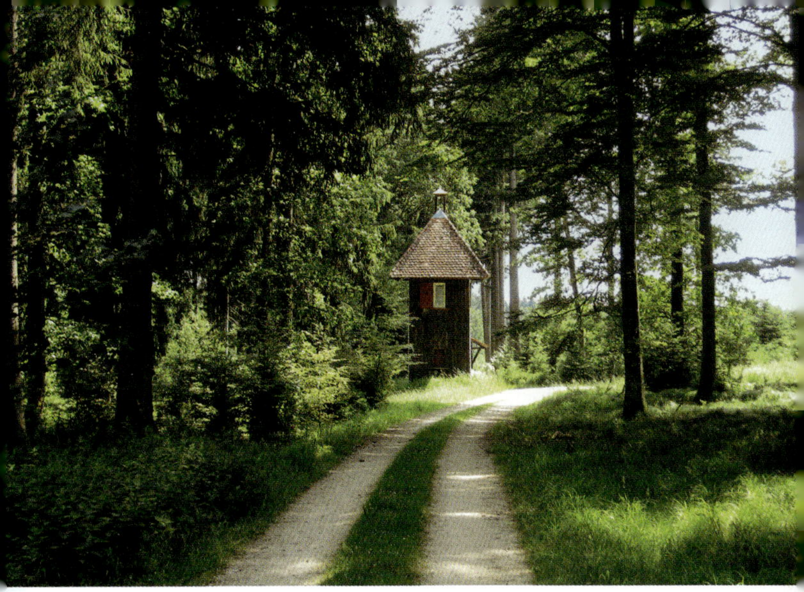

Hölzerner Turm in Josefslust.

Wir wandern geradeaus, wenige Minuten später bei der ersten Abzweigung nach rechts und kurz darauf nochmals nach rechts. Dann erreichen wir eine Kreuzung mit einer Gruppe von Bänken, hier halten wir uns links. Etwa 10 Min. nach dem Weiher gehen wir nach links und dann immer geradeaus. Bald sehen wir das Jagdschloss vor uns. Wir halten uns hier rechts. Ca. 5 Min später leitet ein Weg nach rechts zum Haupttor des Wildparks mit den beiden gusseisernen Rothirschplastiken und zum **Wanderparkplatz** ⑩ jenseits der Landstraße.
Wir gehen geradeaus, rechts am **Jagdschloss Josefslust** ⑪ vorbei und erreichen nach ca. 10 Min. die über den Zaun des **Wildparks Josefslust** ④ führende Leiter. Außerhalb des Wildparks wandern wir entlang der Landstraße bis zu einer Unterführung und auf der anderen Seite der Landstraße weiter. Wir überqueren eine Straße und biegen knapp 10 Min. später mit dem Waldrand nach rechts und halten uns nach Überqueren einer Fahrstraße bei zwei Gabelungen jeweils links. Der gerade Weg geht in eine Wohnstraße über, wir wandern rechts abwärts und nach einer Rechtskurve auf die **Hedinger Kirche** ⑫ zu, die mit der Kuppel über der Gruft des hohenzollerischen Fürstenhauses unverkennbar ist. Wir folgen der von der Kirche zum Schloss führenden *Karlstraße*, Hinweistafeln erklären die Geschichte einzelner Häuser. Am Ende der *Karlstraße* biegen wir nach rechts und kommen zum Bahnhof von **Sigmaringen** ① zurück.

↗ 10 m | ↘ 10 m | 6.9 km

12 Die Zielfinger Seen

1.30 h

Ein Vogel- und Badeparadies

Die während der Spät- und Nacheiszeit angesammelten Flussschotter wurden bis 1973 intensiv abgebaut und werden noch heute genutzt. Dadurch entstanden mehrere, durch Dämme voneinander getrennte Baggerseen, deren Wasserfläche und durch Schlickeinleitung gestalteten Uferbereiche sich zu einem bedeutsamen Ökosystem entwickelten. Auch die Menschen nutzen die Baggerseen zur Erholung und Freizeitgestaltung. Um Tiere und Pflanzen zu schützen, wurde der mittlere der drei großen Baggerseen 1992 zum Naturschutzgebiet erklärt. Heute sind hier heimisch: Höckerschwan, Stockente, Reiherente, Teichrohrsänger, Rohrammer, Eisvogel, Haubentaucher, Blässhuhn, Zwergtaucher, Flussseeschwalbe, Kiebitz, Schnatterente, Teichhuhn, Lachmöwe, Flussregenpfeifer.

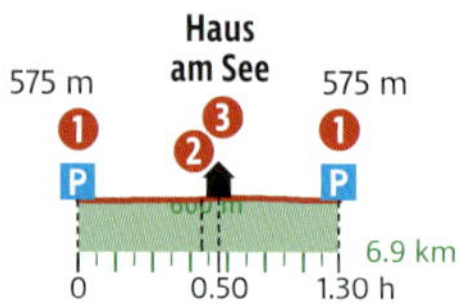

Ausgangspunkt: Krauchenwies. Von Krauchenwies Richtung Sigmaringen fahrend direkt nach der Brücke über die Ablach von der Landstraße rechts abbiegen und dort parken.
Anforderungen: Spaziergang auf deutlichen, unbefestigten Wegen.
Einkehr: Café Restaurant Haus am See, Tel. +49 7576 9625839, www.haus-am-see-restaurant.de (Ruhetag April bis Sept. Mo, Okt. bis März Mo und Di, sonst ab 11 Uhr geöffnet); Südsee 3, Tel. +49 7576 8899447 (in der Sommersaison ab 11.30 Uhr, etwas abseits der Route).

Vom Parkplatz direkt nach der Abfahrt von der **Landstraße** ❶ wandern wir auf dem Landstreifen zwischen Ablach rechts und Baggerseen links geradeaus. Am Ufer der Baggerseen erklären Infotafeln das Entstehen dieser künstlichen Seenlandschaft, geben Auskunft über die Vögel, die hier leben, und die Inseln im Baggersee, auf denen sie brüten. Angler sitzen am Ufer und haben ihre Angel ausgeworfen.

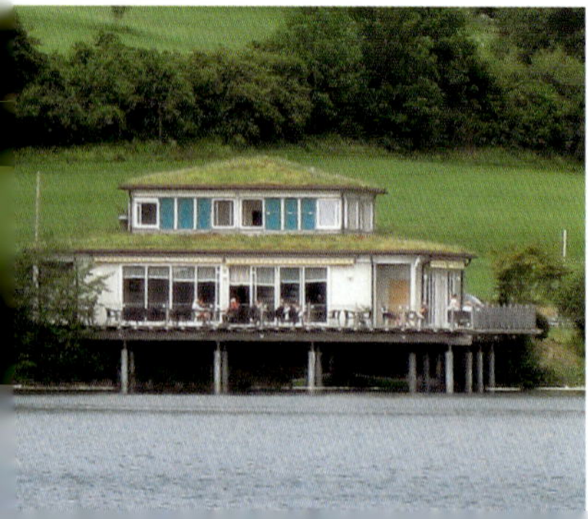

Auf der anderen Seite der Ablach, in der Mitte des zweiten Sees, befindet sich ein noch aktives **Kieswerk**; hier können wir beobachten, wie ein neuer See entsteht. Am Ende der Seen gehen wir auf dem **Ufer-**

Das Café Restaurant Haus am See.

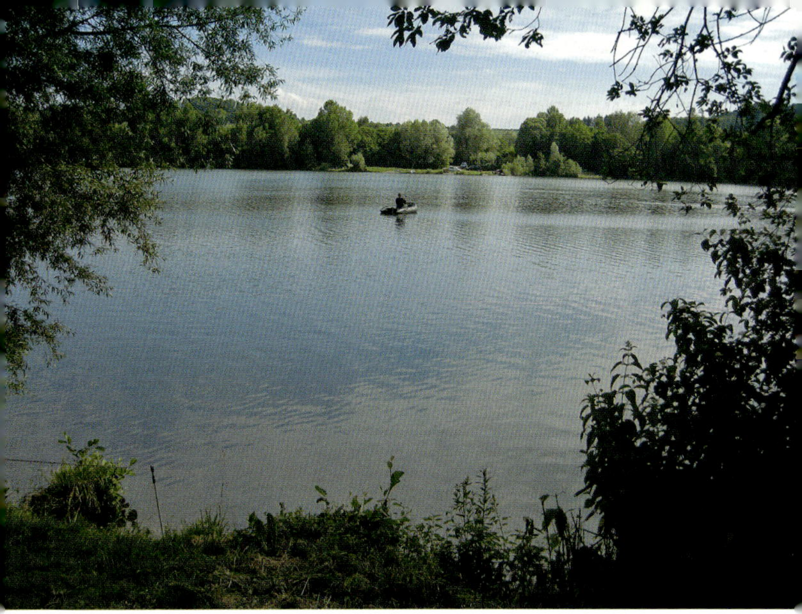

Anglerparadies.

pfad ❷ zum **Restaurant Haus am See** ❸. Die große Terrasse über dem See ist bei schönem Wetter ein angenehmer Ort für eine Pause.
Vorbei an einem Bahnübergang beim nahen Dorf **Zielfingen** folgen wir dann dem Weg zwischen dem Gleis der Biberbahn und dem baumbestandenen Seeufer zurück zur schmalen Landbrücke zwischen den beiden ersten Seen. Auf ihr erreichen wir unseren Routenbeginn und gehen zurück zum Ausgangspunkt an der **Landstraße** ❶.

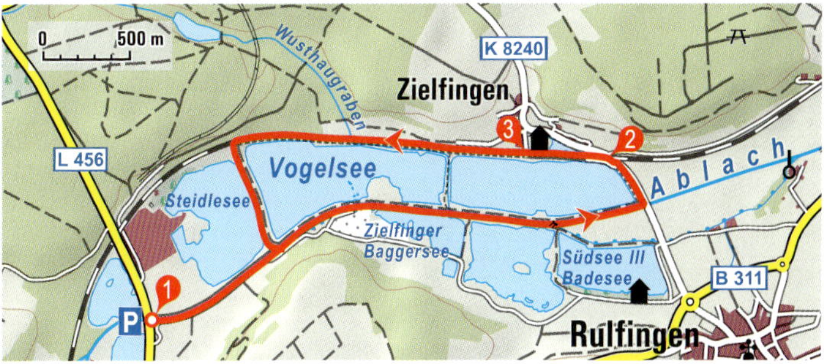

↗ 60 m | ↘ 60 m | 4.3 km

13 Das Römische Kastell

1.10 h

Ein archäologischer Wanderweg

Das Donautal war schon in vorrömischer Zeit dicht besiedelt, dort verlief eine wichtige Handelsstraße. Als die Römer über die Alpen nach Germanien vorstießen, errichteten sie auf dem plateauförmig abgeflachten »Ennetacher Berg« ein Militärlager. Es gehörte zu einer Kette von Kastellen, die in claudischer Zeit die »Donausüdstraße« und die Donau selbst als Teil der nördlichen Grenze des Imperiums absicherte. Mehrere Informationstafeln erklären die Funde auch kindgerecht.

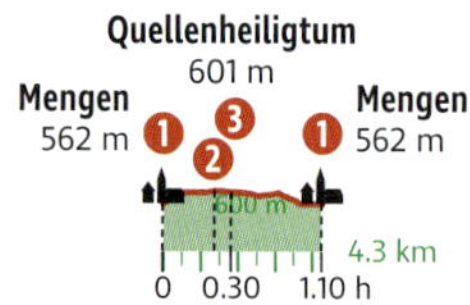

Ausgangspunkt: Mengen, Am Berg 2, am Straßenrand parken.
Höhenunterschied: 60 m.
Anforderungen: Leichte Wanderung auf deutlichen, zum großen Teil unbefestigten Wegen. Anfangs mit blauem Dreieck markiert.
Einkehr: In Mengen, unterwegs keine Einkehrmöglichkeit.
Tipp: Gaggli NudelHaus, »Erlebniswelt rund um die Nudel« der renommierten Nudelfirma, Mühlstraße 8–10, Mengen-Ennetach, Tel. +49 7572 759444, www.gaggli.de/nudelhaus.html (So geschlossen).

In **Mengen** ❶ geht 100 m nach Beginn der ansteigenden Straße *Am Berg* rechts ein Pfad ab. Am Ende einer Treppe folgen wir dem Kiesweg nach rechts und an seinem Ende einem Wiesenweg nach links. Bei einer T-Kreuzung sehen wir links die ersten Informationstafeln, wir gehen nach rechts und gleich darauf wieder nach links. Der Pfad führt etwa 30 Min. am Abfall zum Donautal entlang, gelegentliche Infotafeln erläutern die hier gemachten Funde.

In Höhe eines breiten hölzernen **Gartentors** ❷ verläuft der Pfad wieder direkt am Rande der Buschreihe, biegt dann vor der umzäunten Weide eines nahen Gehöfts nach links und bald darauf in einen breiten Weg nach rechts. Wenig später führt der breite Weg nach rechts nach

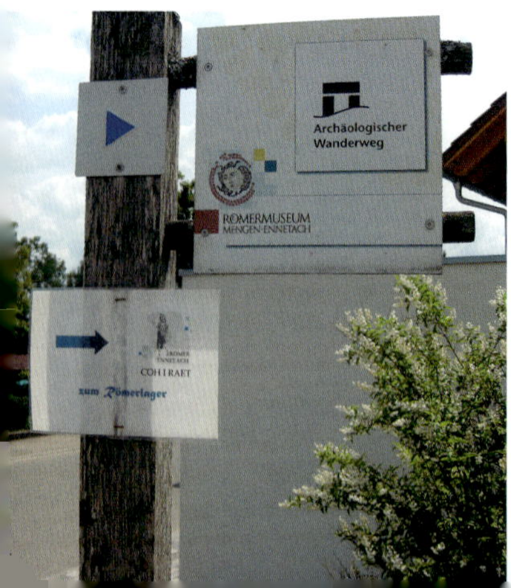

Der Anfang des Wanderwegs ist nicht zu verfehlen.

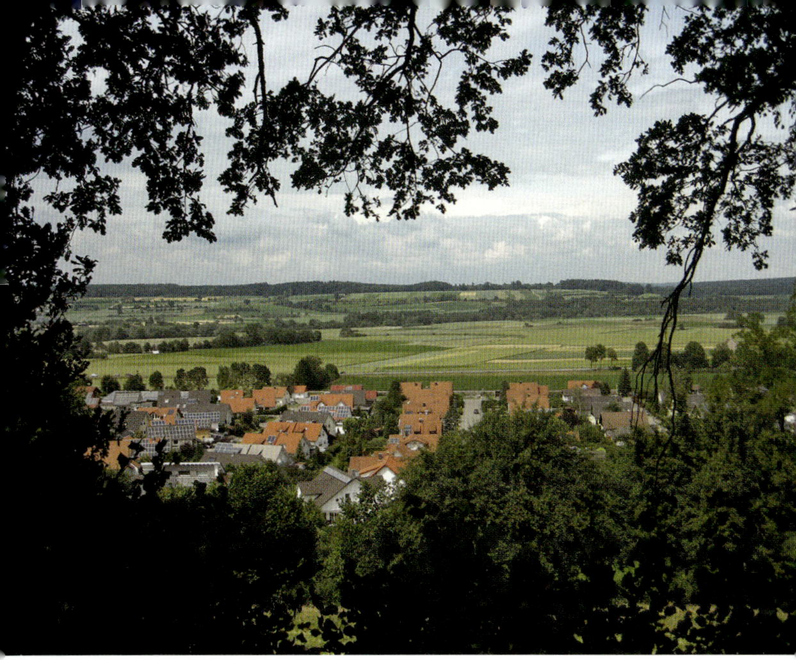

Blick über das Donautal.

Scheer im Donautal, wir gehen am Feldkreuz mit einer Bank und einem **Quellenheiligtum** ❸ vorbei weiter geradeaus und nach 50 m nach links auf ein von Bäumen umstandenes Haus zu.

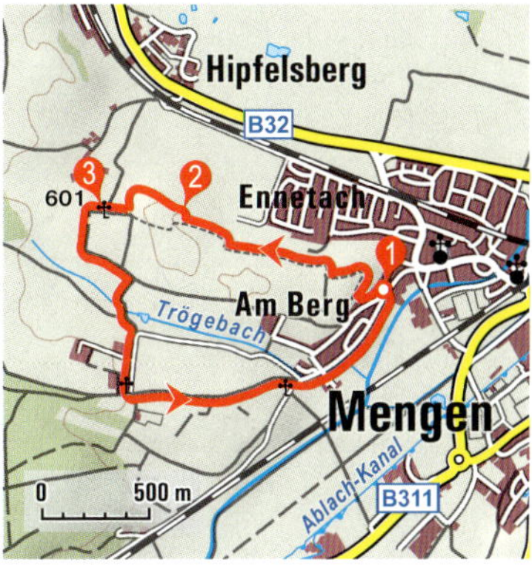

Danach biegt der jetzt befestigte Weg nach links und bei der folgenden Gabelung nach rechts. Vorbei an mehreren Bauernhöfen halten wir uns dann bei einer T-Kreuzung links und folgen dem wieder unbefestigten Weg bis zu den ersten Häusern von Mengen. Bei der Wegspinne am Ende des Weges gehen wir zwischen den Einfamilienhäusern knapp 10 Min. geradeaus zurück zu unserem Ausgangspunkt in **Mengen** ❶, der Straße *Am Berg*.

↗ 60 m | ↘ 60 m | 9.6 km

14 Auf dem Wagenhart bei Ostrach

2.15 h

Gemütliche Tour bei der Wasserscheide

Der Wagenhart ist ein knapp 700 m hoher bewaldeter Höhenzug, der als lang gestreckter Bogen zwischen Bad Saulgau und Ostrach verläuft. Auf dem Wagenhart befindet sich die Europäische Hauptwasserscheide. Das Wasser der Bäche und Rinnsale, die von seinem Scheitel südwestwärts fließen, gelangt über die Donau zum Schwarzen Meer, dagegen jenes der Bäche und Rinnsale, die vom Scheitel nach Süden fließen, über die Schussen in den Bodensee, damit in den Rhein und schließlich in die Nordsee.

Ausgangspunkt: Ostrach, Parkplätze hinter dem Rathaus in der Hauptstraße.
Anforderungen: Leichte Runde auf deutlichen, teils befestigten Wegen. Die Pfeile auf den Markierungstäfelchen O3 zeigen mal in Gehrichtung, mal in Gegenrichtung.
Einkehr: In Ostrach.
Variante: Von ❷ etwas weiter ausholende Runde über Tafertsweiler zurück nach Ostrach (Beschreibung siehe Ende der Hauptroute; insgesamt 2 Std.).

In **Ostrach** ❶ führt neben den Parkplätzen die *Kirchstraße* auf einer für Autoverkehr gesperrten Brücke über die Ostrach. Links vor der Brücke befindet sich der Narrenbrunnen. Wir folgen der Straße über die Ostrach bis zur *Reinhold-Frank-Straße* und dort, etwa 50 m nach rechts versetzt,

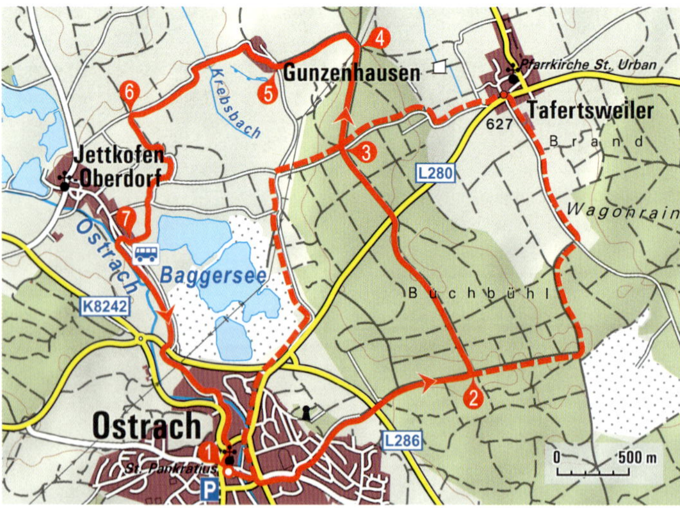

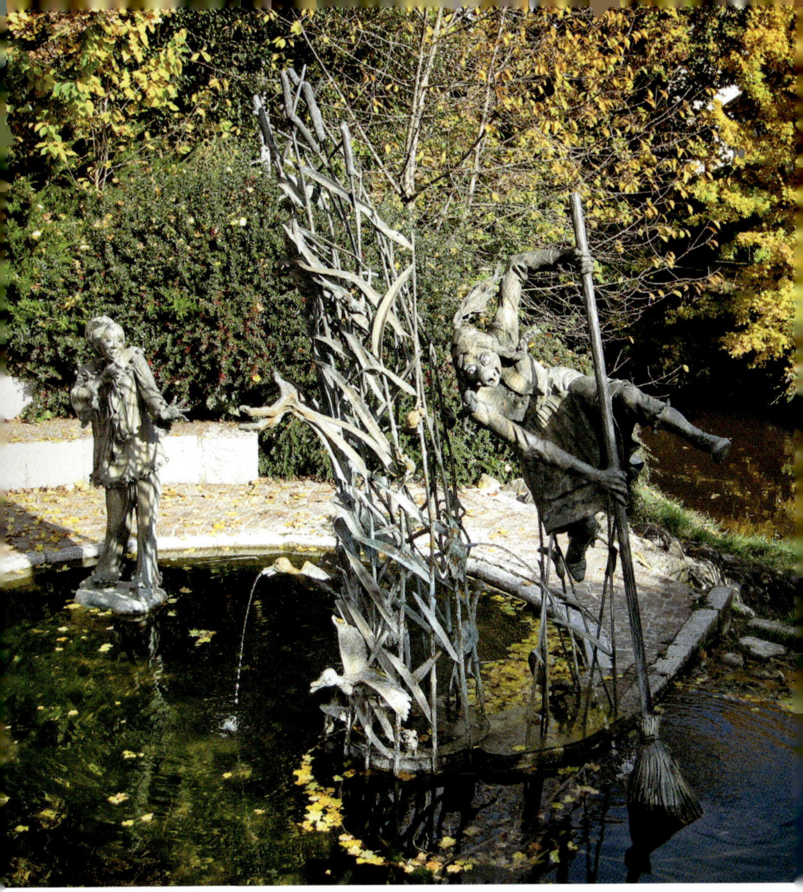

Narrenbrunnen in Ostrach.

der Altshauser Straße. Hinter dem Fußballstadion biegen wir nach links in die ansteigende *Buchbühlstraße*. Am Ende der Bebauung wandern wir geradeaus weiter (Ww. Tafertsweiler, blauer Balken auf weißem Grund). Der nur anfangs befestigte Weg führt immer geradeaus, bald auf einer Brücke über die Umgehungsstraße und im Wald knapp 15 Min. später zu einer **Kreuzung** ❷. Hier biegen wir nach links, wandern zwischen mächtigen Fichten immer geradeaus, überqueren nach 20 Min. die Landstraße und erreichen weiter geradeaus gehend nach gut 10 Min. einen asphaltierten **Fahrweg** ❸. Auf seiner anderen Seite halten wir uns halb rechts (Ww. Fried-

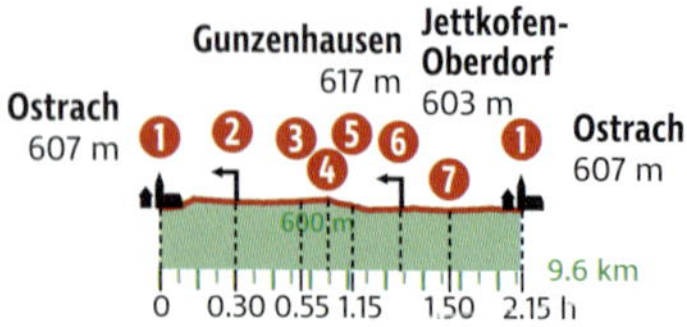

berg, blaues Kreuz) und kommen nach gut 10 Min. an den Waldrand, eine Hochspannungsleitung führt vor uns über den Weg, eine zweite **Stromleitung** 4 endet rechts vom Weg. Nach der zweiten Stromleitung gabelt sich der Weg: Der mit dem blauen Kreuz gekennzeichnete Weg führt rechts in den Wald, wir jedoch folgen ca. 70 m dem unmarkierten Weg, der links am Waldrand entlangführt, und biegen dann nach links. Der Weg führt zwischen den Feldern weiter. Bei der T-Kreuzung ins nahe **Gunzenhausen** 5 wandern wir auf einer asphaltierten schmalen Straße nach rechts und folgen ihr hinter dem letzten Haus nach links (Ww. Wanderweg). Nach gut 15 Min. verlassen wir die Straße und biegen unmittelbar vor einem hohen **Wegkreuz** 6, das von zwei gleich großen Thujabäumen flankiert wird, nach links. Der unbefestigte Weg führt auf die von Laubbäumen umstandene Kogenwinkel-Hütte des Hütten- und Narrenvereins Jettkofen zu. Man kann das kleine Wäldchen auf einem befestigten Weg rechts oder einem unbefestigten links umgehen, folgt dann dem Zufahrtsweg zur Hütte bald um eine Rechtskurve und schließlich bei einer T-Kreuzung nach rechts Richtung Jettkofen. Bei einer Wegkreuzung mit einem Wegkreuz von 1882 wandern wir auf einem unbefestigten Weg geradeaus bis zur Bushaltestelle in **Jettkofen-Oberdorf** 7.
Neben dem gläsernen Wartehäuschen führt ein Wiesenweg halb rechts abwärts zum *Kirchgängerweg*, auf dem wir nach links, parallel zum Bach, nach Ostrach gehen. Nach dem Kieswerk Müller unterquert der asphaltierte Weg eine Fahrstraße und biegt dann nach links. Bei den Verwaltungs- und Wohngebäuden des Kieswerkes leitet eine kurze Verbindungsstraße nach rechts zur *Sigmaringer Straße*, dort folgen wir dem Ww. Ortsmitte, Rathaus nach links. Vorbei an einem großen Lebensmittelmarkt erreichen wir die Hauptstraße und wenige Meter rechts davon das Rathaus in **Ostrach** 1 mit dem Parkplatz dahinter.

Variante: Wir wandern an der **Kreuzung** 2 weiter geradeaus bis zur nächsten Kreuzung. Dort gehen wir links und bleiben auf diesem Weg, bis er in eine querlaufende Asphaltstraße mündet. Wir wandern links nach **Tafertsweiler** und dort auf der Landstraße nach links. Nach gut 100 m geht rechts ein asphaltierter Weg ab. Nach dem Wald gehen wir bei einer Kreuzung links und dann an den Baggerseen von Jettkofen entlang zurück zur Landstraße. Vor der Landstraße biegt der Weg nach rechts und wir erreichen immer geradeaus in 10 Min. die Kirchstraße (rechts), auf der wir wieder zurück zum Rathaus in Ostrach 1 kommen.

Vor Gunzenhausen verlässt der Weg den Wald.

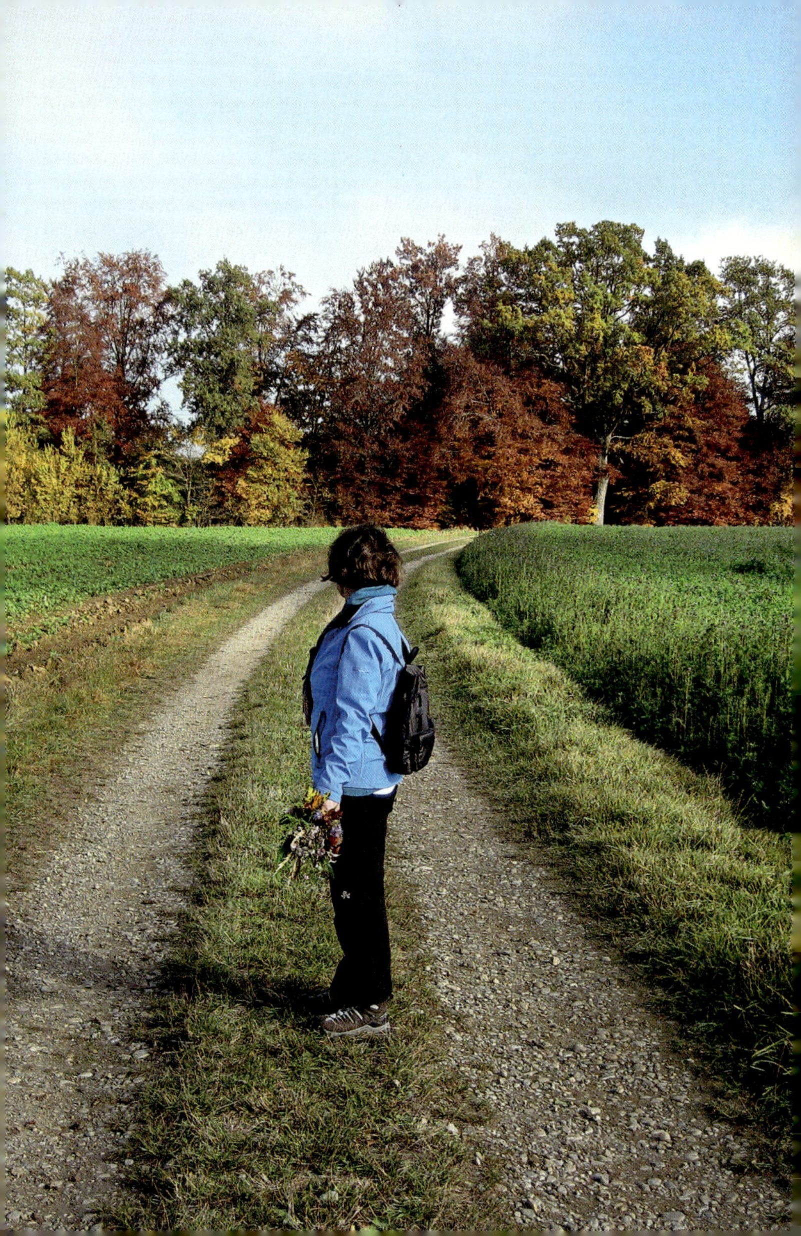

15 Am Rande des Pfrunger-Burgweiler Rieds

2.45 h

Grafen und Räuber

Im klassizistischen Schloss von Königseggwald residieren die hochadeligen Grafen von Königsegg. Das Geschlecht ist weitverbreitet. Ein Spross baut heute in Schweden die schnellsten Sportwagen der Welt, der Königsegg Regera schafft es in 20 Sekunden von 0 auf 400 km/h. Die Räuber sind der Schwarz Vere und seine Bande, die 1819 nur zwei Monate wenig professionell die Gegend unsicher machten, aber bis heute in Geschichten nachwirken. Der Schwarz Vere und ein Komplize, der Schöne Fritz, wurden im April 1819 in der Nähe der Laubbacher Mühle von einem Förster der Grafen von Königsegg gefangen genommen. Eine Stele erinnert daran. Die Tour verläuft zuerst am Rand des Pfrunger-Burgweiler Rieds entlang, vom Bannwaldturm gewinnt man einen Überblick über das Naturschutzgebiet. In einer Schleife über Königseggwald mit dem Grafenschloss und Riedhausen führt die Tour durch Wälder und Wiesen zurück zum Ausgangspunkt.

Ausgangspunkt: Parkplatz an der Kreisstraße von Riedhausen nach Pfrungen bei der Brücke über die Ostrach.
Anforderungen: Leichte Wanderung.
Einkehr: Goldener Löwen, Hauptstraße 18, Königseggwald, Tel. +49 7587 922513 (Ruhetag Mi, ansonsten mittags und ab 16.30 Uhr geöffnet).
Variante: Vom Damm an der Ostrach statt dem Besuch des Bannwaldturms über die Schwarz-Vere-Stele zur Laubbacher Mühle ❹ (gleiche Gehzeit).

Vom **Parkplatz** ❶ aus überqueren wir die Ostrach, wandern auf dem Damm nach rechts und erreichen nach knapp 10 Min. den **Beobachtungsturm** bei den **Hundschen Teichen** ❷, einem verlandenden Torfstich, wo die Möglichkeit zur Beobachtung seltener Vogelarten besteht. Danach folgen wir etwa 15 Min. weiter dem Damm der ehemaligen Torfbahn an der Ostrach entlang. Auf der gegenüberliegenden Seite des Bachs erstreckt sich die Riedhauser Viehweide, ein weitgehend verlandeter bäuerlicher Torfstich. Wir verlassen den Damm und folgen dem breiten Weg nach links und über eine Brücke über den Tiefenbach zum 2016 erbauten, 38,5 m hohen **Bannwaldturm** ❸.
Nach dem Besuch des Turms gehen wir zurück auf die andere Seite des Tiefenbachs und nach der Brücke auf dem asphaltierten Weg nach links und über die Ostrach zur **Laubbacher Mühle** ❹. Vor dem Mühlteich gabelt sich der Weg, wir halten uns links (Ww. Laubbach). Kurz hinter der Mühle biegen wir bei einem Feldkreuz nach rechts und folgen dem asphaltierten Weg bis zum 5 Min. entfernten Waldrand, wo er nach links biegt. Wir gehen hier zuerst nach rechts und nach wenigen Metern nach links in den Wald (Ww. Königseggwald). Der unbefestigte Weg leitet durch den Wald und danach nach links am Waldrand entlang. Bald nach einer Rechtskurve liegt

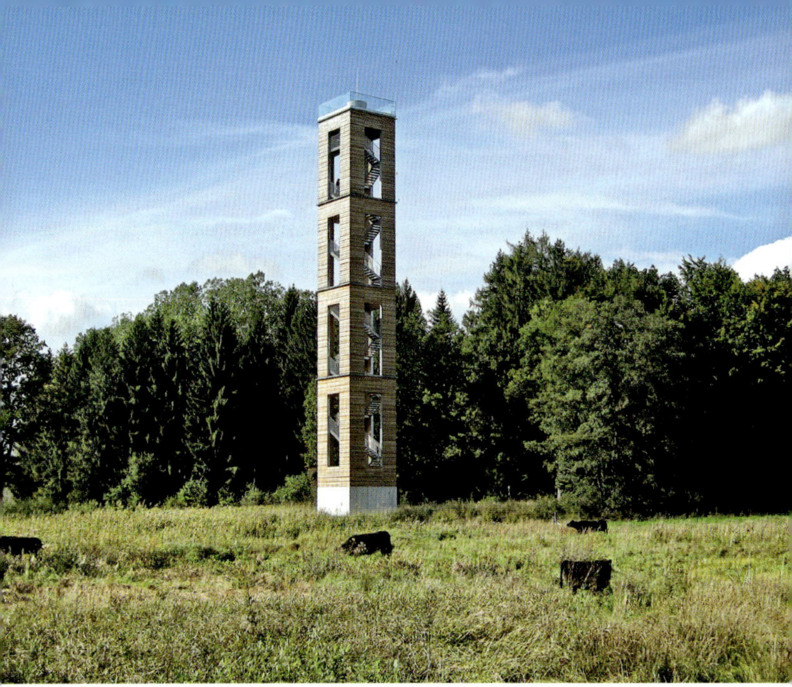

Der Bannwaldturm ist weithin sichtbar.

links eine **Kapelle** 5, dahinter folgen wir dem Kreuzweg nach links und bald wieder durch ein Waldstück. Danach sehen wir schon das Dorf Königseggwald. In Höhe der Kirche biegen wir mit dem Kreuzweg nach rechts und gehen entlang der Hecke des Schlossparks auf die Kirche zu. Leider ist die Hecke dicht und das Schloss derer zu Königsegg nicht gut zu sehen. Vor der Kirche von **Königseggwald** 6 steigen wir eine Treppe hinauf, gehen an dem Gotteshaus rechts vorbei und kommen zur Ortsstraße, der wir nach rechts folgen.

Gegenüber dem St.-Georg-Brunnen lädt das Gasthaus Goldener Löwen zur Rast. Das Gebäude nach dem Brunnen ist das Rathaus, hier wechseln wir die Straßenseite, biegen nach links in die *Seestraße* und sofort wieder nach rechts in den *Joslesbrunnenweg*. 5 Min. später, nach den letzten Häusern auf der rechten Straßenseite, folgen wir rechts dem anfangs ansteigenden, mit Betonplatten belegten *Darreweg*, der nach wenigen Minuten in den Wald führt, und nach ca. 30 m im Wald einem unbefestigten **Waldweg** 7 nach rechts. Er leitet, meist im Wald, parallel zum Waldrand geradeaus. Nach gut 5 Min. gehen wir bei einer T-Kreuzung rechts, verlassen den Wald

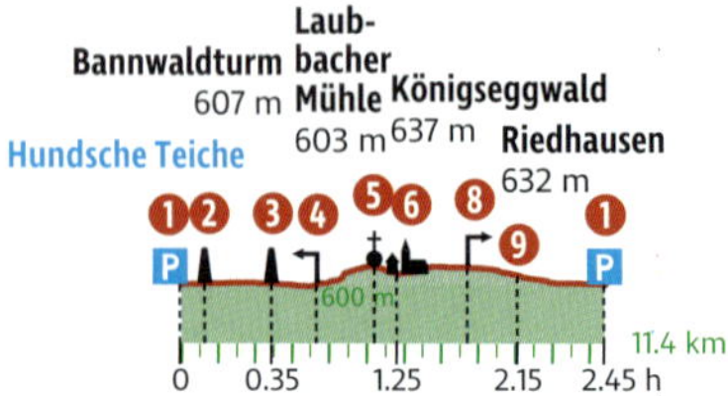

und folgen dann einem Feldweg nach links. Gut 5 Min. später kommen wir zu einer **Kreuzung** 8 und wandern auf einem asphaltierten Landwirtschaftsweg nach rechts (Ww. Riedhausen). In Riedhausen folgen wir der *Hauptstraße* wenige Meter nach links, biegen dann nach rechts in die *Pfrunger Straße* ein, verlassen sie aber nach der ersten Scheune auf der linken Seite. Dort folgen wir einem hell gepflasterten Fußweg, bald verläuft er zwischen Zaun und Wiese und kreuzt dann eine Straße. Auf einem Plattenweg gehen wir zur Kirche von **Riedhausen** 9, dann rechts an der Kirche vorbei und durch den Friedhof zur Landstraße. Der Landstraße folgen wir nach rechts, bis wir sie 50 m nach dem Ortsendeschild verlassen und rechts der Straße zur Weihermühle folgen. Nach einer großen Linkskurve gehen wir weiter geradeaus, bis der Landwirtschaftsweg über die Ostrach führt, danach nach rechts und am Bach entlang zum **Parkplatz** 1.

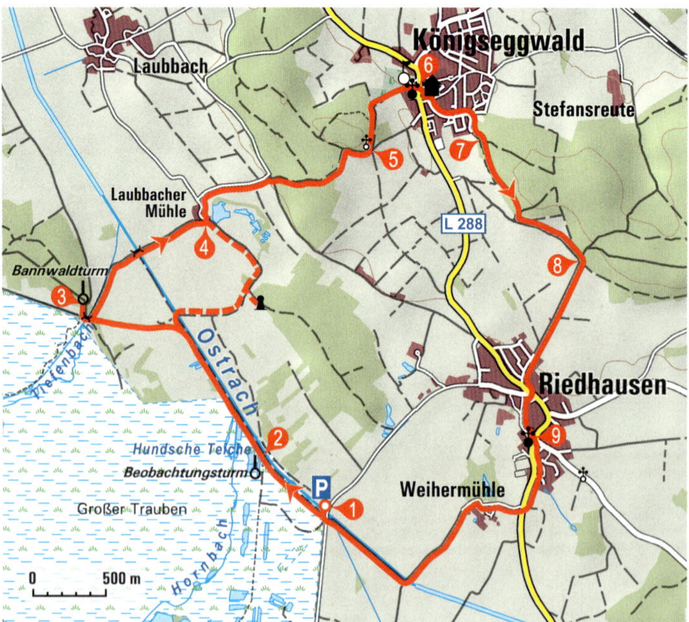

↗ 30 m | ↘ 30 m | 13.3 km

TOP

3.00 h

Rund um den Großen Trauben im Pfrunger-Burgweiler Ried

16

Urwald von morgen heute erleben

Von der ehemals fast 3000 ha großen Moorfläche des Pfrunger-Burgweiler Rieds sind 150 ha Hochmoore mit bis zu 8 m dicken Torfschichten erhalten. Der industrielle Torfabbau begann 1824, 1890 wurde entlang des Hornbachs und der Ostrach ein Leinpfad angelegt, um mit Lastkähnen die Torfprodukte an den Ostracher Bahnhof zu transportieren. Größere Seen entstanden. Nach dem Zweiten Weltkrieg kam der Torfstich weitgehend zum Erliegen. Seit 1980 das Naturschutzgebiet eingerichtet wurde, haben sich wieder seltene Vögel und Pflanzen angesiedelt. Das heute zu Ostrach gehörende Dorf Burgweiler liegt westlich des Rieds. Ostrach ist die einzige Gemeinde Baden-Württembergs, die badische, württembergische und hohenzollerische bzw. später preußische Gebietsteile umfasst, das Grenzsteinmuseum in Burgweiler erinnert an höchst komplizierte Grenzverhältnisse. Auf einem großen Freigelände ist die hügelige Endmoränenlandschaft des Ostracher Raums mit Fluren, Wäldern, Bächen, Straßen, Ortschaften, vor allem aber mit den früheren Landesgrenzen maßstabsgetreu nachgebildet. Die Tour umrundet fast unzerstörte Hochmoore und einen Bannwald, die Kerngebiete können nicht betreten werden, aber Beobachtungsplattformen bieten Einblicke.

Ausgangspunkt: Riedwirtschaft, Riedhof 5; von der Kreisstraße 7964 von Pfrungen nach Riedhausen links abbiegen. Alternativ für die nördliche Runde in Burgweiler (Ortsteil von Ostrach) Parkplatz in der Verlängerung der Schulstraße am Grenzsteinmuseum.
Anforderungen: Leichte Wanderung auf deutlichen, gut markierten Wegen (südliche Runde: gelber Ww. Großer Trauben, nördliche Runde: gelber Ww. Bannwald).
Einkehr: Riedwirtschaft, Tel. +49 7503 620 (Di–Fr ab 15.30 Uhr, Sa/So/Feiertag ab 10 Uhr); Gasthaus Rotenbühl, Rotenbühlstraße 34, Burgweiler, Tel. +49 7585 3852; Landgasthaus Kreuz, Bodenseestraße 13, Ostrach-Spöck, Tel. +49 7585 2363 (Fr/Sa ab 17 Uhr, So/Feiertag ab 10 Uhr geöffnet).
Tipps: Museum für bäuerliches Handwerk und Kultur in Wilhelmsdorf, Hoffmannstraße 27. Weitere Wanderwege beim Naturschutzzentrum Wilhelmsdorf, Riedweg 3.
Varianten: 1. Südliche Runde: Von der Riedwirtschaft ❶ zum Steg ❹. Von dort zur Brücke ❼ und zurück zur Riedwirtschaft ❶ (siehe Ende der Beschreibung der Hauptroute; insgesamt 2.30 Std.). 2. Nördliche Runde: Vom Grenzsteinmuseum ❺ in Burgweiler zur Brücke ❼ und weiter zum Steg ❹. Von dort zurück zum Grenzsteinmuseum ❺ (insgesamt 1.45 Std.).

Vom Parkplatz bei der historischen **Riedwirtschaft** ❶, deren Abriss 2001 durch Proteste der Bevölkerung verhindert wurde, wandern wir auf der für den Verkehr gesperrten Straße weiter geradeaus. Nach 300 m halten wir uns hinter dem kleinen weißen Wohnhaus, das zum Torfwerk gehörte, rechts und gehen auf dem alten Damm der Torfbahn zuerst durch den Mischwald,

dann über Moorwiesen in knapp 30 Min. zum Beobachtungsturm bei den **Hundschen Teichen** ❷, einem verlandenden Torfstich, wo wir mit einigem Glück seltene Vogelarten beobachten können. Dort halten wir uns links und wandern etwa 15 Min. auf dem Damm der ehemaligen Torfbahn an der Ostrach entlang. Auf der anderen Seite des Bachs liegt die Riedhauser Viehweide, ein weitgehend verlandeter bäuerlicher Torfstich. In Sichtweite des 38,8 m hohen **Bannwaldturms** verlassen wir den Damm und folgen dem breiten Weg nach links zu diesem 2016 erbauten **Aussichtsturm** ❸. In Steinwurfweite vom Turm überqueren wir auf einer Brücke den Tiefenbach und wandern, nach einem Abstecher zum Aussichtsturm, geradeaus weiter. Nach wenigen Metern führt links ein Weg auf einem **Steg** ❹ über den Hornungsgraben. Diese Variante (Beschreibung am Ende) wählen wir, wenn wir nur die südliche Runde wandern wollen.
Wandern wir dagegen auf dem breiten Weg geradeaus, erreichen wir in 30 Min. eine **Gabelung** ❺ vor dem Grenzsteinmuseum in **Burgweiler**. Bei dem Freilichtmuseum gibt es auch einen Parkplatz, der Ausgangspunkt für die nördliche Runde ist. Bei dieser Gabelung biegen wir nach links. Dann liegt ein mit Bäumen bewachsener ca. 10 m hoher Hügel vor uns, auf ihm stand ehemals eine mittelalterliche Burg mit massivem Mauerring um den Bergfried und die Gebäude sowie einem tiefen Wassergraben am Fuß des Hügels. Die Ursprünge dieses von Menschenhand aufgeschütteten Hügels

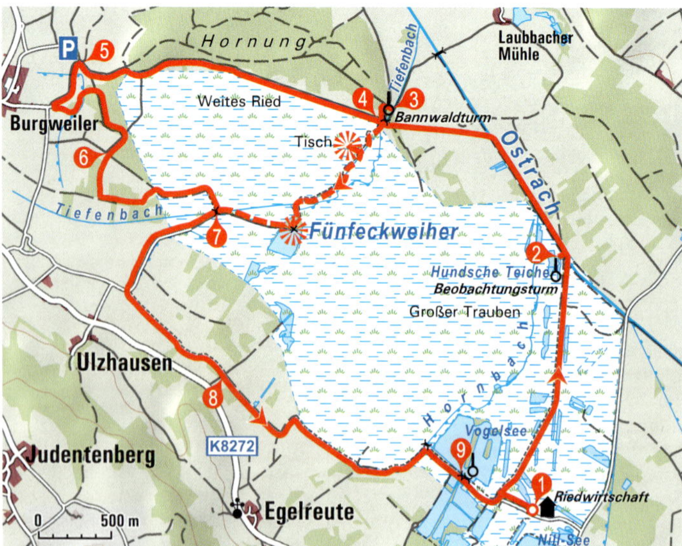

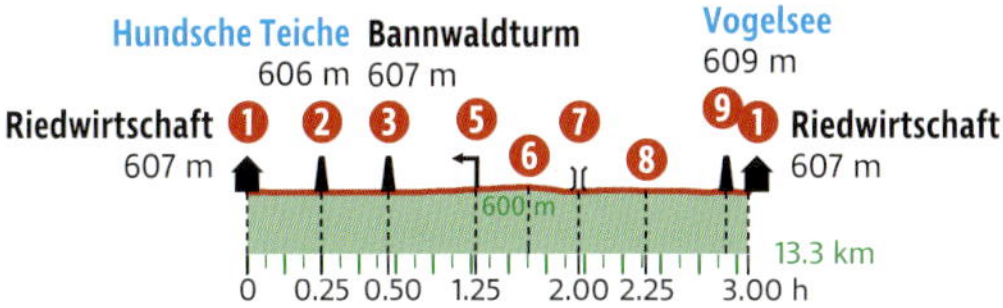

sind noch nicht geklärt, reichen aber vermutlich bis in die Keltenzeit zurück. Der Wanderweg führt gegen den Uhrzeigersinn um den Hügel herum zum Waldrand, dort einige Meter in Richtung des Parkplatzes und dann rechts in den Wald. Bald stoßen wir im Wald bei einer T-Kreuzung auf einen breiteren Weg und folgen ihm nach rechts. Das Wegenetz ist relativ dicht und Wegweiser gibt es viele. Bei der T-Kreuzung am Waldrand halten wir uns links, gehen bei der folgenden Kreuzung nach rechts und bei der nächsten **Kreuzung** 6 geradeaus. Wir durchqueren ein Waldstück und halten uns bei einer T-Kreuzung an seinem Ende links und später rechts. Nach gut 15 Min. wandern wir auf einer **Brücke** 7 über den breiten Tiefenbach, dahinter nach rechts (die nördliche Route führt nach links) und verlassen dann bald den Wald. Wenn 10 Min. später der jetzt asphaltierte Weg eine scharfe Rechtskurve macht, biegen wir scharf nach links. Der Weg führt durch Wiesen, auf denen wild aussehende, aber harmlose Scottish-Highland- und Galloway-Rinder weiden.

Bei einer **Kreuzung** 8 gehen wir geradeaus, bei der folgenden T-Kreuzung links und bald wieder nach rechts. Da der Pfad über gelegentlich morastiges Gelände führt, wurde ein Bohlensteg parallel zum Hornbach angelegt. Bald überqueren wir ihn und wandern dann immer geradeaus, vorbei an einem Beobachtungsturm am **Vogelsee** 9, zur **Riedwirtschaft** 1.

Variante: Nach dem **Steg** 4 über den Hornungsgraben führt der Weg zuerst auf Bohlen weiter. Nach knapp 10 Min. ermöglicht eine etwas erhöhte Beobachtungsplattform den Blick auf das Hochmoor (sog. **Tisch**). Eine Bildtafel zeigt den früheren Zustand des Waldes. Danach verläuft der eindeutige Weg rechts vom Tiefenbach, überquert ihn und erreicht 15 Min. später einen Steg am **Fünfeckweiher**, heute Lebensraum von seltenen Libellenarten. Der Weg leitet im Wald weiter zur 10 Min. entfernten Brücke über den **Tiefenbach** 7.

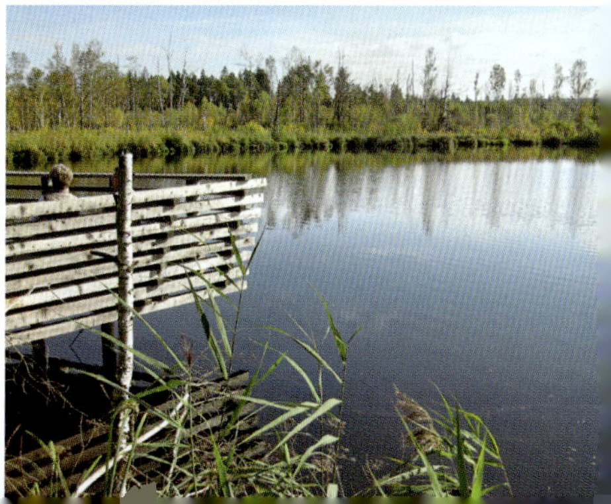

Der Fünfeckweiher.

↗ 120 m | ↘ 120 m | 7.4 km

17 Rund um Wilhelmsdorf

2.00 h

Ried und Moräne

Die Wanderung führt anfangs durch das Pfrunger-Burgweiler Ried, später auf eine bis zu 726 Meter hohe Moräne des Rheingletschers, auf der um 1200, vermutlich an der Stelle einer keltischen Fliehburg, die Herren von Ringgenburg eine Burg erbauten. Von dort führt der Weg zum idyllischen Lengenweilersee und zurück nach Wilhelmsdorf. Im Gegensatz zu den gewachsenen Gemeinden der Umgebung ist Wilhelmsdorf 1824 als pietistische Siedlung planmäßig gegründet worden und heute durch Die Zieglerschen (früher Zieglersche Anstalten) überregional bekannt.

Ausgangspunkt: Wilhelmsdorf, Parkplatz vor dem Naturschutzzentrum im Riedweg.
Anforderungen: Leichte Wanderung auf deutlichen, teils befestigten Wegen.

Einkehr: Cafe am Rathaus, Saalplatz 8, Wilhelmsdorf, Tel. +49 7503 916339 (Fr/Sa/So 10–18 Uhr).
Tipp: Bademöglichkeit im Freibad Lengenweiler See.

Wir wandern in **Wilhelmsdorf** ❶ vom Parkplatz auf der asphaltierten Straße, vorbei am Naturschutzzentrum, Richtung Lindenhof. Nach dem Ortsschild von Wilhelmsdorf befindet sich links ein unbefestigter Parkstreifen, an dessen Ende geht der **Riedlehrpfad** ❷ ab. Wir folgen ihm, vorbei an einem Teich, geradeaus ins Ried bis zu einer T-Kreuzung und dort nach links. Bei der ersten Gelegenheit biegen wir nach rechts. Im Ried führt dieser Mulchweg (einmal ignorieren wir eine Abzweigung nach links) zu einem querlaufenden breiten **Kiesweg**, dort gehen wir nach rechts und später auf einer asphaltierten Nebenstraße nach links.

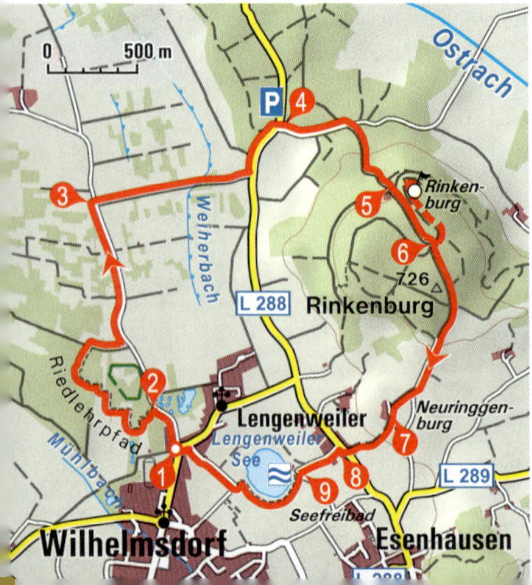

Bei der ersten Gelegenheit folgen wir einer weiteren asphaltierten Nebenstraße nach rechts ❸ zur Landstraße, gehen dort auf einem unbefestigten Parallelweg nach links. Von der Landstraße zweigt bald ein **Forstweg** ❹ nach rechts ab (Ww. Guggenhausen, Parkmöglichkeit), 10 Min. später folgen wir einem gekiesten Weg nach rechts aufwärts (Ww. Rinkenburg), passieren eine Schranke und halten uns bei einer Gabelung rechts. Bald darauf steht rechts ein schwarzes **Holzhaus** ❺.

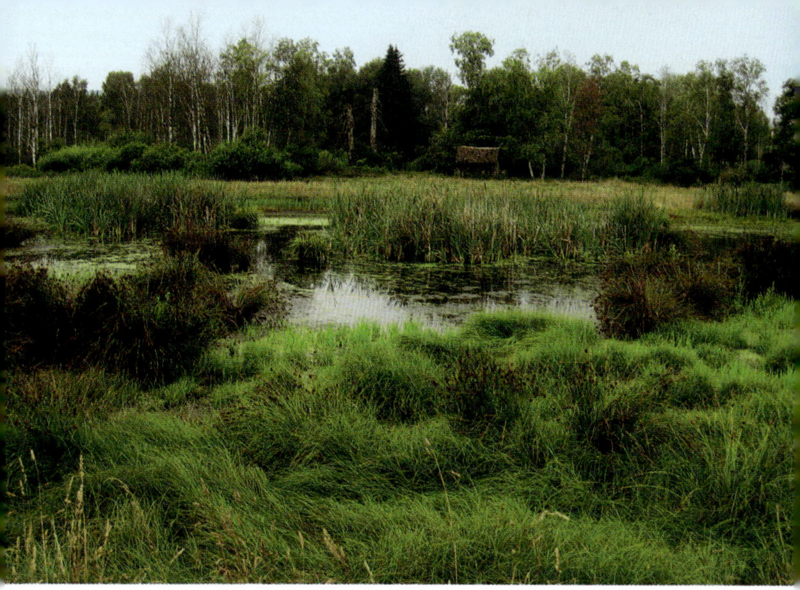

Auf dem Riedlehrpfad.

Bei einer **Kreuzung** ❻ am Ende des Anstiegs führt links ein grasbewachsener Weg zur 10 Min. entfernten Ruine Rinkenburg. Wir gehen geradeaus weiter (Ww. Wilhelmsdorf), zuerst im Wald, dann am Waldrand und schließlich zwischen Feldern und Wiesen. Nach dem Ende des Waldrands biegen wir bei der ersten Gelegenheit rechts ab und wandern auf die Wohnstätte **Neuringgenburg** ❼ zu. Bei den Gebäuden ignorieren wir die asphaltierte Straße nach links und folgen einem Wiesenweg geradeaus. Er leitet an der Grundstückgrenze entlang abwärts nach Lengenweiler, rechts von ihm befindet sich zuerst eine kleine Böschung, später eine Hecke.

Auf der Straße in **Lengenweiler** ❽ laufen wir wenige Meter nach rechts und biegen dann vor Haus Nr. 15 nach links, bei der Gabelung kurz vor dem **Freibad Lengenweiler See** ❾ nochmals (Ww. Wilhelmsdorf). Links am Freibad vorbei wandern wir auf einem Mulchweg um den halben See, stoßen dann auf einen asphaltierten Weg, dem wir knapp 5 Min. nach rechts folgen. Auf der Straße gehen wir nach links und gleich wieder nach rechts und sind dann wieder am Parkplatz in **Wilhelmsdorf** ❶.

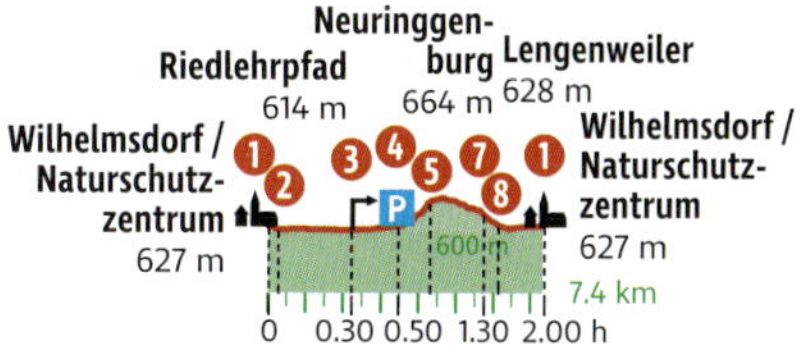

↗ 220 m | ↘ 220 m | 7.3 km

18 Durch den Aachtobel nach Maria im Stein

2.15 h

Eines der ältesten Naturschutzgebiete Deutschlands

Das 72 ha große Naturschutzgebiet Aachtobel gehört zu den ältesten Schutzgebieten Deutschlands. Im Norden von Überlingen hat sich die Linzer Aach seit der letzten Eiszeit vor 25.000 Jahren auf einer Länge von zwei Kilometern fast 120 m tief in den weichen Molassesandstein des oberen Linzgaus eingeschnitten. Am südlichen Ende der Schlucht befindet sich die Wallfahrtskirche Maria im Stein, die der Kreuzritter Albero von Bodman als Dank für seine gelungene Flucht aus türkischer Gefangenschaft vor mehr als einem halben Jahrtausend erbauen ließ.

Ausgangspunkt: Owingen-Hohenbodman, Wanderparkplatz unterhalb von Hohenbodman in der Turmstraße beim Turm (Bergfried der ehemaligen Burg).
Anforderung: Leichte Wanderung auf deutlichen Wegen.
Einkehr: Gasthaus Adler in Owingen-Hohenbodman, Tel. +49 7557 241 (Ruhetage Mo und Do, sonst ab 17 Uhr, So auch 11.30–14 Uhr).

Variante: Da infolge des massiven Eschentriebsterbens, verursacht durch einen aus Asien eingeschleppten Pilz, die Bäume den Halt verlieren und umfallen, wurde der Aachtobel Ende März 2021 gesperrt. Eine Wiedereröffnung im Frühjahr 2022 ist möglich. Eine Alternativroute führt von der Gabelung ❷ weiter östlich nach Maria im Stein ❹ (15 Min. länger).

Am Westende des Wanderparkplatzes in **Hohenbodman** ❶ folgen wir, vorbei am Brunnen, einem Wiesenweg in das höher liegende Dorf und dort auf der

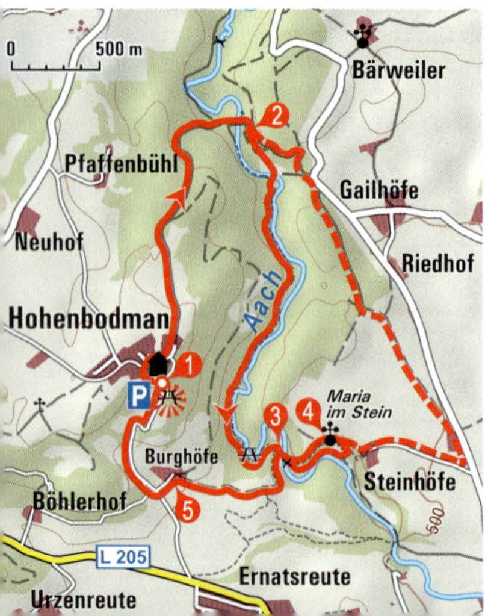

Straße dem Jubiläumsweg des Bodenseekreises nach rechts aus dem Ort heraus und geradeaus weiter (Ww. rotes Kreuz). Gut 10 Min. später wandern wir bei einer Gabelung am Waldrand nach rechts und gleich darauf nach links abwärts (Ww. Jubiläumsweg Bodenseekreis, rotes Kreuz, Maria im Stein). An der nächsten Gabelung gehen wir geradeaus, biegen unmittelbar nach dem Damm des Hochwasserrückhaltebeckens Salemer Aach nach rechts, genauso wie nach 30 m bei der **Gabelung** ❷ und bei der nächsten Gabelung nach weiteren 170 m.

Auf den Wiesen vor dem nahen, modernen Betonsteg über die Aach

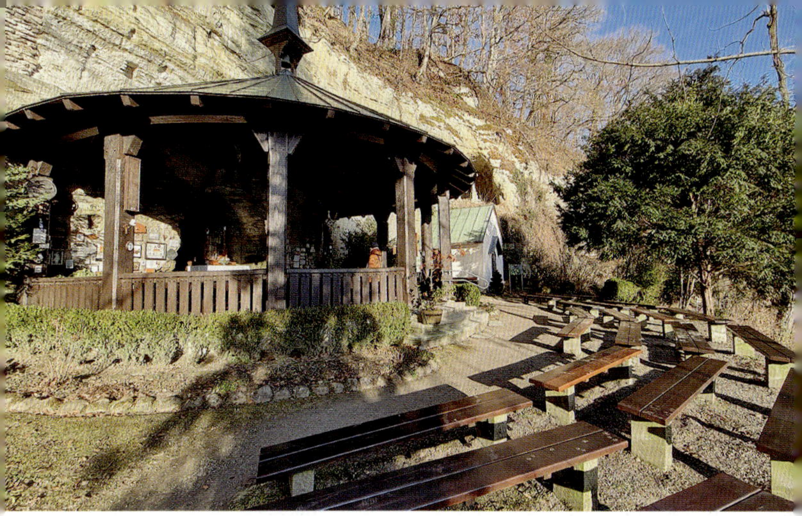

Beim Bau der offenen Kapelle Maria im Stein mussten 1948 die Balken über die Felswand abgeseilt werden. Im Hintergrund die kleine Sakristei.

und danach sieht man im März und April weiße Felder der besonders geschützten und gefährdeten Märzenbecher. Hinter der Brücke verläuft der Weg 45 Min. im wildromantischen Aachtobel. 100 m vor einem modernen Steg über den Fluss gelangen wir zu einem **Abzweig** 3, an dem wir zunächst geradeaus vorbeigehen und die Aach überqueren.

Der Tobel endet und der Weg führt durch die Wiesen in der Flussaue weiter. Nach 30 m gabelt er sich und wir steigen auf dem Jubiläumsweg nach links den Gegenhang hinauf zur Wallfahrtskirche **Maria im Stein** 4. Die heutige Kapelle wurde erst 1948 errichtet, aber ein Vorgängerbau bereits 1550 erwähnt.

Wir gehen an der Kapelle vorbei, wieder abwärts ins Tal und am Fluss auf einem breiten Weg nach rechts. Nach gut 5 Min. überqueren wir ihn auf dem bekannten modernen Steg und folgen dann am **Abzweig** 3 dem Pfad aufwärts. Ca. 5 Min. später endet der Wald, wir biegen nach rechts und wandern auf dem Weg zwischen Wiesen und Feldern in 10 Min. zum großen Bauernhof **Burghöfe** 5.

Dort folgen wir der Zufahrtsstraße nach links, sie mündet bald in eine kaum befahrene Anliegerstraße. Auf dieser nach rechts gehend, kommen wir in knapp 15 Min. zum Wanderparkplatz unterhalb von **Hohenbodman** 1.

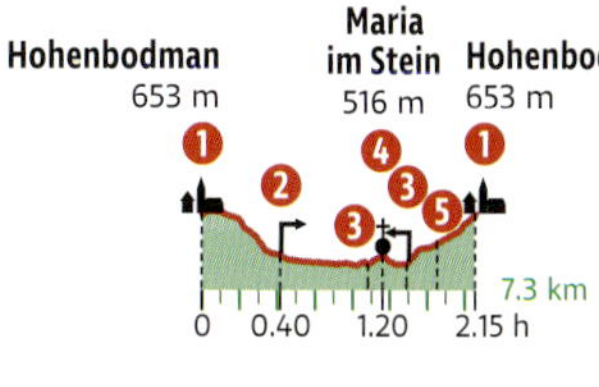

↗ 270 m | ↘ 270 m | 13.6 km

19 Der Panoramaweg in Heiligenberg

3.30 h

Die Aussichtsterrasse über dem Bodensee

Weithin sichtbar thront Schloss Heiligenberg auf einem Bergsporn über dem Linzgau. Der wuchtige Renaissancebau, der bis heute vom Haus Fürstenberg bewohnt wird, kann im Sommerhalbjahr besichtigt werden. Der Rittersaal mit seiner reich geschnitzten Kassettendecke und seinen prächtigen Kaminen gilt als einer der prunkvollsten Festsäle des Landes. In der dreistöckigen Schlosskapelle werden Reliquien des frühchristlichen Papstes Felix I. aufbewahrt, der Heilige hat dem Berg den Namen gegeben. Die Wanderung rund um Heiligenberg eröffnet verschiedene Panoramablicke, mal mit Blick aufs Schloss, mal ins hügelige Hinterland des Oberen Linzgaus. Besonders faszinierend sind aber die Weitsichten über den Bodensee zu den Alpen.

Ausgangspunkt: Heiligenberg, großer Parkplatz in der Betenbrunner Straße.
Anforderungen: Leichte bis mittelschwere Wanderung.
Einkehr: Mehrere Restaurants in Heiligenberg; Landgasthof zur Post, Betenbrunn, Tel. +49 7554 99880, www.landgasthof-neue-post.de (Ruhetag Mi, sonst ab 11.30 Uhr).
Tipp: Führungen durch das Schloss Heiligenberg zwischen Mitte April und Ende Okt., jeweils Di bis So um 11, 14 und 15.30 Uhr. Tickets gibt es beim Sennhof am Schloss.

Vom Parkplatz in **Heiligenberg** ❶ aus gehen wir Richtung **Schloss** und folgen dann der durch den Ort verlaufenden Landstraße 200 m nach links. Auf der gegenüberliegenden Seite liegt vor der Einmündung der *Friedrichstraße* das Hotel Heiligenberg. Danach wechseln wir vorsichtig die Straßenseite und folgen einem Pfad, der ca. 50 m nach der Einmündung der *Friedrichstraße* in den Wald leitet (Ww. Panoramaweg, auch Jubiläumsweg).

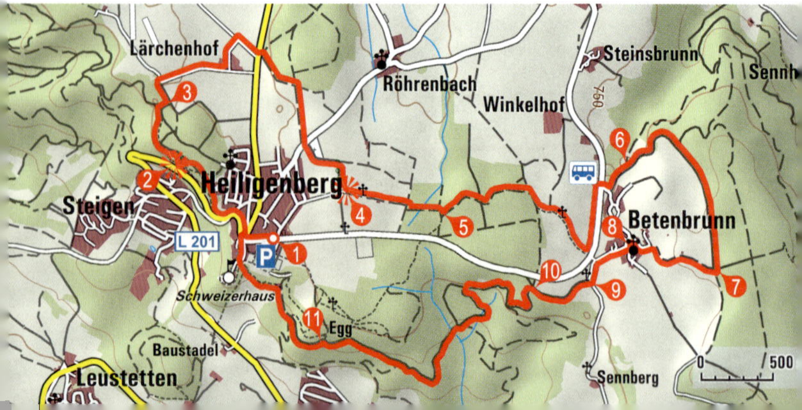

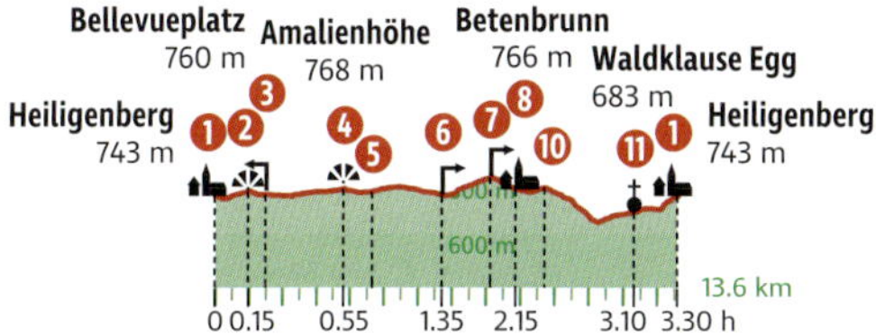

Der Fürstlich Fürstenbergische Forstbetrieb hat sich hier mit der Einrichtung eines Friedwaldes eine neue Einnahmequelle erschlossen. Vom **Bellevueplatz** 2 bietet sich ein schöner Blick auf den Bodensee und bei guter Fernsicht ein atemberaubender Ausblick auf die gesamte Schweizer Alpenkette einschließlich Eiger, Mönch und Jungfrau.

Nach dem kurzen Abstecher zum Bellevueplatz wandern wir weiter geradeaus. Der Weg macht eine große Rechtskurve, bei einer Kreuzung gehen wir geradeaus (Ww. rotes Kreuz) und bei einer Gabelung kurz danach rechts; hier biegt der Jubiläumsweg nach links. Bei einer **T-Kreuzung** 3 am nahen Waldrand biegen wir nach links und wandern am Waldrand entlang, bis uns rechts ein asphaltierter Fahrweg zum **Lärchenhof** bringt. Im Selbstbedienungshofladen gibt es ein großes Angebot an Käse und weiteren Köstlichkeiten. Wir durchqueren den Lärchenhof, gehen dann rechts und kreuzen bald die Landstraße.

Nach wenigen Metern halten wir uns bei einer Gabelung rechts und wandern am Waldrand entlang, bis wir einem aus dem Wald kommenden Feldweg nach rechts folgen. Er bringt uns zur *Röhrenbacher Landstraße*, wir gehen wenige Meter nach links und dann vor dem **Friedhof** an seinem Rand entlang. Bald biegt der asphaltierte Weg scharf nach rechts. Bei der folgenden Kreuzung liegt links die **Amalienhöhe** 4; der Aussichtspunkt ersten Ranges lässt sich leicht an den großen Bäumen erkennen. Hier bietet sich ein faszinierender Blick auf den Bodenseeraum und die Hegau-Vulkane. Bei schönem Wetter und guter Fernsicht reicht die Aussicht von den Allgäuer über die Berner Alpen bis zum Feldberg im Schwarzwald.

Bei der Kreuzung dort gehen wir links auf einem Wiesenweg weiter zum Waldrand, dort einige Meter nach rechts und dann nach links auf einem Forstweg durch den Wald. Bei einer T-Kreuzung halten wir uns rechts und kommen nach wenigen Metern zu einer **Gabelung** 5, wo sich die kleine und die gro-

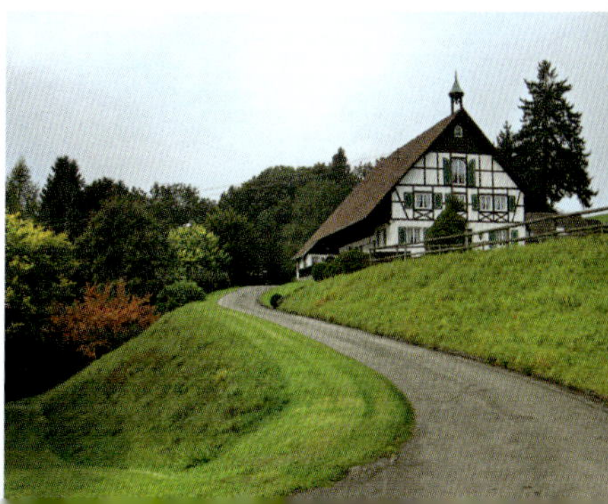

Bauernhof am Rand von Betenbrunn.

ße Runde des Panoramaweges trennen. Die kleine Runde leitet geradeaus zum Wanderparkplatz Nagelstein. Wir bleiben auf der großen Runde Richtung Betenbrunn und folgen der Beschilderung durch den Wald nach links. Am Waldrand gehen wir nach rechts und bald vom Waldrand weg auf einem Wiesenweg hinunter zur Kreisstraße beim Abzweig nach **Oberbetenbrunn**. Wir folgen der Kreisstraße ca. 400 m nach links. Bei einer Bushaltestelle biegen wir nach rechts in den Abzweig nach Unterbetenbrunn ein und nach ca. 100 m, vor den ersten Häusern des Unterdorfes, nach links in einen unbefestigten Weg. Bei einer **Gabelung** 6 wenige Minuten später wandern wir nach rechts und dann auf dem langsam ansteigenden Weg am Waldrand entlang. Nach 15 Min. erreichen wir bei einer **Kreuzung** 7 den höchsten Punkt der Wanderung, gleichfalls mit schönem Blick.
Ein Wiesenweg leitet bei dieser Kreuzung nach rechts, der später in einen mit Bäumen bestandenen Hohlweg übergeht, abwärts nach Oberbetenbrunn. Wir wandern durch **Betenbrunn** 8 mit der Wallfahrtskirche St. Maria bis zur Einmündung der Ortsstraße in die Kreisstraße. Kurz davor folgen wir der alten Betenbrunner Straße geradeaus, verlassen sie aber bald wieder und gehen bei einer **Abzweigung** 9 rechts Richtung Faulental. Bei einer **Gabelung** 10 kommen die beiden Runden des Panoramaweges wieder zusammen, hier wandern wir auf dem unbefestigten Weg nach links.
Wir folgen 30 Min. den Wegweisern des Panoramaweges am Steilhang des Heiligenbergs anfangs abwärts, später wieder ansteigend zur **Waldklause Egg** 11. Die Klause geht auf das 13. Jh. zurück, seit 1971 wird sie von Nonnen des Trappisten-Ordens genutzt. Knapp 10 Min. später erreichen wir das denkmalgeschützte **Schweizerhaus**. Das im Stil eines Berner Bauernhauses gestaltete stattliche Gebäude wurde 1834 von Fürst Karl Egon II. von Fürstenberg errichtet mit Holzschindeln, verzierten Laubengängen und Krüppelwalmdach sowie dem prachtvollen Speisesaal mit aufwendigen Holzarbeiten wie Vertäfelungen und Kassettendecke. Die Denkmalstiftung Baden-Württemberg hat es zum Denkmal des Monats Februar 2017 ernannt. Hier gehen wir links, zunächst am Waldrand und dann steil ansteigend hoch zum **Schloss Heiligenberg** und daran vorbei. Beim Brunnen mit den beiden Fürstenstatuen biegen wir nach rechts und folgen der *Betenbrunner Straße* zurück zum Parkplatz in **Heiligenberg** 1.

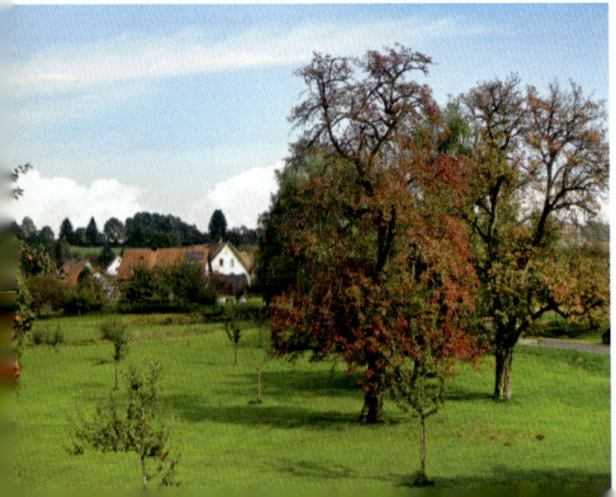

Links: Streuobstwiese bei Betenbrunn.
Rechts: Von Schloss Heiligenberg aus hat man einen schönen Blick über den Bodensee.

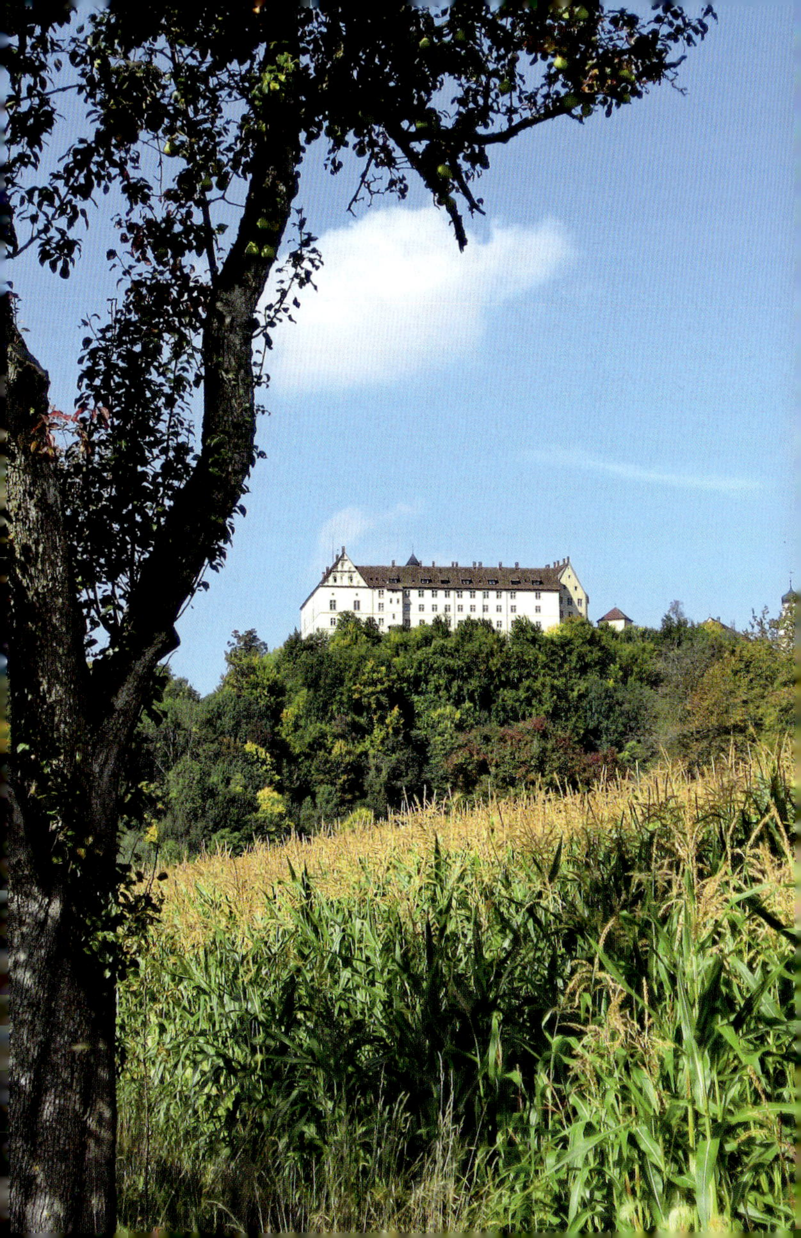

TOP

20 Vom Illmensee zum Höchsten

↗ 230 m | ↘ 230 m | 17.0 km

4.00 h

Hoch, höher, am Höchsten

Der Illmensee liegt zusammen mit dem Ruschweiler See und dem Volzer See in der gleichnamigen Gemeinde 17 km nördlich vom Bodensee. Mit 72 ha ist er der größte dieser drei in der letzten Eiszeit entstandenen Seen; Hechte, Zander und Welse erfreuen den Hobbyfischer. Ein Strandbad, ein Campingplatz und eine Bootsvermietung sowie ein Minigolfplatz befinden sich am Seeufer. An einem See in Nordwestrussland zwischen Moskau und Sankt Petersburg, der denselben Namen trägt, fand im Zweiten Weltkrieg die Kesselschlacht von Demjansk statt. Für die Opfer dieser Schlacht gibt es vor der Kirche in Illmensee einen Gedenkstein, an dem alljährlich eine Gedenkfeier stattfindet. Ebenfalls auf dem Gemeindegebiet liegt der Höchsten. Er ist, genauso wie der benachbarte Heiligenberg und Gehrenberg, ein lang gestreckter Moränenrücken, den der eiszeitliche Rheingletscher hinterlassen hat. Auf dem Rückweg von dort zum Illmensee verläuft ein Abschnitt der Wanderung auf der Europäischen Hauptwasserscheide.

Ausgangspunkt: Illmensee, Parkplatz beim Seefreibad.
Anforderungen: Wanderung auf deutlichen, zum Teil befestigten Wegen.
Einkehr: Hotel/Restaurant Karpfen, Hauptstraße 24, Illmensee, Tel. +49 7558 262 (Ruhetag Mo); Berghof Höchsten, Höchsten 1, Illmensee, Tel. +49 7555 92100.
Tipp: Bad im Illmensee.
Variante: Die Gehzeit für den Rundweg um den See beträgt etwa 1 Std.

Vom Parkplatz in **Illmensee** ❶ aus wandern wir, vorbei am Seefreibad und dem Bootsverleih, auf dem nur anfangs befestigten Weg J2 im Uhrzeigersinn um den Illmensee. Nach 25 Min. überqueren wir auf einem Holzsteg die mit Schilf bestandene Mündung des **Andelsbachs** ❷. Vor dem nahen zweiten Steg biegen wir nach links, gehen 5 Min. auf einem Pfad am Feldrain, halten uns bei einer Gabelung rechts, erreichen dann nach einer rotweißen Schranke einen asphaltierten Weg, dem wir nach links folgen.
Vor dem **Mariahof** ❸ wandern wir nach rechts und dann geradeaus bis ans Dorf **Illwangen**, biegen beim letzten Bauernhof auf der linken Seite links ab und folgen einem asphaltierten Weg durch den Hof. Nach einem leichten Anstieg halten wir uns bei der ersten Möglichkeit rechts, erreichen eine **Wegspinne** ❹, gehen dort nach links und gleich wieder nach rechts. Kurz danach

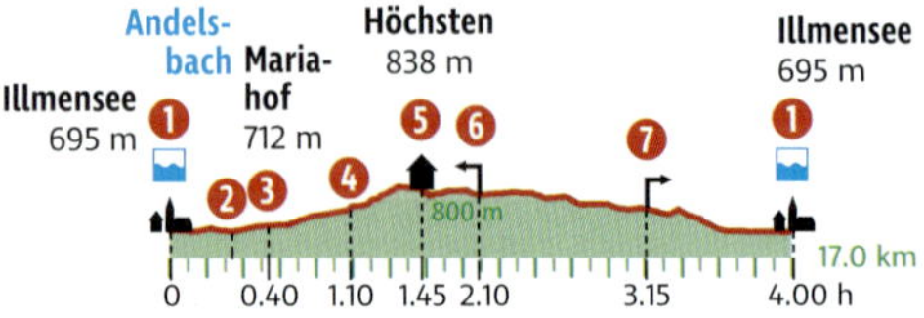

biegen wir bei einer Gabelung am Waldrand nach rechts und sehen schon den 172 m hohen rot-weißen Stahlrohrmast der Deutschen Telekom und einen etwas niedrigeren Antennenträger in Stahlfachwerkkonstruktion. Der Weg wird besser. Wenn er auf die Ortsstraße in Glashütten stößt, biegen wir nach links. Die Straße verläuft bald zwischen beiden Sendemasten, wir überqueren danach die Kreisstraße und erblicken dann schon die Rundhütte auf dem Höchsten. Dort sehen wir bei gutem Wetter die Alpen vor uns, der Blick reicht vom Pilatus (rechts) bis zur Zugspitze (links). Wir wandern weiter geradeaus, hier beginnt der kurze schwäbisch-alemannische Mundartweg, Info-Tafeln bieten Einblick in den Dialekt. Im Berghof beim **Höchsten** 5 können wir rasten, vervollständigen die Mundartweg-Runde und gehen zurück zur Kreisstraße.

Wir überqueren sie, wandern wieder zwischen den beiden Sendemasten, biegen dann aber nicht nach rechts ins Dorf Glashütten ab, sondern gehen auf der Kreisstraße weiter. Vor dem letzten Bauernhof des Dorfes 6

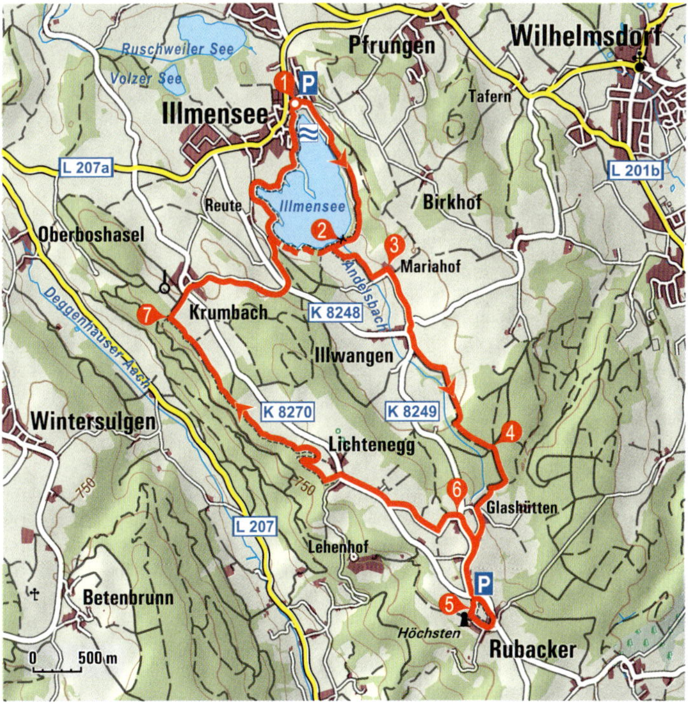

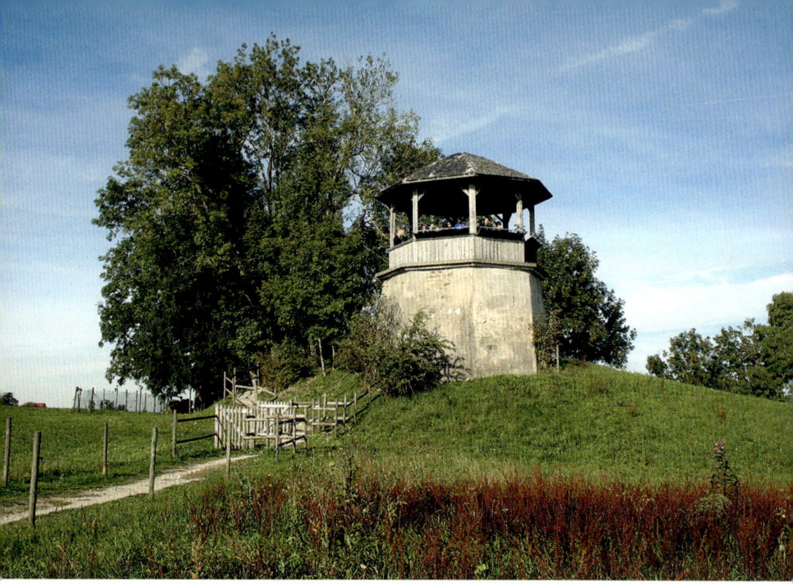

Aussichtspavillon auf dem Höchsten.

(Hausnummer 19) verlassen wir die Kreisstraße 8249 und folgen einem asphaltierten Weg nach links.

Er mündet nach 10 Min. in die Kreisstraße 8270, auf ihr wandern wir 5 Min. nach rechts und biegen wenige Meter nach dem Ortsschild von **Lichtenegg** in eine asphaltierte Straße nach links. Nach wenigen Metern beginnt rechts von ihr ein schnell tiefer werdender Einschnitt. Wir verlassen davor die Straße und gehen rechts von ihm zum bis Steilabfall ins Tal der Deggenhauser Aach und dann nach rechts. Der deutliche Pfad verläuft ca. 40 Min. unmittelbar rechts vom Steilabfall entlang der Europäischen Hauptwasserscheide Rhein-Donau. Alle Bäche rechts vom Weg fließen über die Donau ins Schwarze Meer, links fließt das Wasser über den Rhein in die Nordsee. Wir ignorieren nach 25 Min. den rechts abzweigenden breiten Rappenfelsenweg und gehen erst 15 Min. später bei einer **Gabelung** **7** nach rechts. Auf breitem Weg erreichen wir **Krumbach**, überqueren im Dorf die Kreisstraße und gehen weiter geradeaus. Nach kaum 100 m halten wir uns bei einer Gabelung rechts und wandern auf der kaum befahrenen Straße zurück zum Illmensee. Wir überqueren die Kreisstraße 8248, kurz danach biegt der Weg nach links und verläuft zuerst am Waldrand entlang in den Weiler **Reute**. Am Ende des Waldes gehen wir ca. 70 m über die Wiese zum Uferweg am Illmensee und dort nach links. Wir wandern immer am Ufer entlang zurück zum Ausgangspunkt in **Illmensee** **1**.

↗ 80 m | ↘ 80 m | 8.3 km

2.00 h

Auf den Spuren der Kelten **21**

Ein archäologischer Rundweg

Die Kelten hatten keine eigene Schrift und kannten nur mündliche Überlieferung. Deshalb wissen wir heute immer noch wenig von ihnen. Durch weitreichende Handelsbeziehungen, fortschrittliche landwirtschaftliche Methoden und Geräte weisen seit ungefähr 1000 v. Chr. immer mehr Menschen in Europa kulturelle, künstlerische, religiöse und sprachliche Gemeinsamkeiten auf. Inwieweit diese keltische Kultur sich durch Bevölkerungswachstum oder Übernahme von anderen indogermanischen Stämmen und Völkern ausbreitete, ist ungeklärt. Im 5. Jh. v. Chr. begann eine Zeit der Wanderung: Kelten ziehen nach Italien, über den Balkan, nach Griechenland und bis in die Türkei. Die Heuneburg und ihre Umgebung bildeten ein wichtiges keltisches Zentrum, das wir auf dieser Rundwanderung kennenlernen. Der Mittelpunkt dieses Zentrums lag auf einem Plateau, auf dem sich heute das Freilichtmuseum Heuneburg befindet.

Ausgangspunkt: Hundersingen (Ortsteil von Herbertingen), Besucherparkplatz beim Freilichtmuseum Heuneburg, ca. 2 km nördlich der Ortsmitte.
Anforderungen: Leichte Wanderung auf deutlichen Wegen.
Markierung: Symbol des Wanderwegs ist der stilisierte Kopf eines bärtigen Silens (Satyrs).

Einkehr: Brauereigasthof Adler, Ortsstraße 1, Hundersingen, Tel. +49 7586 378 (ab 17 Uhr, Ruhetag Sa).
Tipps: Freilichtmuseum Heuneburg, vom 1. April bis 31. Okt. täglich außer Mo 10–17 Uhr (4 €), www.heuneburg-pyrene.de; Keltenmuseum in Hundersingen, täglich außer Mo 10–16 Uhr (3 €), www.heuneburg.de.

Vom **Besucherparkplatz 1** am **Freilichtmuseum Heuneburg** aus folgen wir dem Wiesenweg am Rand der Kreisstraße und wandern dann entlang einer Buschreihe, hinter der sich bald ein Bachbett verbirgt, nach links zu einem unbefestigten Weg zur Staatsdomäne **Talhof**. Wir folgen ihm nach rechts am Hang entlang und dann in einer großen Rechtskurve zur Kreisstraße. Links von uns liegt das fruchtbare Donautal, in der Ferne grüßt der Bussen. 50 m vor der Kreisstraße biegen wir nach links in einen Feldweg.

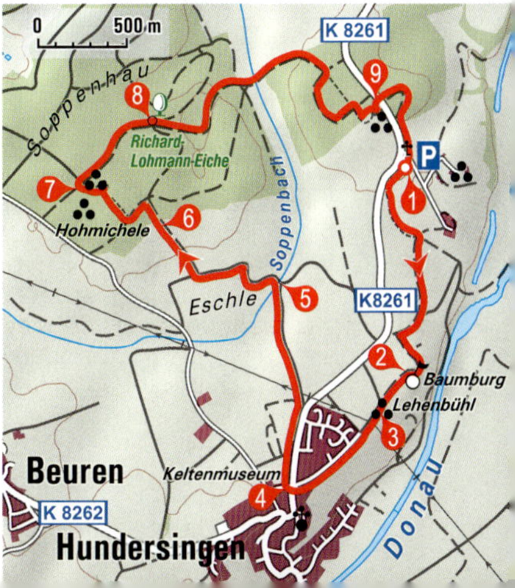

Schon hier sehen wir unser nächstes Ziel, einen Hügel mit einem hohen Kreuz. Im Hochmittelalter stand auf diesem frühkeltischen Großgrabhügel die **Baumburg** 2, Sitz mehrerer Adelsfamilien.
Wir wandern auf dem anfangs unbefestigten, später asphaltierten Weg weiter geradeaus, vorbei am frühkeltischen Fürstengrabhügel **Lehenbühl** 3, nach **Hundersingen**. Bei einer Straßenkreuzung im Ort liegt rechts in der alten Zehntscheuer des Klosters Heiligkreuztal das **Keltenmuseum** 4. Vorbei am Museum folgen wir der *Binzwanger Straße* nach rechts bis zum Ortsende.
Dort geht zwischen Ortsschild und Feldkreuz ein asphaltierter Weg links ab. Bei der Gabelung zu Beginn halten wir uns rechts und wandern langsam abwärts in ein Quertal. Vor einem **Bach** 5 gehen wir links und nach 70 m erneut links. Kurz nach einer Rechtskurve biegen wir wieder nach links und nach bei der ersten Möglichkeit vom asphaltierten Weg nach rechts in einen unbefestigten Feldweg, der auf einen **Hochsitz** 6 am Waldrand zuführt. Nach 100 m im Wald biegen wir bei der ersten Kreuzung nach links und folgen nach weiteren 100 m kurz vor der nächsten Kreuzung einem Pfad nach rechts, der uns zu den Resten einer spätkeltischen Viereckschanze führt. Wir gehen nach links zum mit 13,5 m höchsten Grabhügel

Toranlage mit Brücke im Freilichtmuseum Heuneburg.

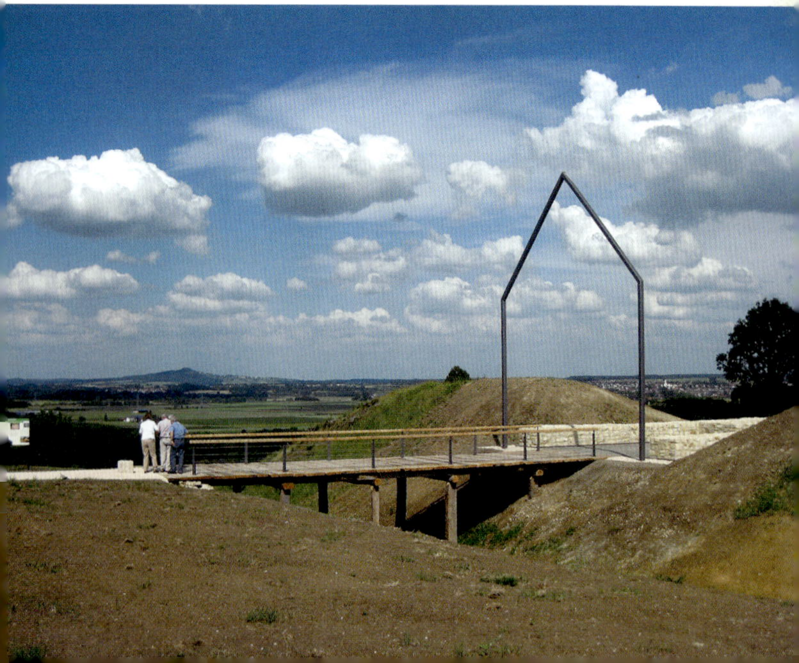

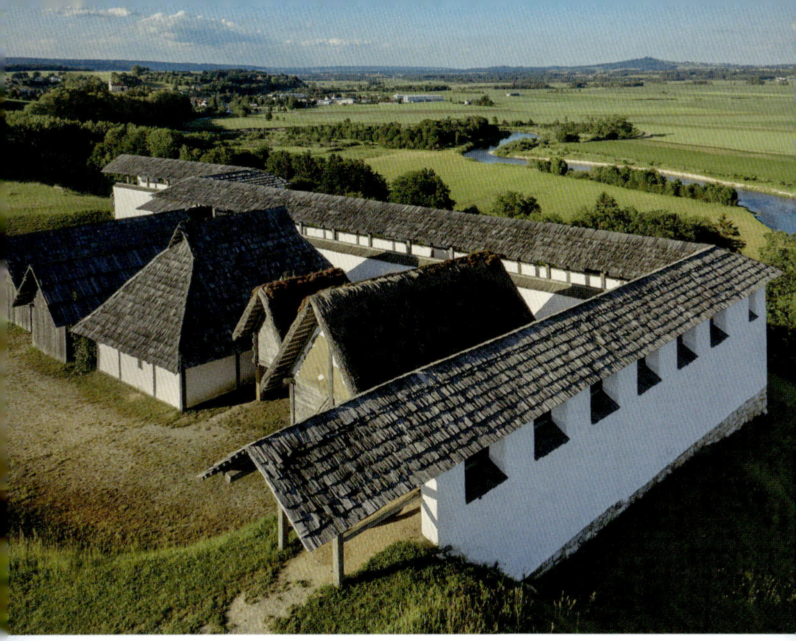

In der Heuneburg lässt sich heute das Leben in der Keltenzeit nachvollziehen.

Mitteleuropas, dem **Hohmichele** 7. In seinem Umfeld finden sich nahezu 40 weitere Grabhügel.

Auf dem am Hohmichele vorbeiführenden Forstweg wandern wir nach rechts immer geradeaus zum Naturdenkmal **Richard-Lohmann-Eiche** 8 bei der Wiedhauhütte. Bei der Wegspinne dort gehen wir geradeaus (gegen den Uhrzeigersinn gezählt ist es die zweite Abzweigung) weiter durch den Wald. Der Weg führt uns für ein kurzes Stück aus dem Wald heraus, über den Soppenbach und wieder in den Wald hinein. Bei einer T-Kreuzung mit einer Bank gehen wir nach rechts und nach 100 m nach links. Wenige Minuten später biegt der Weg nach links, wir folgen ihm fast bis zur Kreisstraße. Vielleicht 150 m davor gehen wir auf einem Pfad parallel zu ihr nach rechts und kommen nach etwa 40 m zu zwei **keltischen Hügelgräbern** 9, die wir umrunden. Danach überqueren wir die Kreisstraße und besichtigen ein drittes Hügelgrab im Wald, wandern auf einer Rechtskurve daran entlang und kommen in Sichtweite des Freilichtmuseums Heuneburg wieder zu unserem Ausgangspunkt am **Besucherparkplatz** 1.

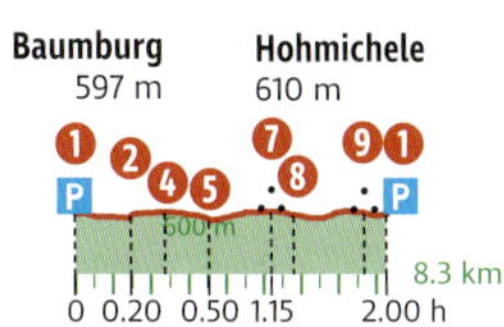

22 Heuneburg

2.00 h

Manhattan an der Donau

Diese Wanderung führt durch Felder, Wiesen und Wälder im Donautal. In dieser 3.000-jährigen Kulturlandschaft bildet die Heuneburg den Auftakt. 60 m über der Donau liegt ein 3 ha großes Plateau, das von einer mit Türmen oder Bastionen bestückten Lehmziegelmauer umgeben war. Innerhalb des Mauerrings standen in Reihen angeordnete gleichartige Hütten, möglicherweise die Quartiere von Händlern und Handwerkern – ein singuläres Bauwerk nördlich der Alpen. In den vergangenen 20 Jahren entdeckte man einen weiteren dicht besiedelten Bereich am westlichen Fuß der Heuneburg. Neuerdings wird vermutet, dass dieser frühkeltische Fürstensitz (6. Jh. v. Chr.) die vom griechischen Geschichtsschreiber Herodot erwähnte Stadt Pyrene und damit der älteste schriftlich erwähnte Ort Deutschlands ist. Zu ihren Glanzzeiten sollen hier bis zu 10.000 Menschen gelebt haben. Für das Freilichtmuseum sollte man Zeit einplanen.

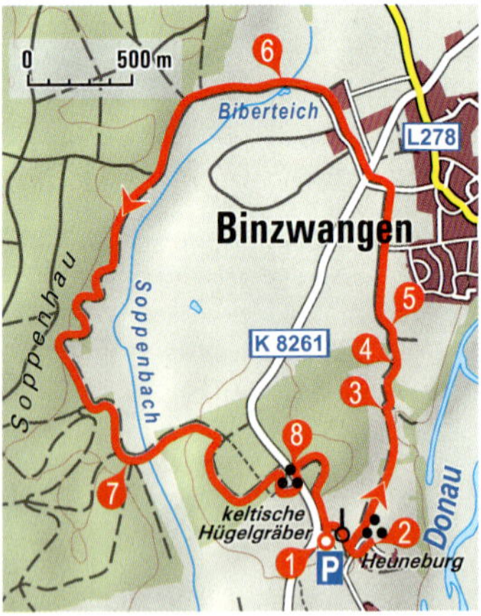

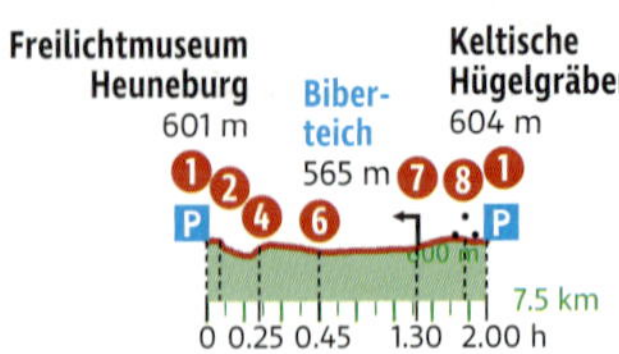

Ausgangspunkt: Hundersingen (Ortsteil von Herbertingen), Besucherparkplatz beim Freilichtmuseum Heuneburg, ca. 2 km nördlich der Ortsmitte.
Anforderungen: Leichte Wanderung auf deutlichen Wegen.
Einkehr: Brauereigasthof Adler, Ortsstraße 1, Hundersingen (2 km südlich des Ausgangspunkts), Tel. +49 7586 378 (Ruhetag Sa).
Tipp: Freilichtmuseum Heuneburg, vom 1. April bis 31. Okt. täglich außer Mo 10–17 Uhr (4 €), www.heuneburg-pyrene.de.

Vom **Besucherparkplatz** ❶ beim **Freilichtmuseum Heuneburg** gehen wir über die Brücke und durch den großen Torbogen in die Vorburg und dann ins **Freilichtmuseum Heuneburg** ❷. Tafeln und einige rekonstruierte Häuser in der Anlage auf dem Plateau lassen die frühere Herrlichkeit erahnen. Dann folgen wir einem Weg zwischen Vorburg und Burg abwärts. Nach 10 Min. werden die Wegspuren undeutlich. Wir überqueren einen

Wassergraben 3 und gehen rechts von ihm auf den linken Waldrand zu und dann in einer großen Rechtskurve daran entlang bis zu einem **Hochsitz** 4. Dort treffen wir auf einen deutlichen Pfad, der nach links führt und bald in einen befestigten Weg 5 mündet, wo wir nach links gehen. Wir folgen ihm 10 Min. geradeaus, rechts liegen die Häuser von Binzwangen, bis zu einer T-Kreuzung. Dort biegen wir nach links, überqueren nach 100 m die Kreisstraße 7553 und folgen auf der gegenüberliegenden Seite dem befestigten, mit blauem Dreieck markierten Weg Richtung Wilflingen. Nach gut 5 Min. wandern wir bei einer T-Kreuzung links, kommen an einem **Biberteich** 6 vorbei, halten uns bei allen folgenden Abzweigungen links und bleiben auf dem Hauptweg, der in einer großen Linkskurve am Waldrand entlangführt.

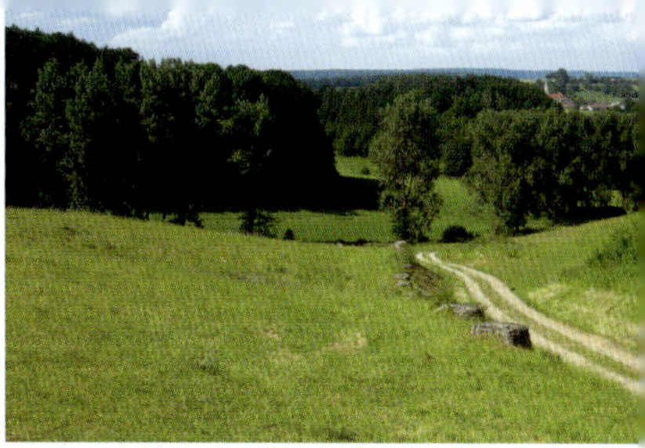

Von der Heuneburg führt ein Weg abwärts in ein Tal.

Nach 35 Min. gehen wir bei einer **Wegspinne** 7 nach links über den Soppenbach, 10 Min. später bei einer T-Kreuzung mit einer Bank nach rechts und nach 100 m nach links. Wenige Minuten später biegt der Weg nach links, wir folgen ihm fast bis zur etwa 5 Min. entfernten Kreisstraße. Etwa 150 m davor gehen wir auf einem Pfad parallel zu ihr nach rechts und kommen nach ungefähr 100 m zu zwei **keltischen Hügelgräbern** 8, die wir halb umrunden. Danach überqueren wir die Kreisstraße und besichtigen ein drittes Hügelgrab im Wald, wandern auf einer Rechtskurve daran entlang und kommen in Sichtweite des Freilichtmuseums Heuneburg wieder zum **Besucherparkplatz** 1.

Keltische Hügelgräber.

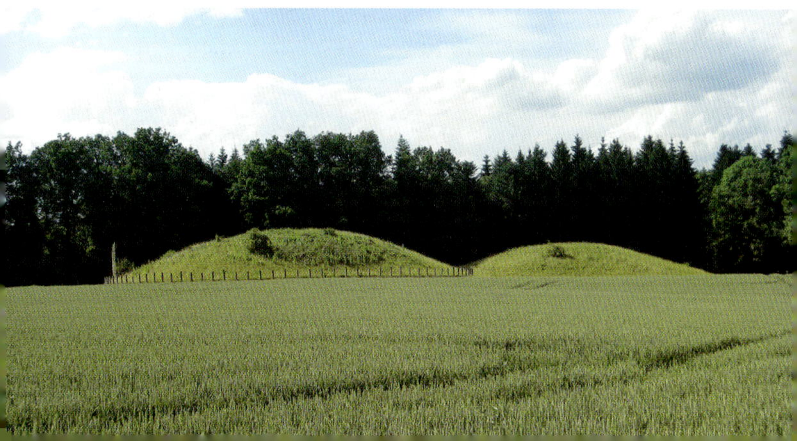

↗ 100 m | ↘ 100 m | 13.9 km

23 Von Heiligkreuztal nach Wilflingen

3.15 h

Nonnen und Jünger

Das ehemalige, 1227 gestiftete Zisterzienserinnenkloster Heiligkreuztal mit dem Münster St. Anna ist ein Höhepunkt der Wanderung; die dreischiffige Basilika zählt zu den schönsten Klosterkirchen Oberschwabens. Ein besonderes Glanzlicht ist das Chorfenster mit seinen farbenprächtigen Glasmalereien, das um 1312 entstand. Berühmt ist die in der Apsis aufgestellte mittelalterliche Skulptur, die Christus mit seinem Lieblingsjünger Johannes zeigt. Wilflingen ist der Stammsitz der Schenken von Stauffenberg, eines schwäbischen Uradelsgeschlechts. Bekanntester Vertreter dieses Geschlechts ist Claus Schenk Graf von Stauffenberg, einer der Attentäter des 20. Juli 1944. In dem ehemaligen Forsthaus gegenüber dem Schloss lebte von 1951 bis zu seinem Tod 1998 Ernst Jünger, heute erinnert dort ein Museum an den Schriftsteller und seinen Bruder Friedrich Georg.

Ausgangspunkt: Heiligkreuztal (Ortsteil von Altheim bei Riedlingen), Münster St. Anna.
Anforderungen: Leichte Wanderung auf deutlichen, meist unbefestigten Wegen.
Einkehr: Gasthof zum Löwen, Riedlinger Straße 1, Wilflingen, Tel. +49 7376 733 (Ruhetag Mi/Do, Di ab 17 Uhr, Mo/Fr 11–14 Uhr und ab 17 Uhr, Sa/So durchgehend).
Tipp: Jünger-Haus, Wilflingen, Stauffenbergstraße 11, Mi–Fr 9–12 Uhr, Do/Fr auch 14–16 Uhr, So 13.30–16.30 Uhr, www.juenger-haus.de.

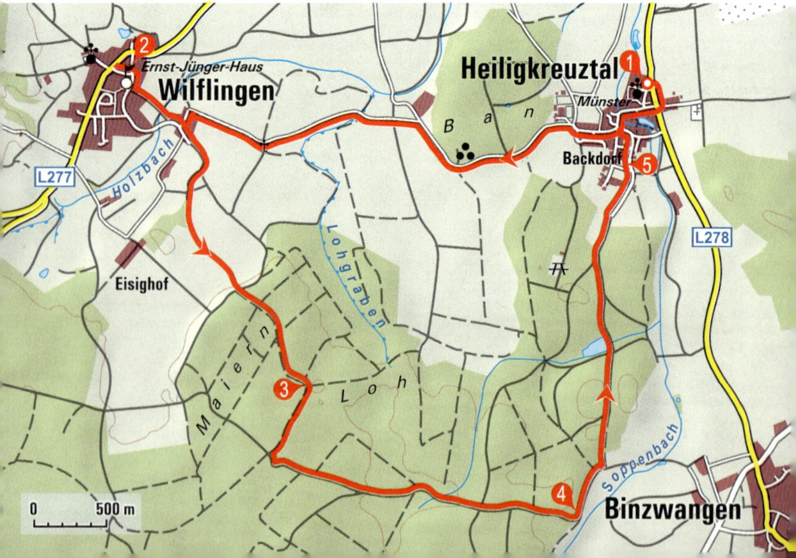

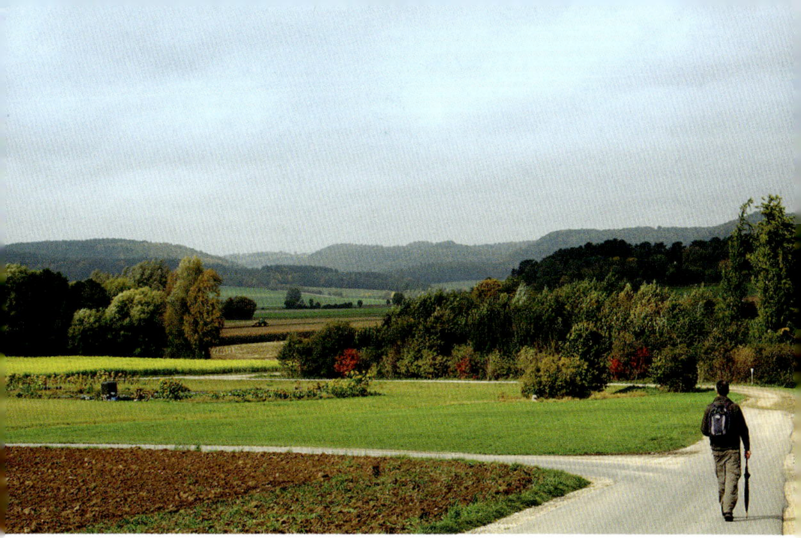

Vor einem großen Bauernhof biegen wir nach links.

Vom Münster in **Heiligkreuztal** ❶ gehen wir im Uhrzeigersinn um die Klosteranlage herum und durch die *Veronika-von-Rietheim-Straße* und die *Vorstadt* (Straße) ins Dorfzentrum. Bei einer Kreuzung biegen wir nach rechts und am Ende dieser Straße *Im Erlenstock* nochmals. Nach 50 m, vor einem geschmackvoll gestalteten Reiterhof, wandern wir nach links. Wir folgen jetzt dieser befestigten Nebenstraße 40 Min. bis nach Wilflingen. Nach etwa 10 Min. gehen wir bei einem isoliert stehenden, großen, neueren Stallgebäude nach rechts; im Wald, rechts vom Weg, sehen wir danach den Erdhügel einer ehemaligen Schanze. Kaum 5 Min. später leitet der Weg vor einem großen Bauernhof neueren Datums nach links.
Gut 20 Min. später biegen wir bei den ersten Häusern von Wilflingen nach links in den *Kreuztaler Weg* und an seinem Ende nach rechts ins Dorf. (Den Weg links werden wir auf dem Rückweg einschlagen.)
Kurz nachdem wir nach rechts abgebogen sind, verlassen wir die Straße und folgen einem asphaltierten Weg auf die Kirche von Wilflingen zu. Nach gut 5 Min. biegen wir nach rechts in die *Enhofer Straße*, gehen an der Kirche

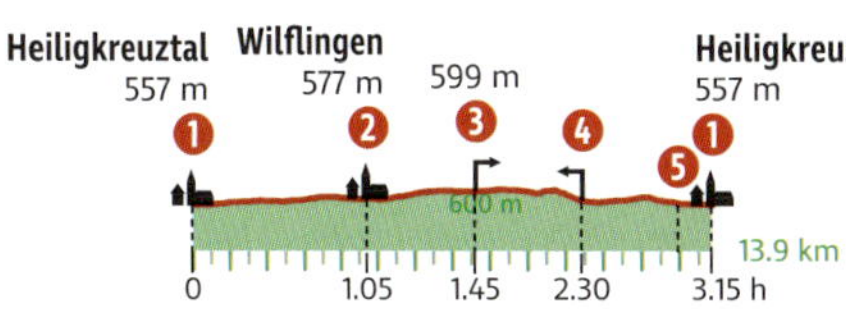

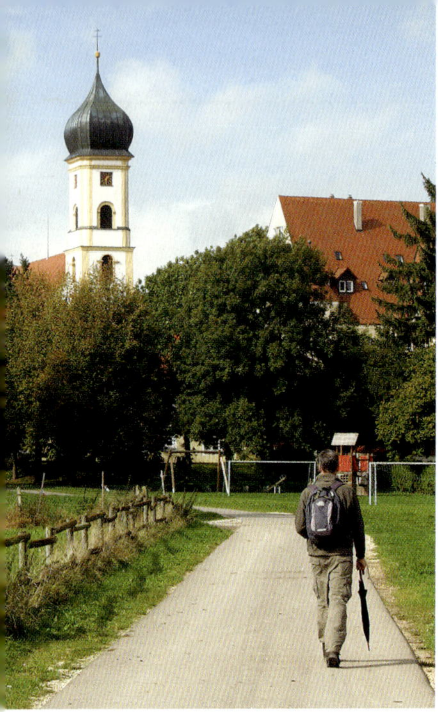

Am Ortseingang von Wilflingen.

und dem Schloss der Schenken von Stauffenberg vorbei – eines schwäbischen Adelsgeschlechts, das durch Claus Schenk von Stauffenberg, dem Attentäter des 20. Juli 1944, leider keine Weltgeschichte schrieb. Wir biegen nach links, im ehemaligen Forsthaus gegenüber dem Schloss verbrachte Ernst Jünger seine letzten Lebensjahrzehnte. Am Ende der Straße liegt der Gasthof zum Löwen im Zentrum von **Wilflingen** ❷.
Nun gehen wir zurück, erreichen 10 Min. später wieder das Ende des *Kreuztaler Weges* und gehen geradeaus. Kurz nach einer Rechts- und vor einer Linkskurve des mit einem blauen Dreieck markierte Fahrwegs wandern wir geradeaus, kommen nach 15 Min. in den Wald und gehen auf diesem unbefestigten Weg bei allen Kreuzungen geradeaus. Nach 15 Min. halten wir uns bei einer Wegspinne mit zwei **Hochsitzen** ❸ rechts und stoßen 10 Min. später bei einer Kreuzung auf den mit blauen Dreiecken markierten Wanderweg. Wir biegen dort nach links und folgen ihm. Die nächsten gut 20 Min. bleiben wir auf diesem guten Hauptweg, dann erreichen wir die Kreuzung mit einem Weg gleicher Güte. Hier wandern wir geradeaus, bis wir bei einer **T-Kreuzung** ❹ am 10 Min. entfernten Waldrand nach links gehen.
Nach etwa 5 Min. biegen wir, am Ende einer Rechtskurve, in die Abzweigung links. 10 Min. später wandern wir bei einer Kreuzung vor einem der verbliebenen Klosterweiher geradeaus, gehen 10 Min. danach bei einer Gabelung rechts und erreichen dann die ersten Häuser von Heiligkreuztal. Links vom Weg liegen die Gebäude der Firma Häussler, eines bekannten Herstellers von Öfen und Maschinen rund ums Backen und Nudelmachen. Am Ende des Firmengeländes befindet sich das **»Backdorf«** ❺, eine Verkaufsausstellung der Firma. Wir gehen weiter geradeaus bis zu einer T-Kreuzung, dann nach links und bei der folgenden Kreuzung nach rechts zum Münster in **Heiligkreuztal** ❶.

↗ 280 m | ↘ 280 m | 17.6 km

4.30 h

TOP **24**

Riedlingen und das Donautal

Rundwanderung von Riedlingen zum Bussen

Von der alten Donaustadt Riedlingen führt die Wanderung durch Felder und Wiesen zum 767 m hohen Bussen, der auch »heiliger Berg Oberschwabens« genannt wird. Wenn man Glück hat, sieht man an klaren Tagen von der Erhebung die gesamte Alpenkette. Von dort wandert man zur renaturierten Donau und an ihr entlang zurück nach Riedlingen.

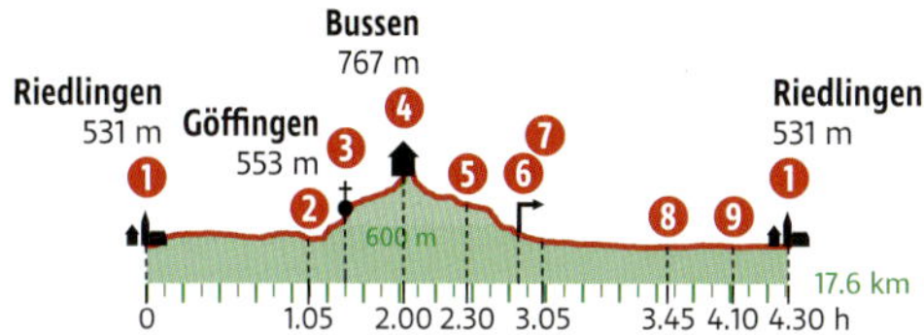

Ausgangspunkt: Riedlingen, Bahnhof.
Anforderungen: Leichte Wanderung, hoher Anteil befestigter Wege.
Einkehr: In Riedlingen; auf dem Bussen Gasthof Schönblick, Tel. +49 7374 758 (April bis Oktober Do bis So ab 11 Uhr, März nur Sa/So).
Tipp: Historischer Hängegarten, Am Schlossberg 12, Riedlingen-Neufra, Tel. +49 7371 5700, www.haengegarten.de.

Wir treten aus dem Bahnhof von **Riedlingen** ❶, halten uns links und bei der T-Kreuzung am Ende der Straße *Am Bahnhof* nochmals. Wir gehen über den Bahnübergang und die Bundesstraße (Mittelstreifen links!), dann ge-

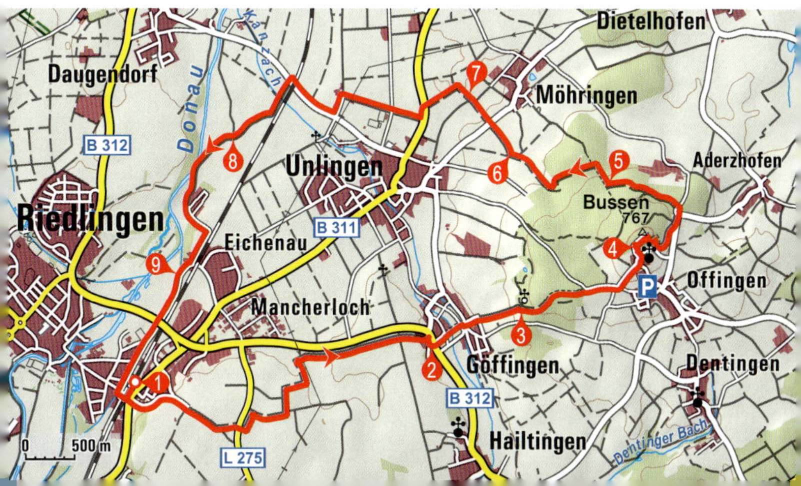

radeaus weiter in die *Buchauerstraße*, die sanft ansteigt, zuerst nach links, dann rechts biegt und schließlich für den Autoverkehr gesperrt ist. 200 m weiter folgen wir dem links abgehenden Weg zur Landstraße, überqueren sie und gehen parallel zur ihr nach links. Nach knapp 200 m biegen wir vor der Baumschule nach rechts und bei der ersten Möglichkeit nach ca. 5 Min. nach links. Etwa im 5-Min.-Abstand biegt der Feldweg nach rechts, nach links und nach rechts. Von hier an verläuft der Weg parallel zur Landstraße und endet nach ca. 10 Min. in **Göffingen** ❷. Auf dem Gehweg gehen wir um die Rechtskurve und folgen bald darauf der links abgehenden *Schloßstraße*. Unser Weg führt an der Kirche vorbei und, wo die Straße nach links abbiegt, auf einem schmalen asphaltierten Pfad geradeaus durch die Wiesen.

Nach der Überquerung des zweiten Bachs wandern wir auf der Straße 10 m nach rechts und folgen dann zwischen Gasthaus Adler (unregelmäßig geöffnet) und Dorfgemeinde-/Feuerwehrhaus dem Ww. »Fußweg zum Bussen«. Der Weg ist bis zum Gipfel mit blauen Dreiecken markiert. Bei einer **Kapelle** ❸ nach 10 Min. endet der Asphaltbelag, wenige Meter dahinter verlassen wir den breiten Weg und folgen dem mit blauen Dreiecken markierten Pfad nach links. Zweimal kreuzen wir eine breite, unbefestigte Forststraße, bis wir nach knapp 15 Min. auf eine querlaufende Asphaltstraße stoßen, der wir nach rechts folgen. Einige Minuten später sehen wir die Bussen-Kirche, durchqueren gut 10 Min. später einen Weiler mit dem Gasthof Schönblick und stehen nach weiteren 5 Min. auf dem Gipfel des **Bussen** ❹ vor der Kirche. Ein Panoramabild zeigt den Rundblick bei guter Sicht, die Blickweite soll 230 km betragen und der Blick bis zu Eiger, Jungfrau und Mönch in den Schweizer Alpen reichen.

Vorbei an der Apsis der Kirche gehen wir zur Burgruine, vor dem (Aussichts-)Turm führt der Pfad rechts abwärts und nach wenigen Minuten auf einen breiten Weg (Themenweg Schöpfungsweg, HW 5), wir gehen fallend geradeaus, bis zu einer T-Kreuzung (asphaltierte Straße) und dort nach links. Bei der folgenden Gabelung folgen wir dem asphaltierten HW 5 nach rechts und gleich darauf bei einer Wegspinne dem Weg links.

Kirche von Göffingen.

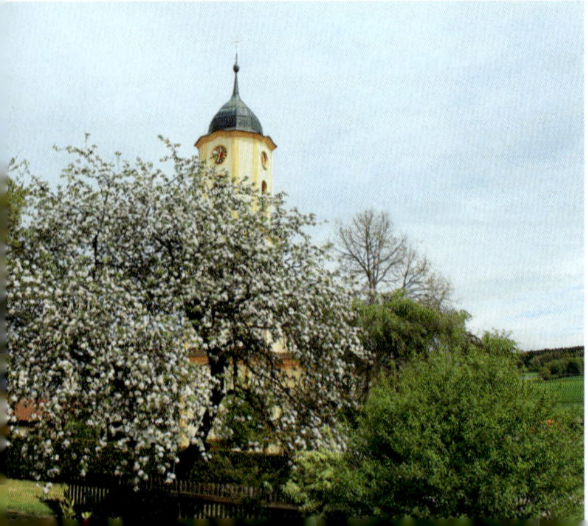

Nach gut 5 Min., wenige Minuten nach der Station 6 des Schöpfungswegs, verlassen wir ihn und gehen bei einer Gabelung rechts. Nach weiteren 5 Min. kommen wir zu einer Kreuzung und biegen, vorbei an einem **Hoch-**

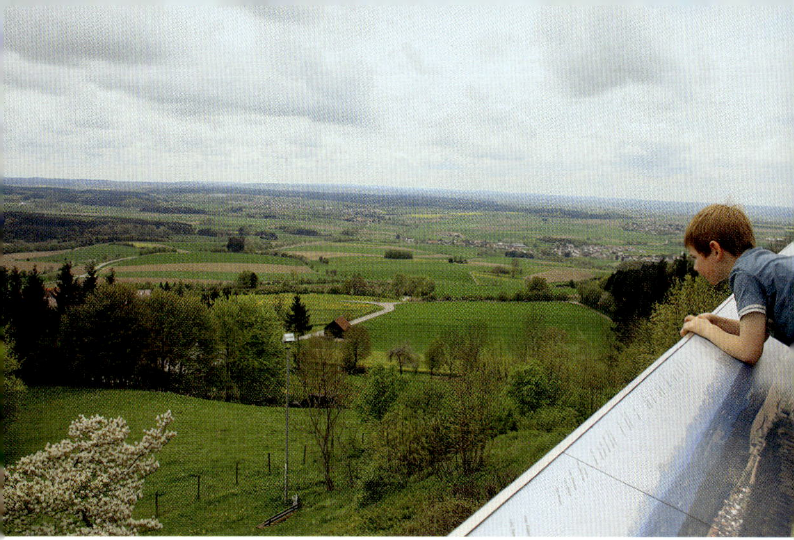

Rundblick auf dem Bussen.

stand ❺, nach rechts. Erst jetzt erkennen wir, dass dazwischen noch ein weiterer Weg in den Wald führt, den wir aber ignorieren.

Nach kaum 5 Min. biegen wir bei einer Kreuzung (Haldenstein) nach links (der HW7 führt weiter geradeaus in den Wald). Gut 5 Min. biegen wir vor einem Anstieg nach rechts (XII Dreiwiesen) und bald darauf erneut. Nach 10 Min. biegen wir am Ende einer Baum-/Buschreihe vor einem **eingezäunten Garten ❻** mit Holzhaus nach rechts. Nach weiteren 5 Min. überqueren wir die Kreisstraße, wandern auf dem unbefestigten Weg auf ein **braunes Gebäude ❼** zu, vor dem ein Bach, das Möringer Bächle, fließt. Bei der zweiten Abzweigung nach diesem Gebäude gehen wir nach links und dann bis zur Bundesstraße. Auf der gegenüberliegenden Seite, etwas nach links versetzt, führt der unbefestigte Weg, vorbei am Sportplatz von Unlingen, in 10 Min. zu einem Aussiedlerhof. Davor wandern wir bei einer Kreuzung nach links (*Zeller Weg*) zur nahen Kreisstraße und neben ihr knapp 10 Min. nach rechts.

Direkt hinter dem Bahnübergang führt ein befestigter Weg nach links, zuerst an der Bahnlinie entlang, später nach rechts durch die renaturierte Auenlandschaft an der Donau. Nach 10 Min. gehen wir über eine **Landbrücke ❽** zwischen zwei Wasserarmen und kommen nach weiteren 10 Min. an einem Klärwerk vorbei. 10 Min. später führt der Weg in die Altstadt von Riedlingen nach rechts über einen **Steg ❾**. Wir aber gehen geradeaus, immer an der Schwarzach entlang, zum 20 Min. entfernten Bahnhof von **Riedlingen ❶**.

↗ 230 m | ↘ 230 m | 8.6 km

25 Zwiefalten

2.30 h

Eine Rundwanderung im Tautschbuch

Zwiefalten ist eine Gemeinde an der Grenze zwischen Oberschwaben und der Schwäbischen Alb. Bekannt ist der Ort durch das einstige Benediktinerkloster Zwiefalten, das 1089 von Mönchen aus Hirsau gegründet wurde. Die Klosterkirche der ehemaligen Reichsabtei, das Zwiefaltener Münster, ist eine der Hauptsehenswürdigkeiten der Oberschwäbischen Barockstraße. Von Zwiefalten führt die Wanderung im Tautschbuch, einem großen Waldgebiet, das sich auf einem langen Bergrücken bis nach Riedlingen erstreckt, nach Mörsingen.

Ausgangspunkt: Zwiefalten, Parkplätze an der Kreisstraße zu Beginn des Tobeltals (westlich der Zwiefaltener Klosterbrauerei, Hauptstraße 24).

Anforderungen: Leichte Wanderung auf deutlichen, teils befestigten Wegen, Route verläuft größtenteils im Wald.
Einkehr: In Zwiefalten.

In **Zwiefalten** ❶ führt gegenüber dem vorderen Parkplatz ein mit einem Holzgeländer versehener Weg im Wald aufwärts. Er ist mit blauen Dreiecken markiert. Mehrmals kreuzt er Querwege, nach ca. 20 Min. müssen wir einem Querweg zuerst einige Meter nach rechts folgen, bevor wir nach

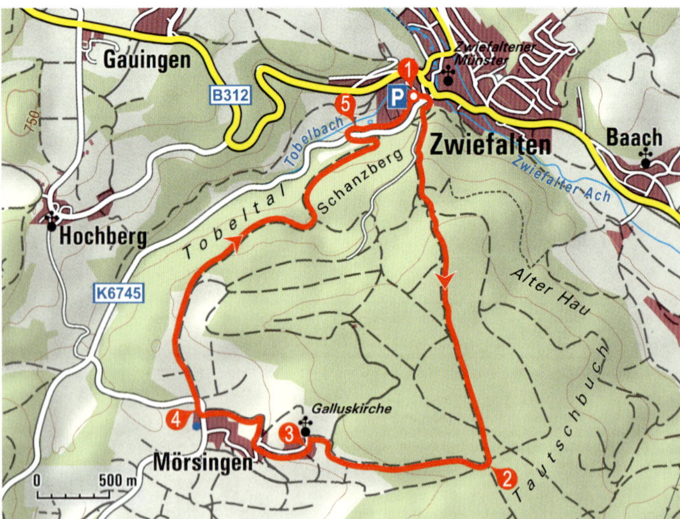

links abbiegen. Wenige Minuten später kreuzen wir eine gute Forststraße. Wir wandern immer geradeaus, kreuzen weitere Wege, bis wir nach etwa 35 Min. eine **Wegspinne** ❷ erreichen. Hier gehen wir nach rechts, nach wenigen Metern nochmals und dann immer geradeaus. Wenn wir nach ca. 15 Min. aus dem Wald kommen, sehen wir schon bald die Kirche von Mörsingen vor uns. Der Weg führt am Waldrand entlang, biegt nach rechts, kurz darauf halten wir uns bei einer Gabelung links und kaum 5 Min. später wandern wir links an der dem hl. Gallus geweihten Kirche von **Mörsingen** ❸ mit den beiden Deckenfresken »Mariä Himmelfahrt« und »Mariä Krönung« des bekannten Barockmalers Andreas Meinrad von Au (1712–1792) vorbei. Wir gehen gut 5 Min. auf der Dorfstraße weiter, bis wir bei der ersten Möglichkeit nach rechts biegen. Nach 50 m halten wir uns bei einer Gabelung links. Gut 100 m danach biegt der befestigte Weg nach links und führt in knapp 10 Min. abwärts zur Kreisstraße, die wir am **Ortsausgang** ❹ von Mörsingen erreichen.

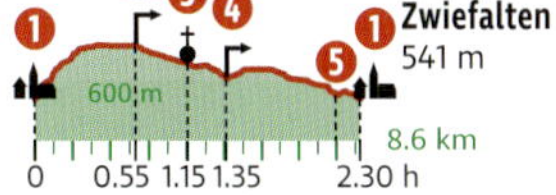

Der Kreisstraße folgen wir gut 50 m nach rechts und gehen dann auf einem befestigten Weg weiter geradeaus, während die Kreisstraße nach links biegt. Der Weg führt in einer leichten Rechtskurve in etwa 15 Min. auf den Wald zu. Am Waldrand halten wir uns bei einer Gabelung links. Im Folgenden wandern wir auf dem zum größten Teil befestigten Weg 30 Min. immer geradeaus, bis wir nach einer Linksserpentine auf die Kreisstraße im **Tobeltal** ❺ stoßen. Dort gehen wir nach rechts und auf einem Weg neben der Kreisstraße in 10 Min. zurück nach **Zwiefalten** ❶.

Klosterkirche in Zwiefalten.

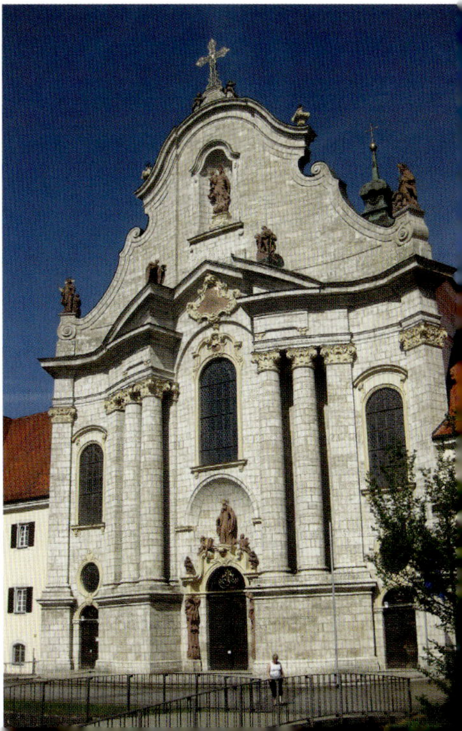

↗ 140 m | ↘ 140 m | 16.0 km

26 Obermarchtal

4.10 h

Der letzte Donaudurchbruch

Nicht hoch, aber steil über den stillen Wassern der Donau erhebt sich die Kirche der früheren Reichsabtei Obermarchtal, eine frühbarocke Schöpfung der Baumeister Thumb und Beer aus Vorarlberg. In den Klostergebäuden, die nicht zu besichtigen sind, hat Sebastian Sailer die »Schwäbische Schöpfung« gedichtet und aufgeführt. Von Obermarchtal führt diese Wanderung südlich der Donau zur alten vorderösterreichischen Stadt Munderkingen und nördlich des Flusses zurück. Etwa auf halbem Weg kommen wir an einem Soldatenfriedhof aus der Zeit der napoleonischen Kriege vorbei. Bei Untermarchtal durchbricht die Donau zum letzten Mal den Jura der Schwäbischen Alb.

Ausgangspunkt: Obermarchtal, Marktplatz vor dem Eingang zum Kloster.
Anforderungen: Leichte, aber lange Tour.
Einkehr: In Obermarchtal und Munderkingen.

Variante: Nach dem Autohaus geradaus weiter direkt nach Untermachtal 8 (zur Beschreibung siehe Text am Ende der Hauptroute, Gesamtgehzeit der Variante: 2.30 Std.)

Vom Marktplatz in **Obermarchtal** 1 folgen wir der vom Kloster wegführenden *Hauptstraße*, halten uns bei einer Gabelung links und gehen dann abwärts. 100 m nach einer Linkskurve der Hauptstraße biegen wir nach rechts in die *Kapellengasse* (Ww. Soldatenfriedhof). Nach weiteren 100 m führt die Straße unter der Landstraße durch. Danach biegen wir nach links in den *Ziegelhüttenweg* und nach 50 m bei einem Autohaus nach rechts.

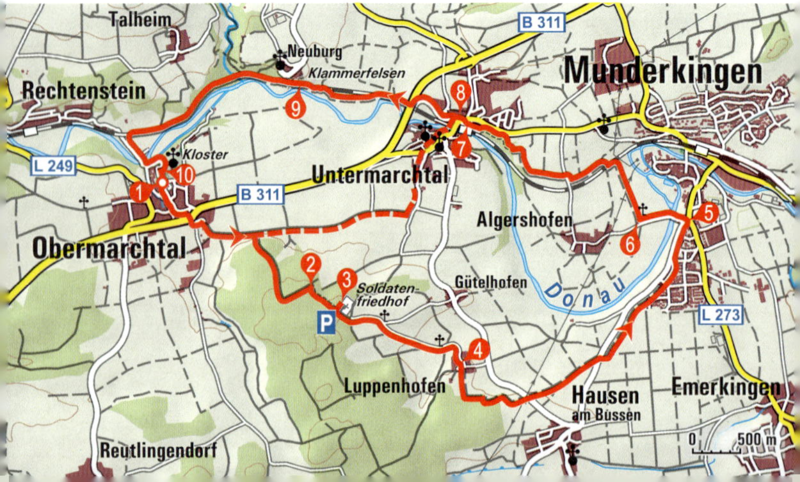

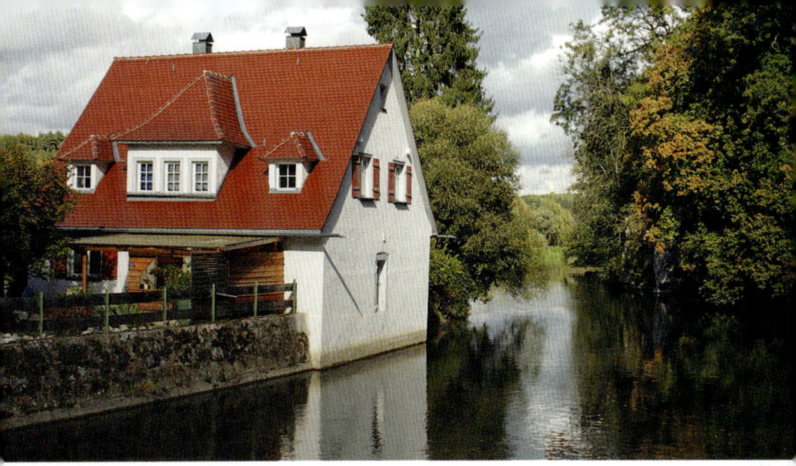

Der Kanal zum Wasserkraftwerk Alfredstal, das seit über hundert Jahren Strom liefert.

Nach wenigen Minuten biegen wir vor einem gelben Haus nach links (Ww. Soldatenfriedhof).
5 Min. nach der Abzweigung bei dem gelben Haus folgen wir dem ersten nach rechts abgehenden Weg in den Wald, dieser HW 5 (Hauptwanderweg 5, Schwarzwald-Schwäbische-Alb-Allgäu-Weg) ist mit roten Rechtecken gut markiert. Bei einer Kreuzung gehen wir geradeaus, der Weg wird deutlicher. Nach 15 Min. verlassen wir den deutlichen Weg und folgen bei einer **Abzweigung** ❷ dem HW 5 nach rechts. 5 Min. später gehen wir auf einem befestigten Weg nach rechts und erreichen wenige Minuten später einen Waldparkplatz rechts und den **Soldatenfriedhof** ❸ links. Der HW 5 biegt hier nach rechts, wir wandern auf dem befestigten, mit blauen Rauten markierten Weg am Soldatenfriedhof vorbei und nach gut 5 Min. bei einer Gabelung nach rechts, Richtung Luppenhofen. Nach 15 Min. biegt die Straße in der Ortsmitte von **Luppenhofen** ❹ nach links, wir folgen dem bald unbefestigten Weg geradeaus bis zum 5 Min. entfernten Waldrand, halten uns dort links und wandern an ihm entlang. Der Waldrand biegt nach rechts, wir gehen auf dem schmalen Wiesenstreifen zwischen Waldrand und Obstwiese, bis wir nach knapp 10 Min. auf einen Feldweg stoßen, dem

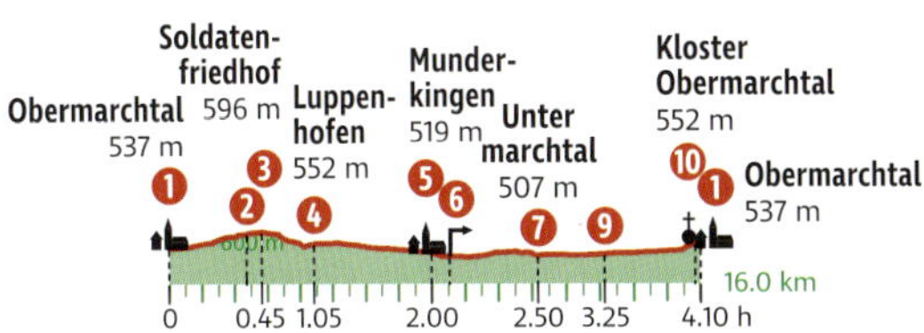

wir nach links folgen. Bald überqueren wir eine Landstraße, unterqueren zwei Stromleitungen, kreuzen nach 10 Min. einen Feldweg und erreichen nach knapp 10 Min. eine Landstraße. Wir gehen nach links und wandern 20 Min. auf dem Fahrradweg rechts von ihr bis nach **Munderkingen** 5. Vor dem **Gasthaus Rössle** biegen wir in einen Weg, der abwärts zur Donau führt. Rechts hinter der Brücke liegt die Dom-Mühle, wir folgen der *Birkenallee* geradeaus. Nach gut 5 Min. liegt rechts von der Straße ein Wanderparkplatz mit einem **Wegkreuz** 6. Vor dem Kreuz biegen wir nach rechts und halten auf die Marienwallfahrtskirche auf dem Frauenberg zu, gehen 10 Min. später vor der Bahnlinie nach links und kurz darauf nach rechts unter ihr durch. Der mit einem blauen Dreieck markierte Weg verläuft jetzt rechts der Bahnlinie nach Westen. Nach knapp 10 Min. kommen wir zu einer Straße, gehen auf ihr nach rechts und gleich wieder nach links (Zum Bahnposten). Nach gut 5 Min. erreichen wir eine Gabelung; da der Weg geradeaus in den Wald und durch ein Privatgrundstück verläuft, gehen wir nach rechts und in 5 Min. bis zum Waldrand. Hier biegen wir nach links, nach 100 m führt der mit blauem Dreieck bezeichnete Pfad nach rechts in den Wald!

Bald erreichen wir einen Querweg, überqueren ihn und folgen dem Pfad auf der anderen Seite aufwärts. 5 Min. später sehen wir rechts von uns die ersten Häuser von Untermarchtal. 5 Min. später überqueren wir die Zufahrt zu einem Bauernhof, in den folgenden 5 Min. gehen wir zwischen zwei Zäunen geradeaus, unmittelbar vor den Bahngleisen nach rechts, nach 100 m auf die Wendeplatte und dann zum Bahnhof von **Untermarchtal** 7. Von dort führt der Weg zur Ortsdurchfahrtsstraße und auf der anderen Seite in die **Bergstraße** 8 (Einmündung der Variante).

Bei einer Gabelung (Haus Nr. 17) halten wir uns links und wandern hinunter zur Donau. Nach 10 Min. überqueren wir vor einer talüberspannenden Straßenbrücke die Bahnlinie, biegen nach rechts und wandern in dem Naturschutzgebiet 45 Min. zwischen Bahnlinie und Donau nach Westen. Bei einem Bahnübergang kurz vor dem **Klammerfelsen** 9 wird der Wiesenweg zum unbefestigten Feldweg, leitet im Alfredstal unterhalb von Obermarchtal über die Donau und dann links am Kanal entlang. Nach einem alten, aber funktionstüchtigen Elektrizitätswerk (Museum) steigen wir 132 Stufen nach oben zum **Kloster Obermarchtal** 10 mit seiner Rokoko-Klosterkirche inmitten des weitläufigen Komplexes und sind gleich darauf wieder am Marktplatz von **Obermarchtal** 1.

Variante: Etwa 20 Min. nach dem Beginn der Wanderung gehen wir nach dem Autohaus geradeaus statt rechts. Der befestigte Weg ist nach gut 10 Min. für den Autoverkehr gesperrt und verliert dann auch bald den Belag. Wir folgen ihm bis zu einer T-Kreuzung, gehen dort nach links, erreichen bald die ersten Häuser von Untermarchtal und wandern weiter bis zur Hauptstraße auf Höhe des Klosters. Hier halten wir uns rechts, überqueren die Donau und biegen dann nach links in die *Bergstraße* 8.

↗ 210 m | ↘ 210 m | 12.2 km

3.15 h

Lauterach 27

Drei Täler

Diese Rundwanderung führt von Untermarchtal, wegen des Mutterhauses der Barmherzigen Schwestern vom hl. Vinzenz von Paul Baden-Württembergs Gemeinde mit dem höchsten Altersdurchschnitt, auf die ersten Anhöhen der Schwäbischen Alb, durch das Wolfstal, das Lautertal und das Donautal zurück.

Ausgangspunkt: Untermarchtal, Bahnhof in der Bahnhofstraße.
Anforderungen: Leichte Wanderung auf deutlichen, teils befestigten Wegen.

Einkehr: Landgasthof Krone, Lautertalstraße 36, Lauterach, Tel. +49 7375 262 (Ruhetag Mi, sonst 11.30–14 Uhr, Di ab 16 Uhr, Fr und So ab 18 Uhr).

Vom Bahnhof von **Untermarchtal** ❶ aus gehen wir nach links zur *Munderkinger Straße*, der Ortsdurchgangsstraße, überqueren sie und wandern in der gegenüberliegenden *Bergstraße* weiter. Nach gut 100 m biegen wir nach rechts in die *Haldenstraße* und folgen dem Ww. Mundingen, Mochental. Der Weg ist mit einer blauen Raute markiert. Wir gehen geradeaus,

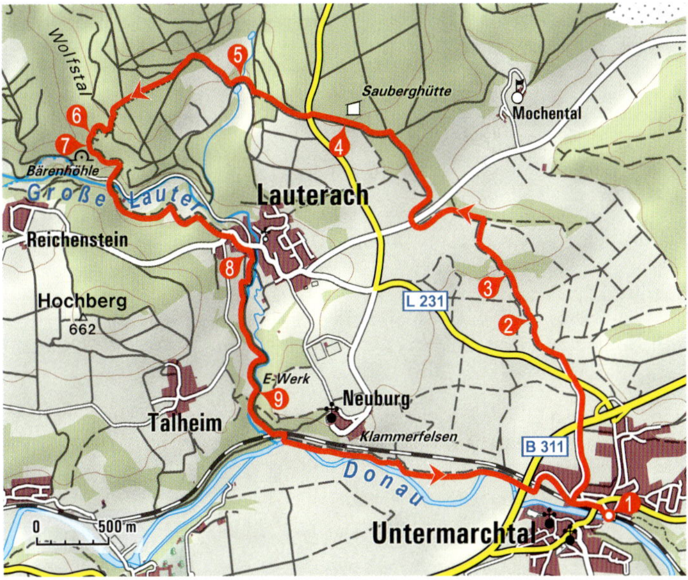

biegen dann nach rechts in die *Bergstraße*, überqueren nach knapp 15 Min. die Bundesstraße (rechts von uns liegt in einem alten Kalkofen das Kalkofenmuseum) und knapp 5 Min. später die Landstraße.

Nach 150 m halten wir uns bei einer Gabelung links und erreichen nach knapp 5 Min. einen **Hochsitz** ❷ in einem Buschstreifen. Rechts neben dem Hochsitz führt ein Pfad abwärts. Man kann den Buschstreifen aber auch rechts umgehen. Unser nächstes Ziel ist ein zweiter **Hochsitz** ❸, den wir vor uns in der Ferne sehen. Rechts von einem Buschstreifen und dann auf einem unbefestigten Weg nach rechts gehend erreichen wir ihn nach gut 5 Min. Wir wandern daran vorbei, bis wir bei einer T-Kreuzung vor einem Waldstück nach links zur nahen Kreisstraße gehen. Um sie überqueren zu können, gehen wir zuerst etwas nach links und auf der anderen Seite zurück nach rechts.

In Höhe des Weges vor der Straßenüberquerung biegen wir nach links und wandern aufwärts. Bei einer Gabelung halten wir uns rechts und erreichen nach etwa 10 Min. im Wald eine Kreuzung. Nach rechts führt der Weg zum Barockschloss Mochental (Kunstgalerie und Besenmuseum), das wir schon vorher gesehen haben. Wir wandern nach links (Ww. Wolfstal, Unterwilzingen). Der Weg führt bald am Waldrand entlang, vorbei an der **Sauberghütte** ❹. 10 Min. nach der Kreuzung überqueren wir die Landstraße, folgen aber nicht dem offensichtlichen Weg in den Wald, sondern gehen in der Nähe der Straße nach links und gleich wieder nach rechts am Waldrand entlang. Nach wenigen Minuten biegt der Feldweg nach links, wir wandern geradeaus, abwärts in den Wald, überqueren wenige Minuten später einen Weg und gehen kurz darauf auf einem befestigten Weg nach rechts. Er führt in einer Linkskurve am Waldrand entlang. Wiederum nach wenigen Minuten liegt links ein **Teich** ❺, dahinter halten wir uns bei einer Gabelung rechts. Wenig später gehen wir bei einer Gabelung am Waldrand und kurz darauf bei einer Kreuzung im Wald nach links. Kaum 5 Min. später verlassen wir den breiten Weg und folgen dem mit einer blauen Raute markierten Pfad nach rechts in den Wald.

Auf dem in der Mitte bewachsenen Fahrweg gehen wir immer geradeaus; knapp 10 Min. später, etwa 100 m nach einer Kreuzung, folgen wir dem Weg nach links, verlassen ihn aber bald darauf auf einem nach rechts abgehenden Pfad. Nach einigen Metern mündet der Pfad in einen breiteren Weg, wir gehen nach links und nach wenigen Metern nach rechts und stei-

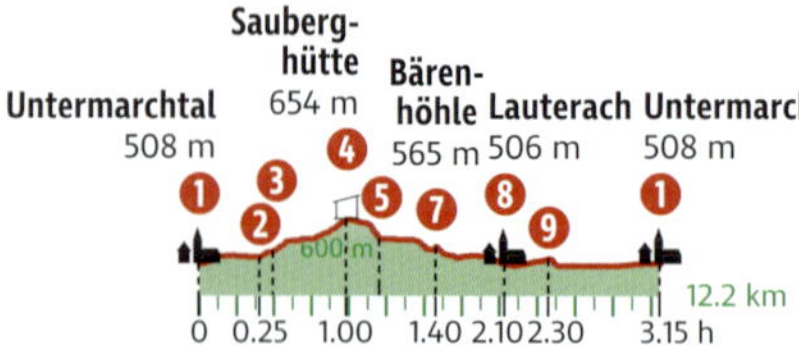

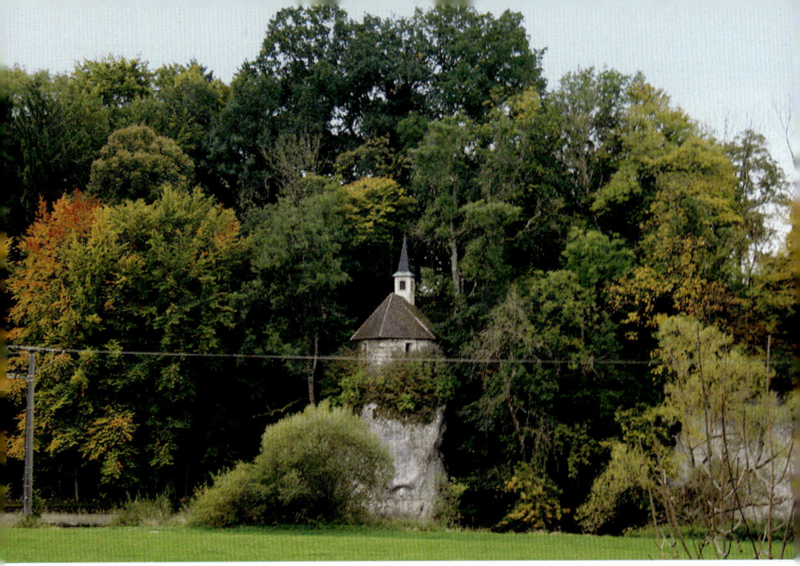

Waldkapelle am Donauufer.

gen ins **Wolfstal** 6 ab, das wir 5 Min. nach der letzten Zeitangabe erreichen. Hier endet die Markierung mit den blauen Rauten. Bekannt ist die wildromantische Schlucht durch ihre Märzenbecher – ein Naturschauspiel, das von Ende März bis Anfang April die Besucher anzieht. Ein 5-minütiger Abstecher zur **Bärenhöhle** 7 (nicht zu verwechseln mit der bekannten Nebel-/Bärenhöhle bei Sonnenbühl-Erpfingen) bietet sich an.
Zurück im **Wolfstal** 6 gehen wir knapp 10 Min. auf dem guten Weg nach links ins Tal der großen Lauter. Bei dem Parkplatz und der Tuffsteinsäge überqueren wir den Fluss, wandern hinter der Brücke nach links und folgen dem roten Rechteck des Hauptwanderwegs HW 5. Vorbei an dem Infozentrum, in dem einmal ein Kiosk eingerichtet werden soll, wandern wir auf dem guten Weg oberhalb der Flussauen in 20 Min. nach **Lauterach** 8. Bei den ersten Häusern des Ortes biegen wir nach links in die Ortsdurchgangsstraße ein und folgen ihr bis zur Lauter. Vor der Brücke nehmen wir den am Fluss entlangführenden Weg, erreichen 20 Min. nach der letzten Zeitangabe ein zum Kloster Untermarchtal gehörendes **Wasserkraftwerk** 9 und 5 Min. später die Bahnlinie im Donautal. Wir gehen 100 m nach links, dann unter der Bahnlinie hindurch und dahinter nach links. Zwischen Bahnlinie und Donau führt der Weg in etwa 30 Min. zum großen Straßenviadukt, das das Tal überspannt. Dahinter, etwa in Höhe der Waldkapelle auf einem Jurafelsen am Donauufer, überqueren wir die Bahnlinie und wandern vorbei am Klammerfelsen in knapp 15 Min. zurück zum Bahnhof von **Untermarchtal** 1.

↗ 80 m | ↘ 80 m | 6.9 km

28 Rottenacker

1.40 h

Rundwanderung im Donautal

Rottenacker ist eine kleine Gemeinde mit ca. 2100 Einwohnern zwischen Ehingen und Munderkingen an der Donau. Eine verkehrstechnisch wahrscheinlich sinnvolle, aber unschöne Betonbrücke schneidet den Ort von der Donau ab. Hat man dieses Meisterwerk aber hinter sich gelassen, wandert durch die Donauauen und bewundert die Seerosenfelder im trägen Fluss, verschwindet die Skepsis bald. Auf dem Rückweg wird man zusätzlich noch durch den weiten Blick über das Donautal belohnt.

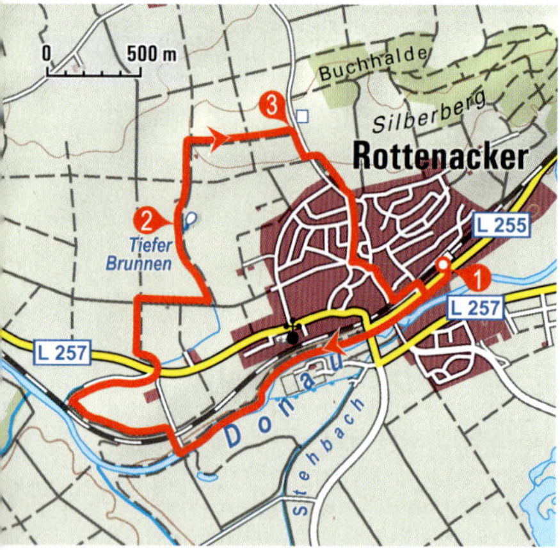

Ausgangspunkt: Rottenacker, Parkplatz am Bahnhof, Bahnhofstraße 24.
Anforderungen: Spaziergang auf teilweise befestigten Wegen, gut markiert mit blauer Raute und rotem Kreis.
Einkehr: Rosi's Dorfwirtschaft, Bogenstraße 19, Rottenacker, Tel. +49 7393 5988203 (Ruhetag Mo, sonst ab 17 Uhr, So auch 11–14 Uhr).
Tipp: Badesee Heppenäcker südlich von Rottenacker.

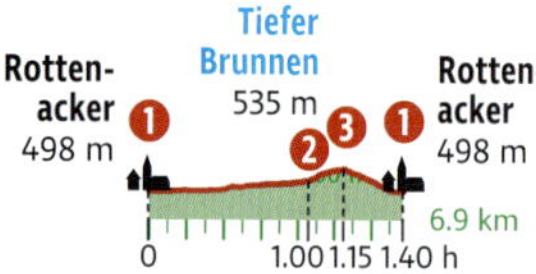

Vom Parkplatz beim Bahnhof in **Rottenacker** ❶ gehen wir auf dem Gehweg vorbei am 1895 erbauten Wasserkraftwerk einer Baumwollspinnerei zur neuen Brücke. Zwischen Donau und Brücke beginnt der breite, gut markierte Weg, immer am Fluss entlang wandern wir zeitweise durch eine Birkenallee. Wo der Asphaltbelag endet, gehen wir nach rechts über die Bahnlinie und unmittelbar danach nach links. Der Weg führt in einer weiten Rechtskurve zur Bundesstraße, wir überqueren sie und gehen auf einem Nebenweg parallel zu ihr 50 m nach links.

Bei der nächsten Gelegenheit biegen wir nach rechts, dann nochmals und anschließend nach links (Ww. Tiefer Brunnen, Munderkingen). Immer geradeaus gehend erreichen wir die Karstquelle **Tiefer Brunnen** ❷ mit einem »Lehrwäldchen« und einer Erholungsanlage und danach eine Kreuzung. Links liegt ein Aussiedlerhof, wir wandern weiter ansteigend geradeaus.

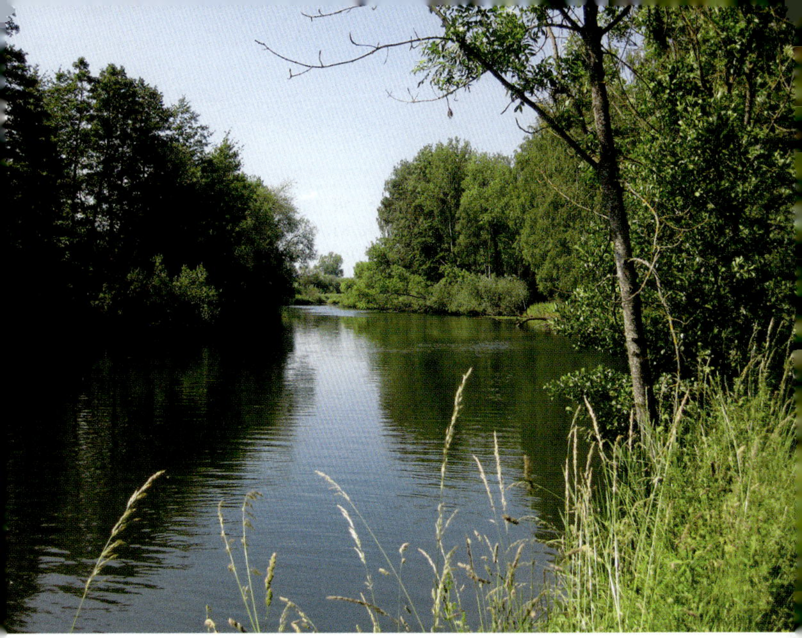

Durch grüne Donauauen ...

Kurz darauf steht eine Bank im Schatten eines Baumes. Nicht nur dieses Bild ist idyllisch, sondern auch der weite Blick von dort ins Donautal. Hier biegen wir nach rechts zum Aussichtspunkt **Wasserbehälter** **3** und wandern kurz darauf nach rechts ins Dorf. Die *Neudorfer Straße* leitet zuerst an einer markanten Mauer entlang abwärts. Bei einer Straßenspinne an ihrem Ende biegen wir nach links ins *Blindengäßle*, das auf die Dorfwirtschaft zuführt. Die *Bruckstraße* bringt uns rechts abwärts zur Bahnlinie und dort links zum 150 m entfernten Bahnübergang. Dann sehen wir schon den Bahnhof von **Rottenacker** **1**.

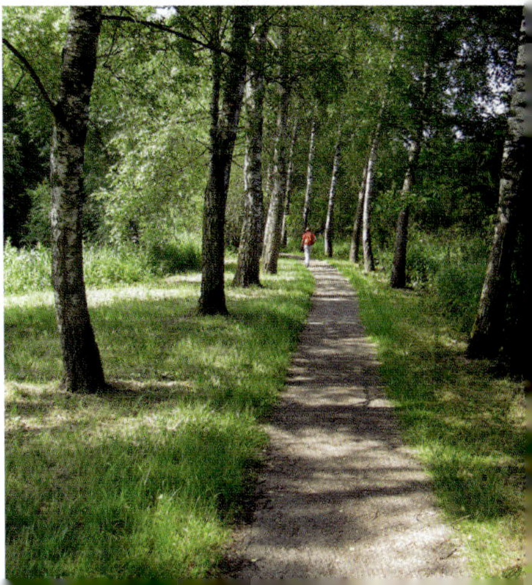

... führt eine Birkenallee.

↗ 170 m | ↘ 170 m | 12.9 km

29 Oberstadion

3.15 h

Eine Rundwanderung über die Hochterrassen

Von 1816 bis 1827 war Christoph von Schmid als Pfarrer in Oberstadion tätig, von ihm stammt das Weihnachtlied »Ihr Kinderlein kommet«. Er dürfte damit auch den Anstoß für die Einrichtung des einzigartigen Krippenmuseums gegeben haben. Auf über 700 m² Ausstellungsfläche werden in der 1612 erbauten und heute denkmalgeschützten Pfarrscheune 160 Krippen präsentiert. Der Reiz dieser Wanderung liegt im Wechsel zwischen lieblichen Tälern und sanft gewellten Hügeln. Sie wurden in der Eiszeit vom Schmelzwasser der Gletscher geformt, das zur Donau floss und dabei Täler ausräumte und Hochterrassen aufschüttete.

Ausgangspunkt: Oberstadion, Parkmöglichkeit beim Kirchplatz in der historischen Ortsmitte.

Anforderung: Einfache Wanderung auf überwiegend asphaltierten Wegen.
Einkehr: Oberstadion.

Wir gehen in **Oberstadion** ❶ auf der Straße *Schloßberg* leicht abwärts zu einer Straßenspinne, dort nach links in die *Schwörgasse* und anschließend durch Felder bergan. Bei einem **Feldkreuz** ❷ gehen wir auf einem Grasweg nach rechts zur Kreisstraße und auf der gegenüberliegenden Seite, einige Meter nach rechts versetzt, weiter. Unmittelbar nach der **Brücke** ❸ in **Rettighofen** über den Reutibach gehen wir links und wandern talaufwärts nach **Grundsheim** ❹. Dort überqueren wir erneut den Reutibach, folgen

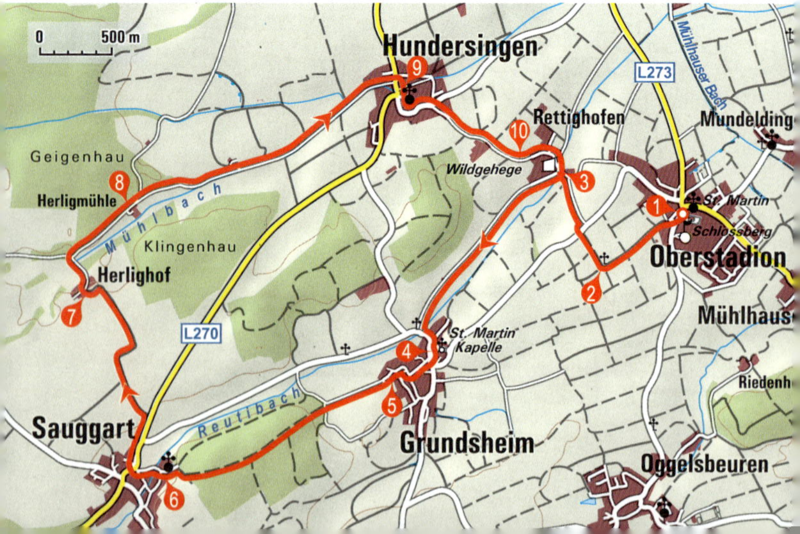

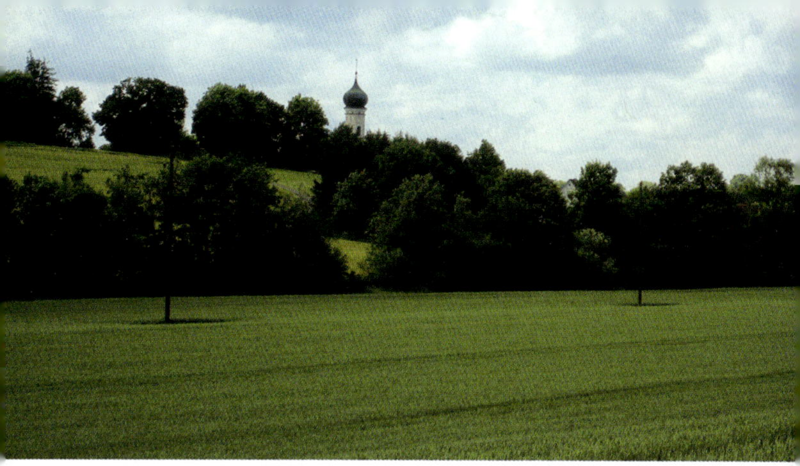

Hinter dem kleinen Hügel liegt Grundsheim.

der *Hauptstraße* an der Kirche vorbei und biegen dann nach rechts in die *Oberdorfstraße*. Bei einer T-Kreuzung halten wir uns rechts, die Straße leitet dann an der großen **Mühle** 5 vorbei zu einer Wegspinne am Waldrand. Hier gehen wir geradeaus über die bewaldete Kuppe Ziegelhau (Ww. Oberschwäbischer Pilgerweg 7) nach **Sauggart** 6.
Dort wandern wir geradeaus an der Kirche vorbei zur Landstraße, in die wir nach rechts einbiegen. Bei einer Straßengabelung noch im Ort gehen wir nach links (Ww. Munderkingen) und etwa 150 m nach dem Ortsschild bei der ersten Möglichkeit nach links in einen befestigten Weg (Ww. blaue Raute). Der Weg führt leicht ansteigend durch Felder, am **Herlighof** 7 vorbei und dann ins Mühlbachtal hinab. Am Mühlbach wandern wir nach rechts auf dem *Mühlweg* und am Gewässer entlang, vorbei an der **Herligmühle** 8, nach **Hundersingen** 9. An der Kirche vorbei folgen wir der *Hauptstraße* und biegen kurz vor dem Ortsende nach rechts in den *Rettighofer Weg*. Am Ortsanfang von Rettighofen liegt links ein **Wildgehege** 10 am Fuß einer aufgelassenen Sandgrube. Wir wandern geradeaus durch **Rettighofen**, gehen am Ortsende auf der **Brücke** 3 über den Reutibach und halten uns kurz darauf bei der Gabelung rechts. Auf bekanntem Weg kommen wir zurück nach **Oberstadion** 1.

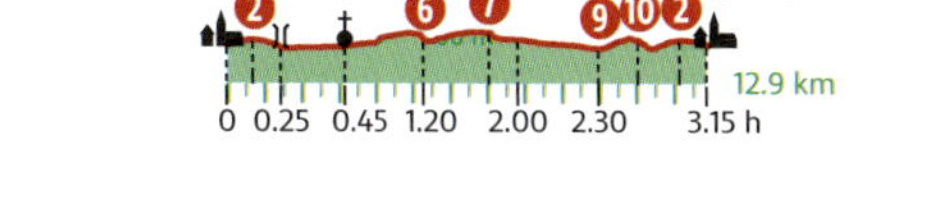

↗ 200 m | ↘ 200 m | 12.0 km

30 Der heilige Berg Oberschwabens

3.10 h

Rundwanderung über den Bussen

Der Bussen ist ein 767 Meter hoher allein stehender Berg zwischen Unlingen und Uttenweiler, der bei der Auffaltung der Alpen im Tertiär erhalten blieb. An Tagen mit guter Fernsicht entzückt der wunderbare Ausblick auf die gesamte Alpenkette. Schon in keltischer und später in germanischer Zeit soll sich eine Kultstätte auf dem Berg befunden haben, spätestens seit Anfang des 9. Jh. steht eine Wallfahrtskirche auf dem Gipfel. Sie ist einer der meistbesuchten Wallfahrtsorte Oberschwabens, der Bussen wird deshalb auch »heiliger Berg Oberschwabens« genannt.

Ausgangspunkt: Offingen am Bussen (Uttenweiler), Parkplatz unterhalb der Bussen-Kirche (Navi: Zum Bussen 35).
Anforderung: Wanderung auf deutlichen, zum größten Teil befestigten, aber nicht markierten Wegen.
Einkehr: Offingen; auf dem Bussen Gasthaus Schönblick, Tel. +49 7374 758 (April bis Oktober Do bis So ab 11 Uhr, März nur Sa/So).

Vom Parkplatz in **Offingen** ❶ aus gehen wir zurück in den Ort und dann nach rechts steil aufwärts zur Kirche auf dem **Bussen** ❷. Vorbei an der Apsis der Kirche wandern wir zur Burgruine, vor dem (Aussichts-)Turm führt der Pfad rechts abwärts und nach wenigen Minuten auf einen breiten Weg

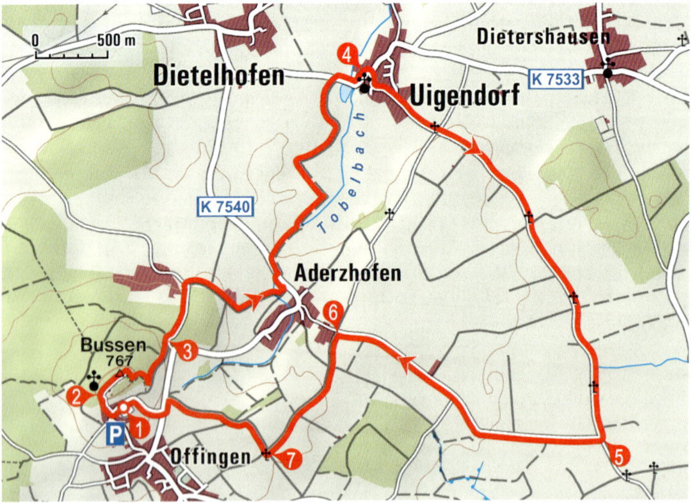

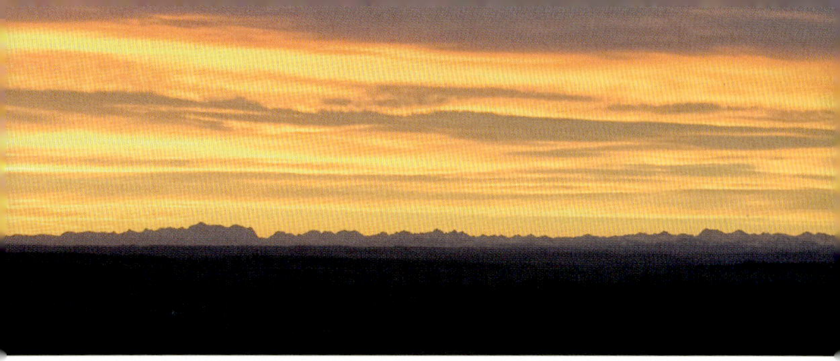

Die Silhouette der Alpen im Abendrot.

(Themenweg Schöpfungsweg, HW 5 mit rotem Balken), wir folgen dem HW 5 fallend geradeaus, bis zu einer T-Kreuzung und dort auf der asphaltierten Straße nach links. Bei der folgenden Gabelung wandern wir auf dem asphaltierten HW 5 nach rechts, gleich darauf bei einer **Wegspinne** ❸ nach links, aber schon nach wenigen Metern wieder nach rechts. Beim großen Gehöft **Buchay** halten wir uns rechts und bleiben dann auf diesem Weg (der HW 5 biegt bald nach links), bis er bald nach einer Linkskurve in die Fahrstraße mündet, und gehen auf ihr nach links. Nach 50 m biegen wir rechts in einen Landwirtschaftsweg. Er leitet uns parallel zur Straße zu einem buschbestandenen Bach. Wir folgen dem Bach, überqueren ihn bei einer T-Kreuzung und folgen ihm auf der anderen Seite weiter. Bald macht der Weg eine scharfe Linkskurve und entfernt sich vom Bach. Der unbefestigte Weg mündet in einen asphaltierten Weg, auf dem wir rechts nach **Uigendorf** ❹ wandern.
Beim Dorfweiher erreichen wir die Kreisstraße K 7533, der wir nach rechts ins Dorf folgen. Bei der ersten Möglichkeit (Freiwillige Feuerwehr) biegen wir nach rechts und folgen dem asphaltierten Landwirtschaftsweg vorbei an der Kirche knapp 45 Min., bis vor einer Buschgruppe auf einem Hügel rechts ein gleichfalls asphaltierter Weg abgeht ❺. Nach 30 Min. biegen wir vor den ersten Häusern von **Aderzhofen** ❻ bei einer Kreuzung nach links. Auf diesem Weg bleiben wir, bis oberhalb eines großen Gehöfts und grünen Silos bei einer Kreuzung und schwarzem **Feldkreuz** ❼ und Bank ein Weg rechts abzweigt (Ww. Bussen).
Auf diesem ansteigenden Weg gehen wir geradeaus, dann auf einer Straße 70 m nach links und schließlich bei einer kleinen Kapelle nach rechts. An ihrem Ende biegen wir nach links zum Parkplatz in **Offingen** ❶.

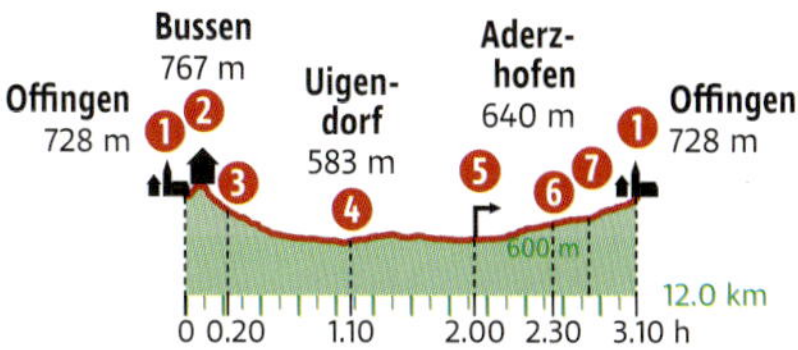

TOP

↗ 70 m | ↘ 70 m | 10.8 km

31 Rundwanderung im Kanzachtal

2.30 h

Die Rückkehr der Bachritter

Die Wanderung verläuft von Dürmentingen nach Kanzach auf der Trasse der ehemaligen Federseebahn (auch Kanzachtalbahn oder umgangssprachlich Buchauer Zügle), einer 29 km langen Schmalspurbahn, die Bad Schussenried und Riedlingen verband. In Kanzach wurde zwischen 2000 und 2004 die Bachritterburg errichtet. Für Kinder ist diese Niederadelsburg aus Holz und Lehm ein spannendes Wanderziel. Ein Picknick am verlandenden Blinden See rundet diese schöne Wanderung ab.

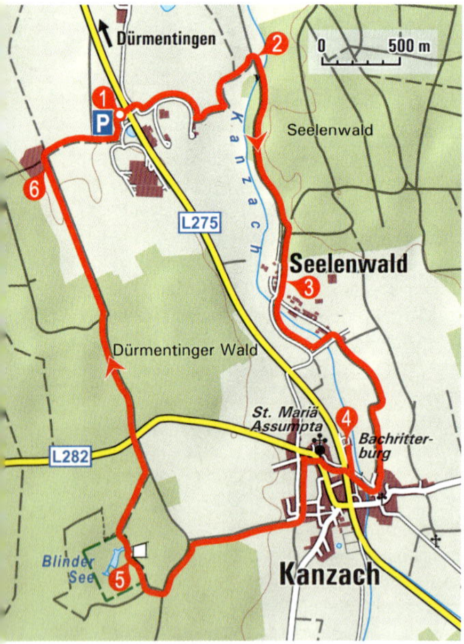

Ausgangspunkt: Beim Gewerbegebiet Dautenhau südlich von Dürmentingen von der Landstraße in die Max-Paul-Straße einbiegen, gleich rechts Zufahrt zum Wanderparkplatz »Paul«.
Anforderungen: Leichte Wanderung auf deutlichen, zur Hälfte befestigten Wegen.
Markierung: Gut markiert (gelbes Schild mit blauer Raute und weißer 17).
Einkehr: Burgschänke in der Bachritterburg (Tel. +49 173 6714981 (Fr ab 14 Uhr, Sa/So ab 10 Uhr).
Tipp: Die Bachritterburg, Tel. +49 7582 8286, www.bachritterburg.de (1. April bis 31. Okt. Sa/So/Feiertag 10–18 Uhr).

Vom **Wanderparkplatz 1** aus überqueren wir die Landstraße, halten uns dann bei der Straßengabelung rechts und wandern in der *Julius-Schlegel-Straße* am Rande des Gewerbegebiets abwärts ins Kanzachtal. Vor dem Bauunternehmen Dillner gehen wir links und dann vorbei an zwei Fischteichen. Die erste Abzweigung danach ignorieren wir, halten uns bei der folgenden Gabelung rechts und bei der **T-Kreuzung 2** dann ebenfalls. Der nur auf einem kurzen Abschnitt asphaltierte Weg verläuft auf der ehemaligen Bahntrasse. In **Seelenwald 3** – diesen schönen Namen trägt nicht nur der Weiler, sondern auch der Wald links – überquert der Weg wieder die

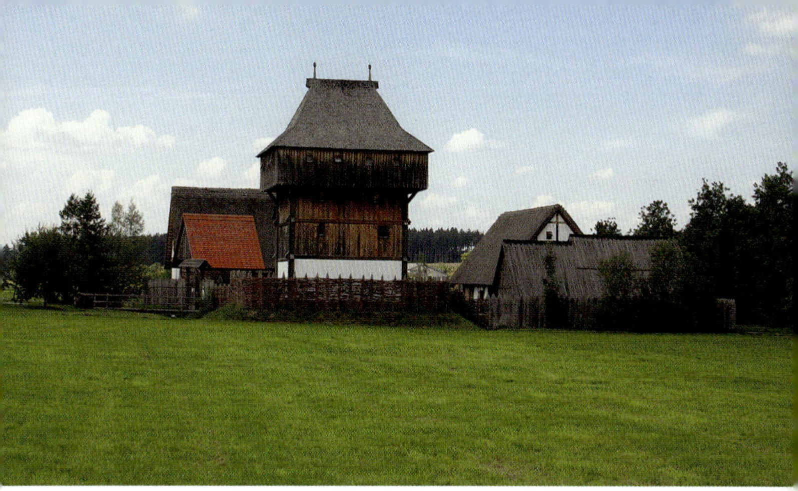

Die Bachritterburg ist ein rekonstruierter Nachbau.

Kanzach. Bei der folgenden T-Kreuzung gehen wir nach links und bei der Kreuzung nach der dritten Kanzach-Überquerung nach rechts. Wir sehen dann schon unser Ziel, die **Bachritterburg** 4, vor uns liegen.
Wir folgen jenseits der Landstraße der schmalen, ansteigenden Straße zur Kirche, die etwas links von der Burg beginnt. Danach biegen wir nach rechts und bei der nächsten Kreuzung nach links. Auf dieser Straße (*Schönblick*) wandern wir bis zur Bebauungsgrenze und biegen dann nach rechts (schilderloser Weg, der vorangehende hieß *Anna-von-Russegg-Weg*). Der Weg führt zuerst über freies Feld, dann am Waldrand entlang und später in den Wald. Bei der T-Kreuzung am Waldanfang gehen wir nach links und bei der Gabelung nach 10 m nach rechts.
Nach 5 Min. verlassen wir den breiten Weg und biegen nach rechts (Ww. Blinder See) und bei einer Gabelung nach 50 m nochmals. Am **Blinden See** 5 steht eine Hütte mit überdachtem Sitzplatz und schönem Blick auf den verwunschenen See. Der Pfad führt dann weiter zu einem landwirtschaftlichen Weg, dort gehen wir nach links am Waldrand entlang und überqueren dann die Landstraße. Der Weg verläuft geradeaus durch den Wald, alle Abzweigungen und Kreuzungen ignorieren wir.
Nach dem Wald leitet der jetzt asphaltierte Weg weiter geradeaus auf einen **Bauernhof** 6 mit Biogasanlage zu, dort gehen wir nach rechts und erreichen nach einer S-Kurve den **Wanderparkplatz** 1.

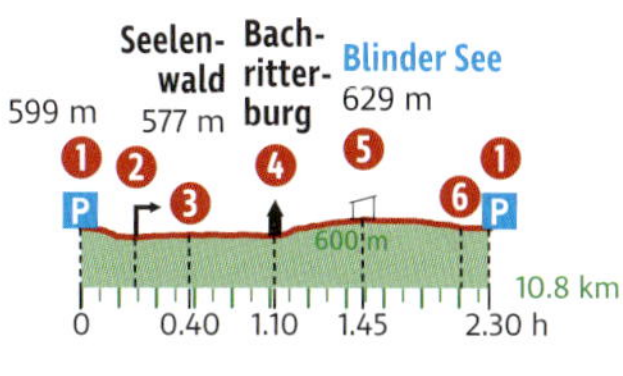

TOP

32 Rundwanderung um den Federsee

↗ 40 m | ↘ 40 m | 18.9 km

4.20 h

Ein Moorsee

Der Federsee entstand in der Eiszeit und hatte damals eine Fläche von 30 km². Vor 200 Jahren hatte sich seine Fläche infolge von natürlichen Verlandungsprozessen auf 10 km² verringert. Die alte Reichsstadt Buchau und das im 8. Jh. gegründete Frauenkloster lagen damals auf einer Insel am Rand des Sees. Um Land zu gewinnen, wurde 1787 und 1808 der See künstlich abgesenkt und seine Fläche auf 2,5 km² verkleinert. Das gewonnene Land war allerdings wenig fruchtbar, sodass man die Insel bald wieder sich selbst überließ, worauf sich ausgedehnte Röhrichte, Riede und Nasswälder entwickelten. Schon vor 100 Jahren begann man die Landschaft zu schützen, eines der ältesten Naturschutzgebiete Deutschlands entstand. In der Mitte des 20. Jh. wurde schließlich auch der Torfabbau eingestellt. Durch diese ursprüngliche Landschaft führt der Rundweg.

Ausgangpunkt: Bad Buchau, Parkplatz (Bittelwiesenweg 3) an der Straße nach Oggelshausen am Ende von Bad Buchau.
Anforderungen: Leichte Wanderung, gut für Kinderwagen geeignet.

Einkehr: In Bad Buchau, Oggelshausen, Tiefenbach und Moosburg.
Tipp: Federseemuseum in Bad Buchau, Tel. +49 7582 8350, www.federseemuseum.de.

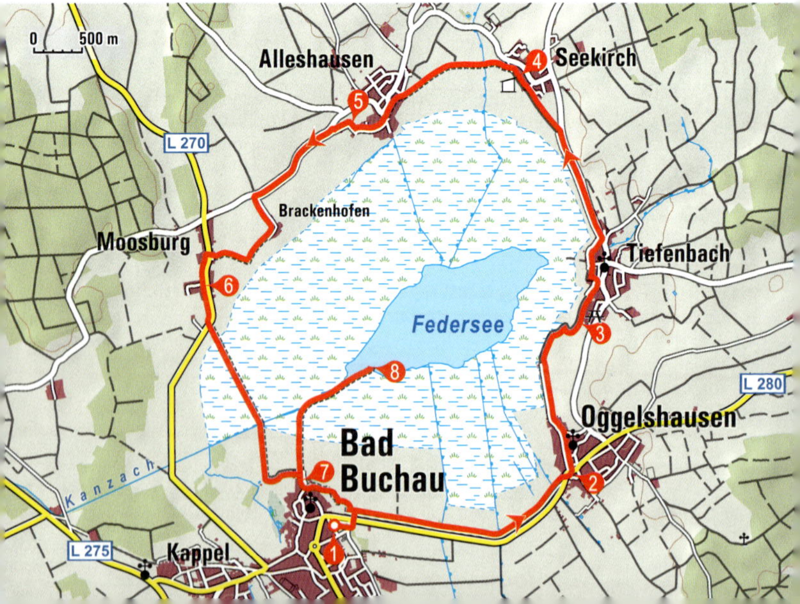

Wir überqueren beim Parkplatz in **Bad Buchau** ❶ die Straße nach Oggelshausen und wandern auf dem parallel zu ihr verlaufenden Weg in 40 Min. dorthin. Nahe am Ortseingang von **Oggelshausen** ❷ biegen wir hinter dem Dekoladen »Ebbes« mit Café in die zweite Straße nach links, die *Haldenstraße*. Wir gehen geradeaus weiter, bis wir knapp 30 Min. später den **Rastplatz Tiefenbach** ❸ erreichen – mit Picknicktischen, Fußballfeld und Schaukeln ideal für Kinder.

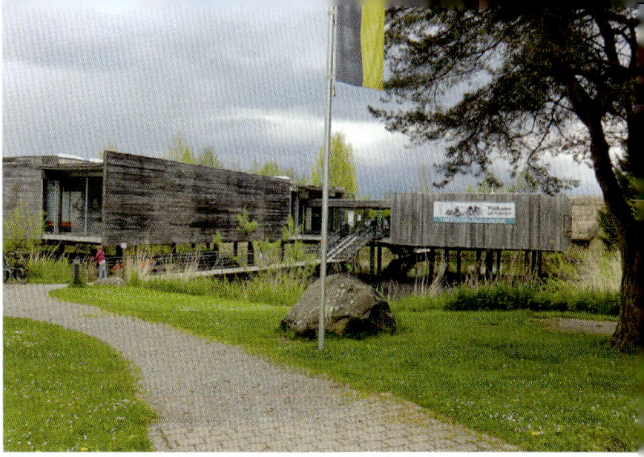

Das Federseemuseum zeigt Exponate aus der Siedlungsgeschichte der Region.

Kurz danach liegt etwas rechts vom Weg eine Aussichtsplattform, von der aus wir über Büsche und Hecken sowie den breiten Moorgürtel hinweg einen der wenigen Blicke auf den See erhaschen können. 5 Min. später kommen wir zu den ersten Häusern von **Tiefenbach** und nach nochmals 30 Min. zu einer Schutzhütte unterhalb der Kirche von **Seekirch** ❹. Gleich danach biegen wir links ab. Hinter **Alleshausen** ❺, ca. eine ¾ Stunde später, verläuft der gut ausgezeichnete Weg gut 10 Min. parallel zur Landstraße, bevor er wieder nach links zum Moor hin abbiegt und nach dem Weiler Brackenhofen das Dorf **Moosburg** ❻ erreicht. Am Dorfende verlassen wir die Straße nach links. Der gerade Weg führt in 35 Min. direkt auf das ehemalige Kloster von Bad Buchau zu. Zuerst wandern wir durch Moorwiesen, später auf einem über 1 km langen Steg durch einen Bannwald, der seit über 100 Jahren sich selbst überlassen ist. Der Rundweg biegt bei einer Kreuzung kurz vor dem Ort nach links und führt auf das **Federseemuseum** ❼ zu, in dem die 10.000-jährige Siedlungsgeschichte der Region studiert werden kann, z. B. das mit 5.000 Jahren weltweit älteste erhaltene hölzerne Wagenrad. Links vom Museum führt ein 1,5 km langer Steg zum **Federsee** ❽ (Eintritt). Nach der Rückkehr über den Steg leitet der Rundweg rechts vom **Federseemuseum** ❼ in knapp 10 Min. zurück zum Ausgangspunkt in **Bad Buchau** ❶.

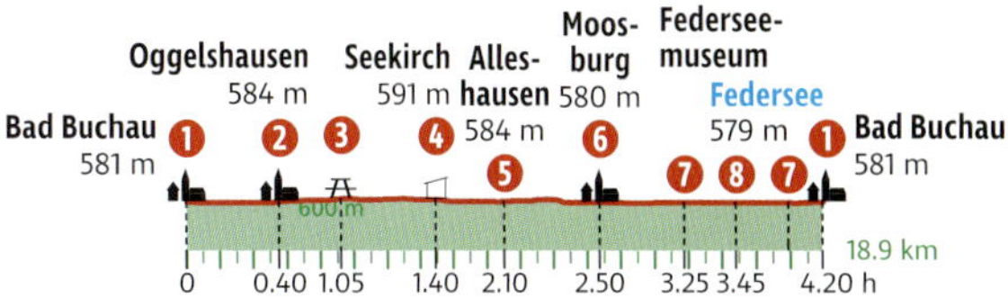

↗ 140 m | ↘ 140 m | 16.9 km

33 Bad Saulgau

4.00 h

Eine abwechslungsreiche Rundwanderung vorbei am Kloster Sießen

Saulgau bzw. Bad Saulgau (seit dem Jahr 2000) am Rande des Schwarzachtals ist eine der fünf Donaustädte, die zu Vorderösterreich gehörten. Die 1000-jährige Stadt bietet nicht nur ein sehenswertes Stadtbild mit mehreren Häusern in alemannischer Fachwerkkonstruktion, sondern spielte auch kulturell eine wichtige Rolle. Im heute noch existierenden Hotel Kleberpost wurde die Gruppe 47 gegründet, und die Galerie »Die Fähre« ist untrennbar mit der Kunst des 20. Jh. in Oberschwaben verbunden. Das 1260 gegründete Dominikanerinnen-Kloster Sießen wurde 1519 erbaut, zwischen 1716 und 1722 barockisiert und im Zuge der Säkularisation aufgelöst. Seit 1860 befindet sich in den Gebäuden ein Franziskanerinnen-Kloster. Bekannt wurde es durch die Schwester Maria Innocentia Hummel, deren Bilder als Vorlagen für die weltberühmten Hummel-Figuren dienten. Im »Hummel-Saal« sind sie ausgestellt.

Ausgangspunkt: Bad Saulgau, Bahnhof, Karlstraße 6.
Anforderungen: Leichte Wanderung auf deutlich erkennbaren und teils befestigten Wegen.
Einkehr: In Bad Saulgau.

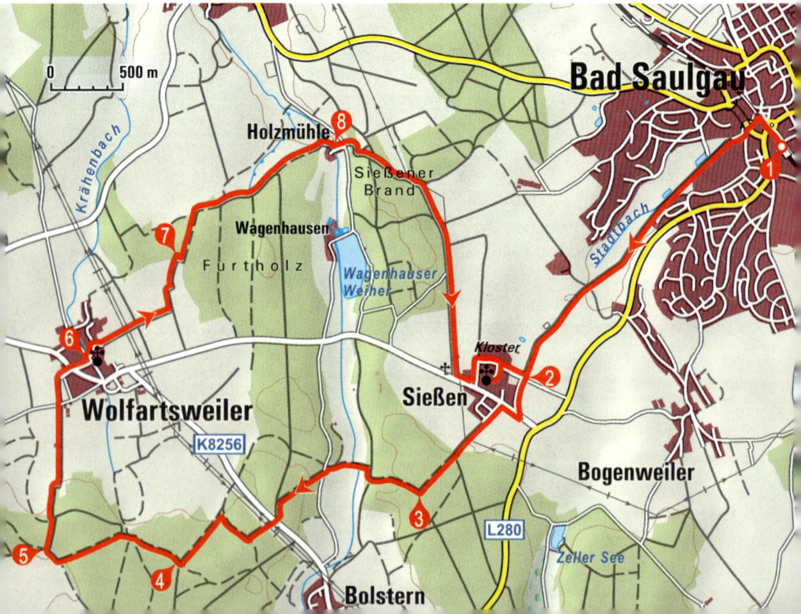

Wir treten aus dem Bahnhofsgebäude von **Bad Saulgau** ❶, gehen nach links, überqueren den Kreisverkehr, unterqueren links die Bahnlinie und kommen zur Oberen Spitalmühle. Links leitet eine Unterführung zum Sießener Fußweg. Eine Birkenallee führt durch ein grünes Bachtal, links und rechts liegen Wohngebiete. Wir bleiben auf dem Weg, der später ansteigt, bis zur Zufahrtsstraße zum **Kloster Sießen** ❷, dessen Barockkirche wir auf dem Rückweg besichtigen.
Wir gehen noch etwas weiter bis zur Fahrstraße, dort rechts und nach etwa 100 m nach links in die *Brühlstraße*. Der gerade Weg verliert bald seinen Belag und leitet in den Wald. Die erste Abzweigung rechts ignorieren wir, dann führt der Weg in ein kleines Tal, bei einer **Kreuzung** ❸ an der tiefsten Stelle wandern wir nach rechts. Am Waldrand gehen wir nach rechts, nach 20 m nach links über das Tal des Wagenhauser Baches und stoßen vor dem Waldrand auf eine asphaltierte Straße. Wir wandern auf ihr 30 m nach links, dann in den Wald und bei der Gabelung am Anfang des Waldes nach links. Bei der nächsten T-Kreuzung biegen wir nach links, kommen bald aus dem Wald, überqueren eine Fahrstraße, unterqueren zwei Hochspannungsleitungen und betreten dann wieder Wald. Bei der nächsten Kreuzung gehen wir nach rechts und bald am Waldrand links. Auf dem nächsten Wegstück begleiten uns blaue Kreise, die zum **Wanderheim Friedberg** leiten. Der Weg führt wieder in den Wald. Gut 5 Min. später stoßen wir auf einen deutlichen **Weg** ❹ und folgen ihm nach rechts. Hier taucht auch wieder die Jakobsmuschel als Wegzeichen auf.
Bei der folgenden Gabelung halten wir uns rechts und folgen kurz darauf bei der nächsten allen Wegzeichen nach links. Am Waldrand gehen wir bei der T-Kreuzung nach rechts, nach 100 m aber schon wieder nach rechts ❺ in den Wald (ohne Ww.). Nach nochmals 200 m wandern wir nach links, gleich darauf wieder nach rechts und dann zuerst am Waldrand, später asphaltiert zwischen Feldern und Wiesen auf Wolfartsweiler zu. Der Weg führt über eine Kreuzung mit schöner Linde (ab hier blaues Dreieck als Markierung), macht im Ort eine Rechtskurve, kreuzt die *Friedberger Straße* und erreicht den Dorfplatz von **Wolfartsweiler** ❻ mit der vom Friedhof umgebenen Kirche. Wir folgen vor der Kirche der Straße nach links und halten uns bei den beiden nächsten Gabelungen rechts. Dann wandern wir geradeaus bis zu einer T-Kreuzung bei einem Bauernhof und dort nach links zu einem **Hochsitz** ❼ am Waldrand. Dort biegen wir nach rechts und

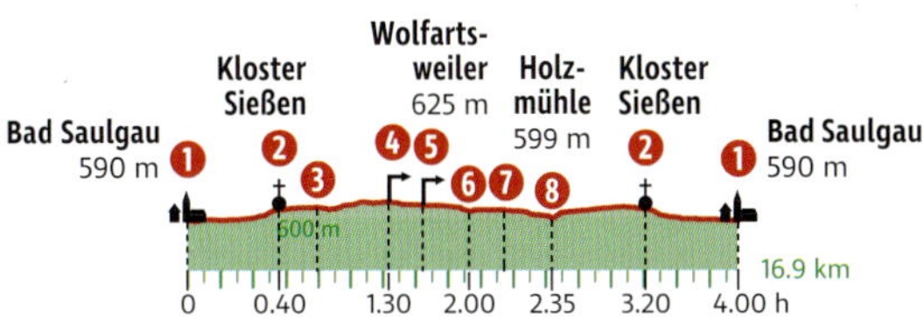

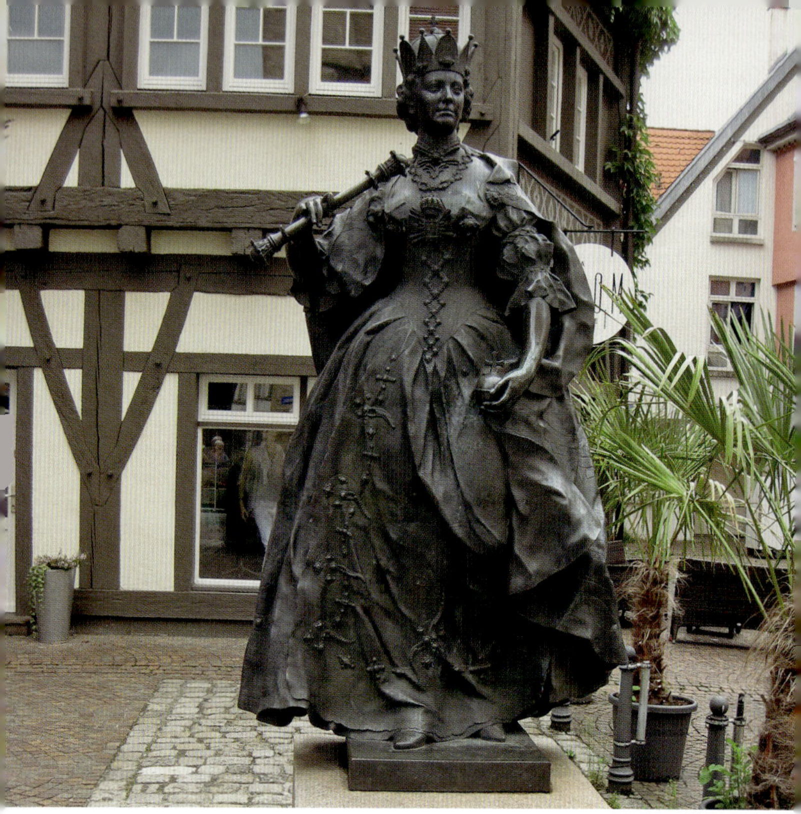

Kaiserin Maria Theresia, Kopie einer barocken Statue, erinnert an die Zeit, als Saulgau zu Österreich gehörte.

wandern bis zur Holzmühle am Waldrand (bzw. wenige Meter davon entfernt im Wald). Links sehen wir Fulgenstadt. In der Wohnstätte **Holzmühle** 8 gehen wir auf der Zufahrtsstraße nach links, kreuzen eine Asphaltstraße und steigen an. Bei der Gabelung am Ende des Anstiegs halten wir uns rechts. Am Ende des Waldstücks verläuft der Weg bis in Sichtweite von Kloster Sießen am Waldrand. Dann biegen wir in die Fahrstraße nach links und vor dem Backsteingebäude im Klostergelände nochmals. Nach diesem Gebäude gehen wir rechts ins Klostergelände, durch ein Quergebäude und dahinter rechts zum **Kloster Sießen** 2. Durch den Vordereingang verlassen wir das Gelände, biegen am Ende der Zufahrtsstraße nach links und wandern auf bekanntem Weg zum Bahnhof in **Bad Saulgau** 1 zurück.

↗ 120 m | ↘ 120 m | 18.2 km

4.20 h

Bad Schussenried 34

Die schönste Dorfkirche der Welt

Das Klösterstädtchen Bad Schussenried liegt sowohl an der Schwäbischen Bäderstraße als auch an der Oberschwäbischen Barockstraße. Der barocke Bibliothekssaal im alten Prämonstratenserkloster gilt als der schönste Süddeutschlands. Bekanntestes Motiv des Deckenbildes ist der Chorherr Caspar Mohr, der sich im 17. Jh. einen Flugapparat mit Federn und Flügeln baute und damit in der Tradition des Schneiders von Ulm und des Grafen Zeppelin steht. Die Wallfahrtskirche im Ortsteil Steinhausen gilt als schönste Dorfkirche der Welt. Erbaut und ausgestattet wurde sie von den Brüdern Zimmermann, den Schöpfern der Wieskirche. Die waldreiche Wanderung führt auf guten Wegen durch das Ried um den Ursprung der Schussen, eines 62 km langen Zuflusses des Bodensees.

Ausgangspunkt: Bad Schussenried, Marktplatz.
Anforderungen: Leichte Wanderung auf deutlichen, nicht befestigten Wegen.
Markierung: Gut markiert mit roter 7.
Einkehr: In Bad Schussenried und Steinhausen.
Tipp: Besuch des Oberschwäbischen Museumsdorfs Kürnbach wenige Gehminuten vom Bahnhof Bad Schussenried.
Variante: Von Steinhausen ❺ auf einem Teil des Jakobswegs (durchgängig asphaltiert, Weg-Nr. 5/6) vorbei am Freibad am Olzreuter See zurück nach Bad Schussenried (siehe Ende der Tourenbeschreibung, knapp 2 km und 30 Min. kürzer).

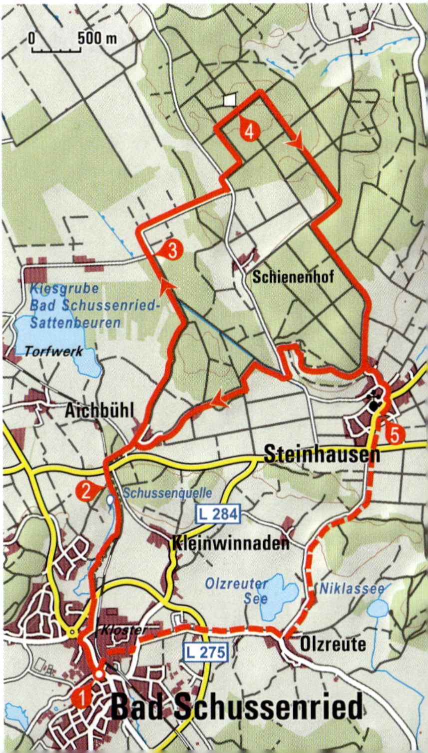

Vom Marktplatz in **Bad Schussenried** ❶ folgen wir der nach dem Heimatdichter Wilhelm Schussen benannten Hauptstraße nach Nordwesten bis zum Marktfrauenbrunnen und biegen dort nach rechts in die *Pfarrer-Leube-Straße*. Nach ca. 150 m verlassen wir sie und gehen un-

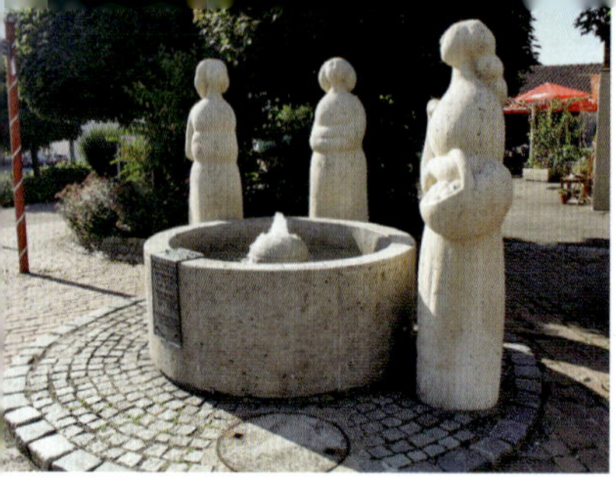

Marktfrauenbrunnen in Bad Schussenried.

mittelbar vor den Bahngleisen nach links in die Straße *Am Gletschergarten* (auch Geopfad). Von den Gleisen der Bahn, die einst bis nach Riedlingen führte, existiert heute nur noch der kurze Abschnitt bis zum Torfwerk. Kurz nachdem wir eine Fahrstraße überquert haben, liegt rechts ein Sportplatz, und der Weg wird zum Wiesenweg. Nachdem wir das Bahngleis überquert haben, wandern wir rechts an ihm entlang, bis wir die **Schussenquelle** 2 erreichen. Hier fand man 1866 einen altsteinzeitlichen Lagerplatz von Jägern und Sammlern, es waren die ersten altsteinzeitlichen Funde in Mitteleuropa.

Wir gehen weiter am Gleis entlang, biegen hinter der nahen Brücke nach rechts ab und laufen ein Stück parallel zur Landstraße. Der Weg mündet in die Zufahrtsstraße nach **Aichbühl**, der wir nach links geradeaus durch den Weiler folgen. Bald führt der Weg durch die weite Riedlandschaft, kurz nachdem links ein **Schild** 3 zur gut 2 km entfernten Gastwirtschaft Zum Torfwerk (Tel. +49 7583 946690) zeigt, macht unser Weg eine scharfe Rechtskurve und erreicht dann nach einem Waldstück eine T-Kreuzung. Auf der mit Betonplatten belegten Straße laufen wir 150 m nach links am Waldrand entlang und dann nach rechts in den Wald.

Bald biegt der Weg nach links und dann wieder nach rechts. Bei einer **Kreuzung** 4 mit zwei Hütten wandern wir geradeaus und bei der nächsten

Schussenquelle.

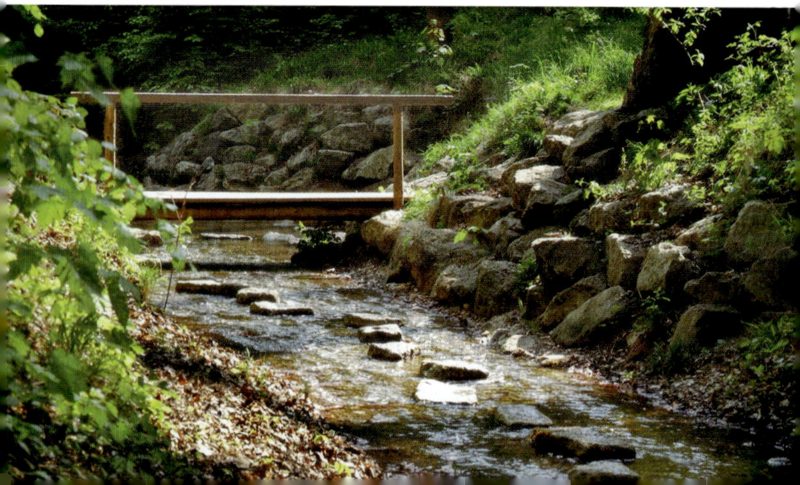

Möglichkeit nach rechts. Jetzt gehen wir 15 Min. geradeaus bis zu einer T-Kreuzung mit einer Forststraße, dort nach rechts und 200 m nach dem nahen Waldende nach links wieder in den Wald. 15 Min. später sehen wir am Waldrand schon den Turm der Kirche von Steinhausen. Wir wandern nach rechts 10 Min. am Waldrand entlang und von dort zur Kirche von **Steinhausen** ❺.

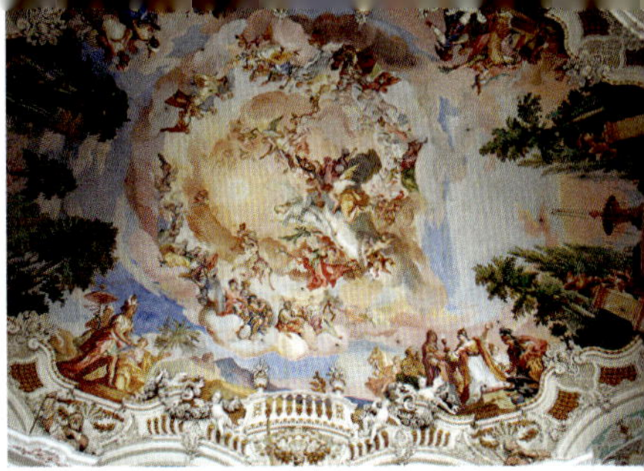

Barocke Deckenpracht in der Wallfahrtskirche Steinhausen.

Von der Kirche gehen wir zurück zum Waldrand und dort nach links. Immer am **Waldrand** entlang folgen wir 20 Min. den undeutlichen Wegspuren auf der Wiese, bis sie kurz vor der Einmündung in eine Fahrstraße deutlicher werden. Wir wandern auf ihr knapp 5 Min. nach links und biegen dann nach rechts in einen breiten Weg, der an einem Wassergraben entlangführt. Nach weiteren 5 Min. verlassen wir ihn, überqueren auf einer Holzbrücke den Wassergraben und folgen dem Pfad geradeaus. Nach wenigen Minuten biegen wir nach links in einen besseren Pfad, den wir aber schon nach ca. 100 m wieder nach rechts verlassen. Die Schneise mit Wegspuren führt geradeaus zu einem großen Hof und seiner Zufahrtsstraße nach **Aichbühl**. Dort biegen wir nach links und gehen auf bekanntem Weg, vorbei an der **Schussenquelle** ❷, nach **Schussenried**.

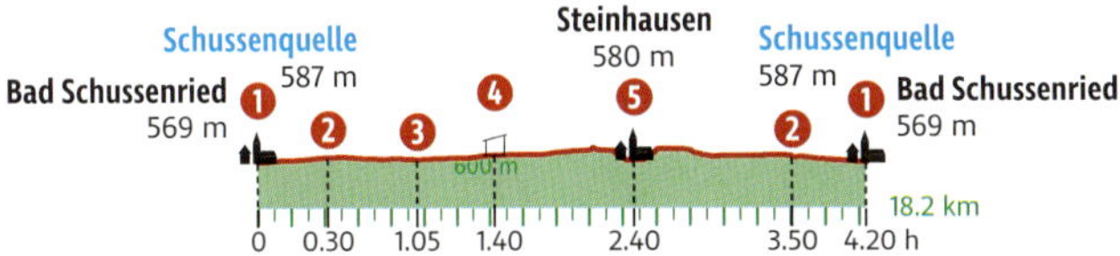

Variante: Auf der an der Kirche von **Steinhausen** ❺ vorbeiführenden Ortsstraße wandern wir weiter geradeaus (rechts Wallfahrtsmuseum, links alte Schule), auch nachdem wir die Landstraße überquert haben. Wir bleiben auf dem Weg, der durch Lauhaus nach Olzreute leitet. 2009 entdeckten Archäologen bei Grabungen im Olzreuter Ried in einer jungsteinzeitlichen Pfahlbausiedlung vier ca. 5.000 Jahre alte Räder. In **Olzreute** gehen wir nach rechts und auf einem Parallelweg der Straße vorbei am Freibad am Olzreuter See nach Bad Schussenried. Wir überqueren eine querlaufende Kreisstraße, wandern geradeaus, vorbei am Friedhof, zu einer T-Kreuzung und dort nach links. Nach 150 m biegen wir ins Klosterareal nach rechts und kommen dann zum Marktplatz von **Bad Schussenried** ❶.

↗ 170 m | ↘ 170 m | 12.0 km

35 Um Aulendorf

3.00 h

Der Mittelpunkt Oberschwabens

Die Kleinstadt Aulendorf versuchte in den 1990er-Jahren, ähnlich wie zuvor andere Städte der näheren Umgebung, den Sprung zum Bad zu schaffen. Obwohl Aulendorf seit Ende des 19. Jh. Eisenbahnknotenpunkt war, hatte man nicht bemerkt, dass man zu spät kam und der Zug abgefahren war. Zurück blieb ein großer, inzwischen zum größten Teil abgetragener Schuldenberg. Das soll die schöne Wanderung aber nicht belasten, sie führt durch einen Tobel abwärts, zu einem schönen Aussichtspunkt, durch sanfte oberschwäbische Landschaft geradeaus und in einen Badesee hinein.

Ausgangspunkt: Aulendorf, Nordausgang des Stadtparks (Laurenbühlstraße 16).
Anforderungen: Leichte Wanderung auf deutlichen, zum Teil befestigten Wegen. Die Wanderung ist bis auf das letzte Viertel mit goldfarbenen Täfelchen mit schwarzer 13 gut markiert.
Einkehr: In Aulendorf; Burg-Café, Burg 3, Bad Schussenried-Otterswang (derzeit geschlossen); im Ferienhof Tiergarten (www.ferienhof-tiergarten.de), Naturfreibad Steeger See.
Tipp: Badesachen für das Naturfreibad (Mai–Sept. 9–20 Uhr) nicht vergessen.
Variante: Unter der Bahn 6 hindurch und direkt zurück zum Bahnhof 9 und zum Ausgangspunkt in Aulendorf (30 Min. kürzer).

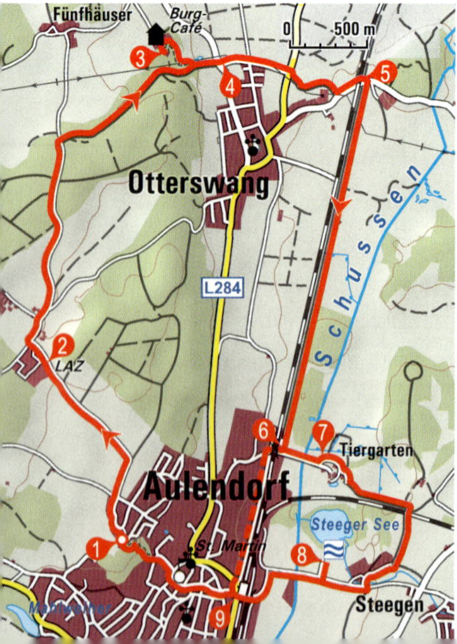

Die *Laurenbühlstraße* in **Aulendorf** 1 ist eine Sackgasse, an ihrem Ende führt ein Weg in den Stadtpark. Wir gehen auf dem schmalen Weg rechts davon zwischen den Häusern aufwärts, biegen nach rechts, dann links und schließlich nach links in die *Heinestraße*. Sie kreuzt die *Ebisweilerstraße*, wir folgen dem Ww. Atzenberg geradeaus. Schon seit einiger Zeit sehen wir in der Ferne eine kleine Kirche am Waldrand, sie entpuppt sich als die letzte Station des Kreuzwegs, auf dem wir uns befinden. Bevor der Weg nach rechts biegt, liegt links das Landwirtschaftliche Zentrum Baden-Württemberg, kurz **LAZ** 2 – der Brain Trust für Rinderhaltung und Grünlandwirtschaft.

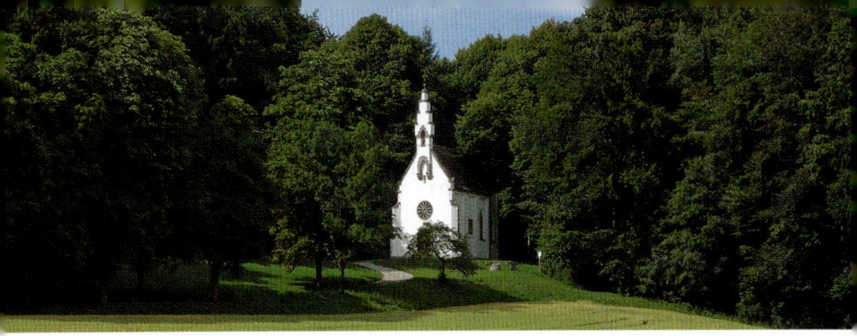

Letzte Kreuzwegstation.

Kurz nach dem Ortsschild des kleinen Weilers **Atzenberg** wandern wir nach rechts (Ww. Fünfhäusern) und gleich darauf nach links leicht ansteigend zum Auwald empor. Drehen Sie sich am Waldrand noch einmal um und genießen den Blick auf die Landschaft; wenn Sie Glück haben, reicht er bis zu den Alpen. Kurz vor dem Waldende folgen wir einem unbefestigten Weg nach rechts und wandern durch den reizvollen Tobel abwärts. Unten zweigt ein Pfad nach links zu einem **Aussichtspunkt** 3 und zum (derzeit geschlossenen) Burg-Café ab. Der Ausblick über das Schussental sollte ausreichend Motivation für den Abstecher sein.
Vorbei an Fischteichen leitet der Weg aus dem Wald, geradeaus über die Kreisstraße und vorbei an einem Lindenstummel mit **Bank** 4. Der Weg führt an der Bebauungsgrenze zur Landstraße, auf der gegenüberliegenden Seite zum Umspannwerk Otterswang und danach nach links über einen nahen **Bahnübergang** 5. Wir wandern nach rechts, 30 Min. entlang der Bahnlinie Richtung Aulendorf.
Bei der ersten **Unterführung** 6 (Variante) gehen wir nach links. Zuerst erreichen wir den Ferienhof **Tiergarten** 7, wo es auch ein Restaurant gibt. Wir umgehen die gepflegte Anlage im Uhrzeigersinn und setzen dann unseren Weg entlang der ins Allgäu führenden Bahnlinie fort, die wir beim ersten Bahnübergang überqueren. Der Weg führt in den Weiler **Steegen**. Beim ersten Bauernhof gehen wir rechts und bei der *Waldseer Straße* nochmals. Die Straße führt am **Naturfreibad Steeger See** 8 vorbei.
An den Bahngleisen biegen wir nach links, bis wir sie auf Höhe des **Bahnhofs** 9 von Aulendorf unterqueren. Wir folgen der *Bahnhofstraße*, der *Bachstraße* und der *Schuhhalde* geradeaus, gehen in der *Hauptstraße* etwas nach rechts und auf Höhe des Schlosses nach links zum *Schlossplatz*. Der Weg führt im Stadtpark am rechten Rand aufwärts zum Nordausgang und weiter zu unserem Ausgangspunkt in **Aulendorf** 1.

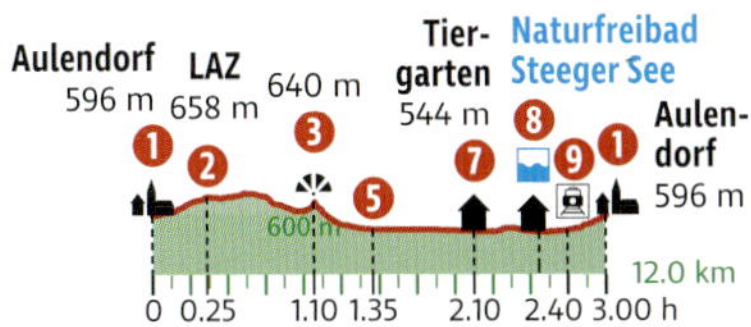

↗ 120 m | ↘ 120 m | 13.1 km

36 Altshausen

3.10 h

Gestatten, mein Name ist Württemberg

Das kann in Altshausen passieren! Ab dem 15. Jh. residierte der Landkomtur der Deutschordensballei Schwaben-Elsass-Burgund in Altshausen. Im 18. Jh. ließ der Deutsche Orden dort ein großes Barockschloss errichten. Im Zuge der Säkularisation und Mediatisierung fiel die Herrschaft Altshausen nach 1806 an Bayern und kam dann im Tausch nicht nur zu Württemberg, sondern in den Privatbesitz des Königshauses. Seit 1918 lebt die ehemalige württembergische Herrscherfamilie in dem Schloss. Im Schlosspark, der zugänglich ist, hat Herzogin Diane einige ihrer Kunstwerke ausgestellt. Mehrmals kreuzt die Wanderung die Bahnstrecke Aulendorf–Pfullendorf. Der Personenverkehr auf dieser Strecke wurde 1971, der Güterverkehr 2004 eingestellt. 2009 wurde die Strecke für den Personenverkehr reaktiviert, zur Zeit verkehrt die »Räuberbahn« zwischen Mai und Mitte Oktober an Wochenenden und Feiertagen dreimal täglich zwischen Pfullendorf und Aulendorf mit Halten in Altshausen, Hoßkirch-Königseggsee, Ostrach und Burgweiler.

Ausgangspunkt: Altshausen, Parkplatz in der Herzog-Albrecht-Allee in der Nähe des Schlosses.
Anforderungen: Leichte Wanderung auf deutlichen, zum Teil befestigten Wegen. Der Weg ist gut mit der Zahl »2« markiert.
Einkehr: In Altshausen.

Wir gehen in **Altshausen** ❶ vom Parkplatz zum Schloss und dann nach links, immer an der Schlossmauer entlang zur Kirche links hinter dem Schloss. Bei der Kirche biegen wir nach links in die *Delippengasse* und weiter in die *Spitalgasse*. Vor der **Fußgänger-Unterführung** ❷ gehen wir nach links und unterqueren die Bundesstraße, wenn sie auf einer Brücke über die *Hauptstraße* führt. Wir gehen auf der *Hauptstraße* 70 m stadtauswärts (rechts befindet sich der Zugang zum Freibad), überqueren sie dann und folgen der *Haggenmooser Straße*, die nach gut 100 m nach rechts biegt und dann geradeaus verläuft. Sie leitet uns immer geradeaus durch einen kleinen und einen großen Weiler **Haggenmoos** ❸ zu einer T-Kreuzung in **Mauren** ❹.

In Mauren biegen wir nach rechts und nach 20 m nach links. Der Grasweg führt bald zur nächsten T-Kreuzung, wir wandern ansteigend nach rechts

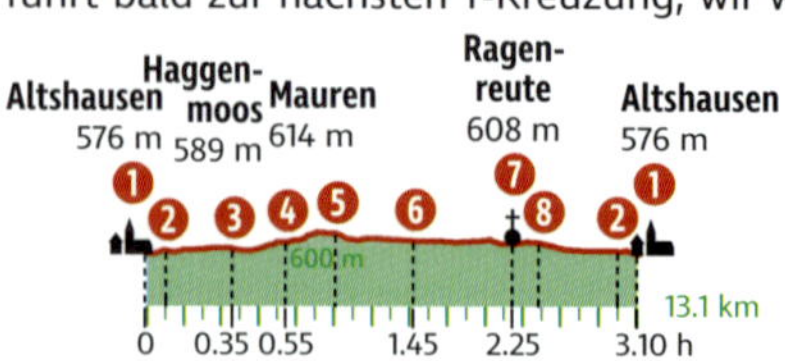

(Ww. Eichstegen). Der Weg führt immer geradeaus über eine Anhöhe (Ausblick!) zu einem asphaltierten Weg, den wir bei einem **Feldkreuz** ❺ überqueren. Wir wandern geradeaus, zuerst am Waldrand

entlang, später ein kurzes Stück im Wald. Bei einer Gabelung am Waldende gehen wir nach links und dann über die Bahngleise. Nach 10 Min. überqueren wir die Kreisstraße und wandern weiter geradeaus. Knapp 5 Min. später biegen wir bei der ersten Gelegenheit nach rechts und nach weiteren knapp 10 Min. bei einer T-Kreuzung nach links.
Bald überqueren wir die **Landstraße** 6 und halten uns gut 10 Min. später bei einer T-Kreuzung links. Nach 100 m biegen wir bei der ersten Gelegenheit bei einer Biogasanlage nach rechts und folgen dem asphaltierten Weg bis zur Kreisstraße. Auf ihr gehen wir nach links und biegen nach 150 m nach rechts in den *Mühlbachweg*, der uns nach **Ragenreute** 7 bringt. Im Weiler macht die Straße eine Rechtskurve, wir wandern rechts an der **Kapelle** vorbei und biegen bei der ersten Gelegenheit nach rechts (Ww. Altshausen). Am Ende der kurzen Straße folgen wir dem Wiesenweg, der

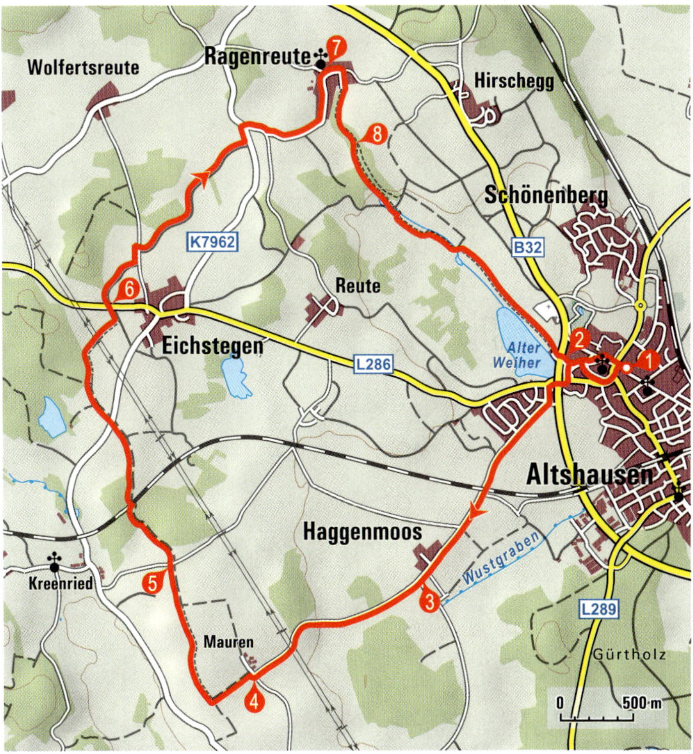

zuerst am Waldrand und dann im Wald nach rechts **8** am Mühlbach entlang verläuft. Bald nachdem der Wald endet, überqueren wir den Mühlbach, kehren aber nach gut 5 Min. auf die Nordseite des Bachs zurück. Der Weg führt am Mühlbach und dann am Alten Weiher entlang zur **Fußgänger-Unterführung** **2** in Altshausen. Von dort gehen wir durch die *Spitalgasse* zur Kirche und rechts neben ihr in den Schlosspark. Nach einem Torbogen sehen wir rechts den Haupteingang. Dahinter liegt der Parkplatz und unser Ausgangspunkt in **Altshausen** **1**.

Torgebäude des Schlosses Altshausen.

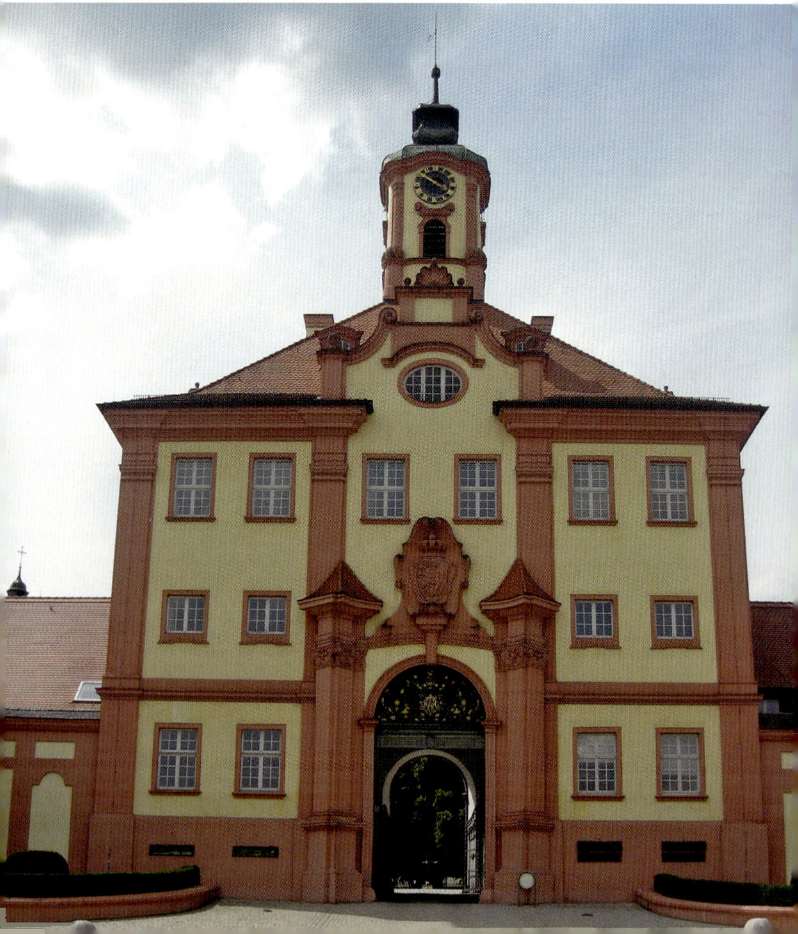

↗ 260 m | ↘ 260 m | 13.7 km

TOP

3.40 h

Grabener Höhe

37

Rundwanderung mit Alpenblick

Die Grabener Höhe ist ein 754 m hoher Aussichtsberg auf dem Haisterkircher Rücken, einem in der Eiszeit entstandenen Höhenzug zwischen Bad Wurzach und Bad Waldsee. Er begrenzt das Wurzacher Ried im Nordwesten und bildet die Wasserscheide zwischen Donau und Rhein.

Ausgangspunkt: Haidgau (Ortsteil von Bad Wurzach), Parkplatz Dangelspitzstraße 2.
Anforderungen: Leichte Wanderung auf deutlichen, teils befestigten Wegen. Durchgehend markiert mit der »4« , von der Sebastianskapelle bis Haisterkirch auch mit der »3« und rotem Balken (HW 4).
Einkehr: Gasthof Engel, Dorfstraße 24, Bad Wurzach-Haidgau, Tel. +49 7564 3262, www.gasthof-engel-allgaeu.de.
Tipp: Im Erwin-Hymer-Museum in Bad Waldsee wird auf rund 10.000 m² die technologische Entwicklung des mobilen Reisens dargestellt.
Variante: Bei der Gabelung ❷ nach dem Hof Rotenhäusler, zwei Häusern auf einer Waldlichtung, wandern wir links (Ww. Sebastianskapelle) direkt zur Sebastianskapelle ❻ (insgesamt 2.20 Std.).

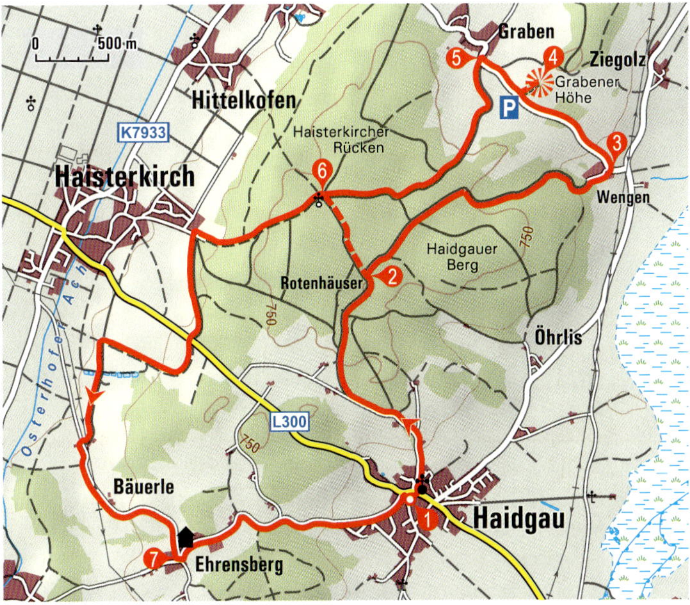

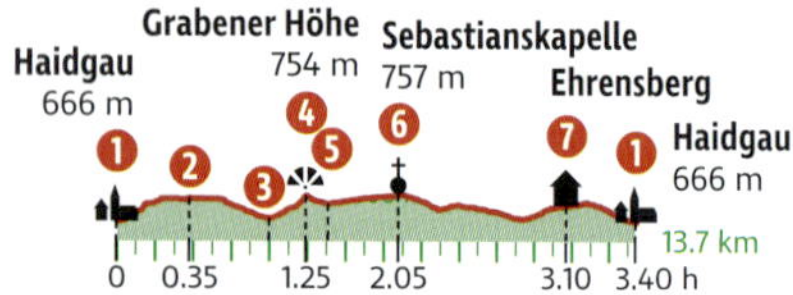

Vom Parkplatz in **Haidgau** ❶ gehen wir Richtung Kirche, dann davor nach links in die *Gräbelgasse* und *Hohlgasse*. Der Weg steigt bald an, bei zwei Gabelungen halten wir uns links. An klaren Tagen können wir von hier die Sicht auf die Alpen genießen. Bei der folgenden Gabelung halten wir uns rechts (Ww. Rotenhäusler), gehen 15 Min. geradeaus und bei der **Gabelung** ❷ nach rechts.
Nun führt der eindeutige Weg ohne Markierungen zunächst bei allen Kreuzungen und Gabelungen geradeaus. Anfangs steigt er noch an, nach einer Wegkreuzung fällt er. 5 Min. später biegt er erst nach rechts, dann nach links und führt am rechten Hang des Mühlbachtals abwärts nach **Wengen** ❸. Wir erreichen einen Hof und wandern vor dem zugehörigen Wohnhaus einen asphaltierten Weg nach links aufwärts auf den Haisterkircher Rücken (Markierung: roter Balken und Aufschrift HW 5). Nachdem wir ein

Bei schönem Wetter ist von der Grabener Höhe aus der Alpenbogen zu sehen.

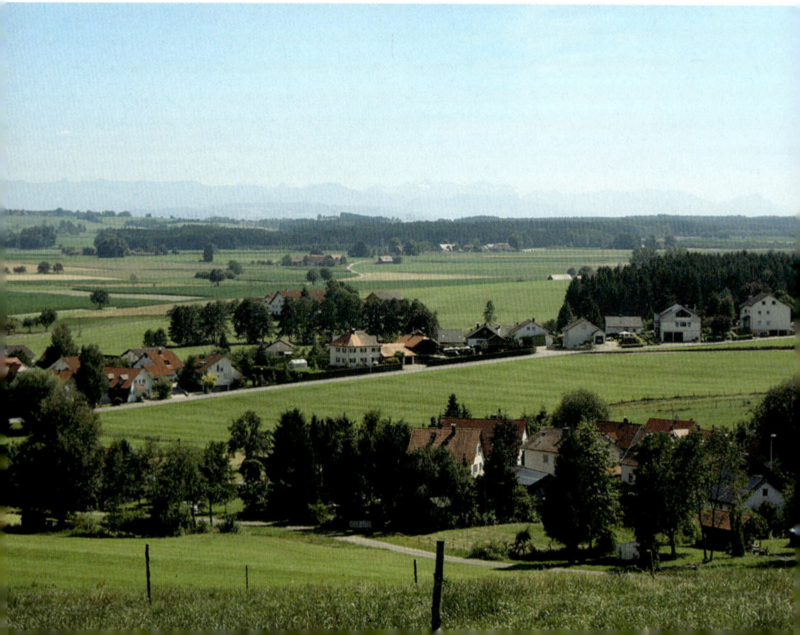

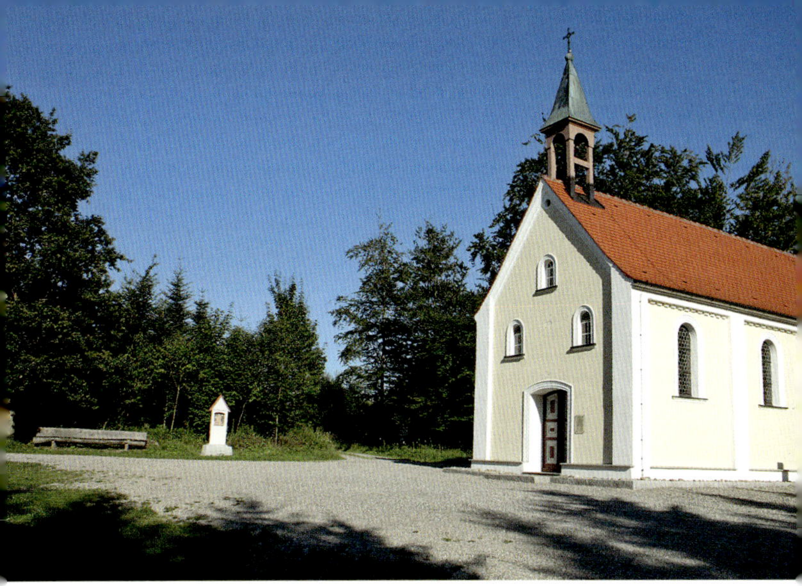

Die Ursprünge der Sebastianskapelle stammen aus dem 15. Jahrhundert.

Waldstück durchquert haben, liegt rechts von uns die baumbestandene **Grabener Höhe** ❹. Von hier sieht man bei gutem Wetter das Wurzacher Ried, die Haidgauer Heide und die Alpen, nördlich den Bussen, das dahinter liegende Donautal und die Schwäbische Alb. Es gibt einen großen Parkplatz vor dem Wald, einen Spielplatz und einen Picknickplatz mit Grillmöglichkeit im Wald.

Der Weg führt uns weiter nach **Graben** ❺, aber schon nach dem ersten **Haus** gehen wir nach links (Markierung: HW 4 und 5, Bad Waldsee 3) und bei der Gabelung des unbefestigten Wegs vor dem Wald nach rechts, bei der folgenden im Wald nach links. Von Graben nun bis zur **Sebastianskapelle** ❻, die auf einer stillen, ruhigen Waldlichtung steht. Bänke laden zum Verweilen ein.

Von der Kapelle geht es entlang des alten Kreuzwegs bergab nach **Haisterkirch** und beim Ortsschild nach links am Waldrand entlang. Wir überqueren die Landstraße, folgen dem Weg weiter geradeaus und dann um eine Rechtskurve. Keine 3 Min., nachdem der Asphaltbelag beginnt, biegen wir bei einer Kreuzung in den unbefestigten Weg links. Der Weg führt an einer Kette von acht Fischweihern entlang und mündet dann in eine Fahrstraße. Nach links leitet sie uns durch den Weiler **Bäuerle** nach **Ehrensberg** ❼. Beim Gasthof biegen wir nach links in die *St. Laurentius-Straße*, die uns wieder zu unserem Startpunkt in **Haidgau** ❶ führt.

↗ 90 m | ↘ 90 m | 6.6 km

38 Auf de schwäb'sche Eisebahne

1.40 h

Schtuagert, Ulm ond Biberach, Mekkabeure, Durlesbach

Die Haltestationen aus dem Lied »Auf de schwäb'sche Eisebahne« kann in Schwaben fast jedes Kind aufsagen. Durlesbach liegt wildromantisch-verträumt in einem bewaldeten Tal, dem Schussentobel. Auch vor 150 Jahren hatte die Streusiedlung nur wenige Einwohner, war aber Bahnstation für das nahe gelegene Bad Waldsee. Wurde der zwischen Biberach und Meckenbeuren gelegene Bahnhof schon im Lied aus reimtechnischen Gründen ans Ende gestellt, ist er inzwischen völlig aufs Abstellgleis geraten und stillgelegt. Aber neben dem Gebäude erinnert ein Eisenbahndenkmal, bestehend aus einer alten Dampflok, einem Tender und zwei Waggons an das Schwabenlied. Am Ende des letzten Wagens stellen ein Ziegenbock, ein Kondüktör (Schaffner), ein Bauer und seine Frau eine Szene aus dem Lied nach.

Ausgangspunkt: Bahnhof Durlesbach (Ortsteil von Bad Waldsee, Durlesbach 1), in Reute (Ortsteil von Bad Waldsee) der Durlesbacher Straße bis ans Ende folgen.
Anforderungen: Leichte Wanderung auf deutlichen, teils befestigten Wegen (Weg 7).
Einkehr: Café Allegra am Bahnhof in Durlesbach, Tel. +49 7524 912880 (Ende März bis Ende Okt. Sa/So/Feiertage 12–18 Uhr); Gasthaus Stern, Kümmerazhofer Straße 2, Reute, Tel. +49 7524 8711 (Ruhetag Mo, sonst 14.30–16.30 Uhr geschlossen).
Variante: Am Beginn des Haldenwegs 5 nach links und einem namenlosen Fahrweg folgen, nach knapp 30 Min. zwischen zwei Teichen hindurch und in weiteren 30 Min. zurück zum Ausgangspunkt (30 Min. länger).

Vom über 100 Jahre alten Bahnhof von **Durlesbach** 1, in dem sich heute eine Galerie und das Café Allegra befinden, gehen wir zum nahen Bahnübergang und dort rechts. Vor einer **Villa** 2 biegen wir nach links und wandern auf dem unbefestigten, gut markierten Waldweg aufwärts. Bald halten wir uns bei einer Gabelung rechts, kurz darauf links und dann wieder rechts 3. Nachdem wir eine Kette von neun auf Geländestufen angelegten Fischteichen links vom Weg passiert haben, endet dieser an einer ins nahe Reute führenden Nebenstraße, der *Eisenfurter Straße*. Wir folgen ihr nach rechts, im Ort überquert sie nach einer Linkskurve die Landstraße und führt als *Elisa-*

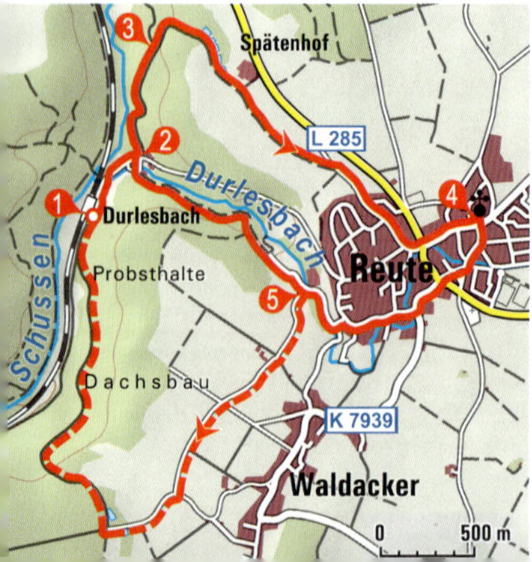

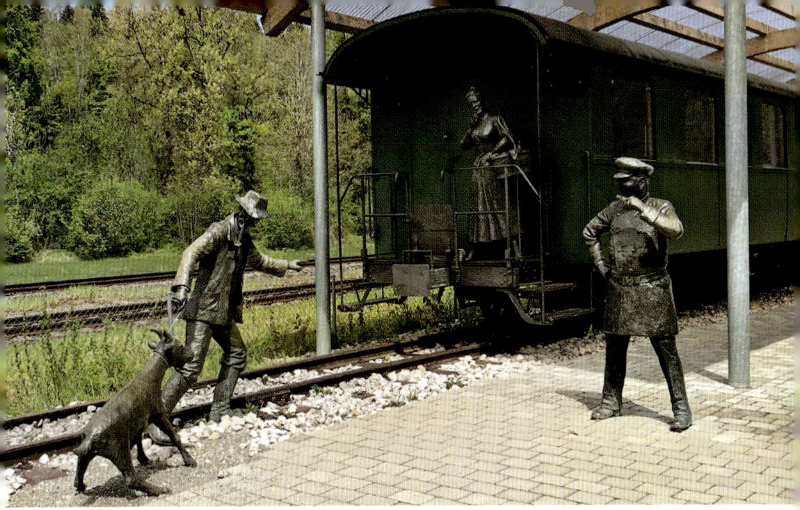

Neben dem Bahnhof Durlesbach beobachten Konduktör und 's Weible, wie's Bäuerle seinen Geißbock vor der Abfahrt an den Wagen anbindet.

beth-Achler-Straße zum großen Kloster der Franziskanerinnen von Reute. Elisabeth Achler, die Gute Beth, war Anfang des 15. Jh. Mitgründerin des Klosters und wurde 1766 seliggesprochen. Wir steigen die Stufen zur Kirche von **Reute** 4 hinauf. Auf demselben Weg zurück folgen wir dann auf der gegenüberliegenden Seite der Kreisstraße der *Augustinerstraße* über den Dorfplatz und danach leicht nach rechts. Unmittelbar hinter der Brücke über den Durlesbach und vor dem barocken Bauernhaus biegen wir rechts ab und gehen immer geradeaus bis zur *Gaisbeurer Straße*. Auf der gegenüberliegenden Seite leitet uns der gelbe Straßenwegweiser »Kümmerazhofen« weiter geradeaus. Nach dem **Gasthaus Stern** biegen wir in die erste Straße (*Von-Rüti-Straße*) rechts und gehen, alle Abzweigungen ignorierend, geradeaus. Nach einer Rechtskurve und einer Busch-/Baumgruppe leitet uns in der *Dreimühlenweg* links steil abwärts, nach knapp 100 m bei einer T-Kreuzung nach rechts. Der Weg macht eine Linkskurve, die Bebauung endet, wir wandern auf dem jetzt unbefestigten Weg geradeaus über den Durlesbach. 70 m danach biegen wir nach rechts in den **Haldenweg** 5 (hier zweigt die Variante nach links ab) und wandern dann im Wald parallel zum Durlesbach.

Bei der Wegkreuzung (Schindelhaus) halten wir uns rechts, überqueren den Durlesbach und biegen wenige Meter entfernt von der **Villa** 2 in die bekannte Straße abwärts zum Bahnhof von **Durlesbach** 1.

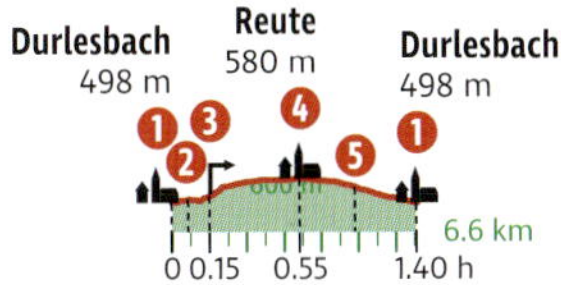

↗ 150 m | ↘ 290 m | 20.5 km

39 Von Bad Waldsee nach Weingarten

5.00 h

Eine Etappe auf dem Jakobsweg

Man braucht nicht nach Spanien zu reisen, um auf dem Jakobsweg zu wandern. Von Nürnberg kommend führt der oberschwäbische Jakobsweg in acht Etappen von Ulm, einer alten Sammelstelle für Pilger, nach Konstanz und dann weiter nach Einsiedeln in der Schweiz. Ab Ulm ist er mit einer gelben Muschel und gekreuzten Wanderstäben auf blauem Grund gut markiert. Er orientiert sich an römischen Straßen und historischen Handelswegen und führt durch eine von barocken Bauwerken geprägte Landschaft. Auf dieser Etappe sind das die barockisierte Stiftskirche in Bad Waldsee und die Basilika in Weingarten, eine der größten Barockkirchen nördlich der Alpen. Das Kostbarste in der Basilika ist jedoch die im Altar unter der Kuppel aufbewahrte Heilig-Blut-Reliquie, die der Überlieferung nach Tropfen vom am Kreuz vergossenen Blut Jesu Christi enthält. Seit Jahrhunderten entstand eine einzigartige Form der Verehrung: der Blutritt, eine prächtige Reiterprozession. Am Freitag nach Christi Himmelfahrt begleiten nahezu 3000 Reiter, in Frack und Zylinder gekleidet, die Reliquie auf ihrem Weg zur Segnung von Stadt und Flur, Menschen und Tieren.

Ausgangspunkt: Bad Waldsee Bahnhof, Am Bahnhof 1.
Endpunkt: Bushaltestelle am Charlottenplatz in Weingarten. Busse (Linie 30) für die Rückfahrt nach Bad Waldsee im Stundentakt.

Anforderungen: Wanderung auf deutlichen, zum Teil befestigten Wegen.
Einkehr: In Bad Waldsee und in Weingarten.
Variante: Zwischen 4 und Engenreute 5 gleich lange Alternativroute.

Wir überqueren in **Bad Waldsee** 1 die Straße vor dem Bahnhof und steigen einen Treppenweg abwärts. Die kurze Sackgasse führt uns zum Uferweg um den Stadtsee. Wir wandern nach rechts am See entlang, bis wir vor dem Café am Klosterhof nach rechts biegen. In der querlaufenden *Hauptstraße* gehen wir wenige Meter nach rechts – schauen uns evtl. die barocke Stiftskirche mit dem Hochaltar an – und dann nach links.
Bald überqueren wir die durch den Ort führende Landstraße und betreten den Park um das barocke Wasserschloss, das wir rechts umgehen. Der Weg führt aus dem Park heraus, über die *Steinacher Straße* und dann in

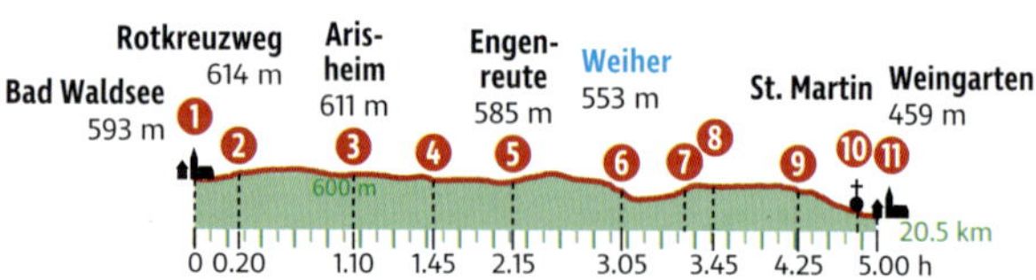

parkähnlichem Gelände in einer großen Linkskurve zur *Frauenbergstraße*. Hier gehen wir etwa 50 m nach rechts und biegen dann nach links in den **Rotkreuzweg** ❷, dem wir geradeaus folgen. 30 Min. nach Beginn der Wanderung endet die Stadtbebauung, kurz darauf überqueren wir auf einer Brücke die Bundesstraße, dahinter liegen rechts der Friedhof und daneben ein Hundeübungsplatz.

Der ab hier unbefestigte Weg führt in den Wald und 15 Min. weiter geradeaus. Am Ende des Walds halten wir uns bei einer Gabelung links. Nach 15 Min. durchqueren wir den Weiler **Arisheim** ❸ und biegen vor der zweiten Häusergruppe des Dorfes von der Fahrstraße nach rechts. Wieder gehen wir 15 Min. geradeaus bis zum Weiler **Dinnenried**. Im Ort macht der Weg eine scharfe Linkskurve, überquert die Fahrstraße und verläuft dann am Waldrand entlang wieder geradeaus. Nach 20 Min., kurz nachdem der Wald rechts endet ❹, müssen wir eine Entscheidung treffen: Der ausgeschilderte Jakobsweg führt in einer weiten Linkskurve nach **Gwigg**, dort nach rechts vor der Kirche vorbei und dann nach rechts 1,2 km entlang der Landstraße. In **Gambach**, dem nächsten Dorf, geht man bei einer Straßenkreuzung rechts, verlässt nach 100 m die Fahrstraße, wenn sie nach rechts abbiegt, wandert geradeaus weiter nach **Engenreute** ❺ und im Dorf bei einer **Wegspinne** geradeaus.

Bei einer Kreuzung am Waldrand halten wir uns links, wandern zuerst am Waldrand entlang und dann im Wald abwärts. Der mit der Muschel markierte Pfad stößt nach 10 Min. auf eine quer laufende Forststraße, wir biegen nach rechts und knapp 5 Min. später bei einer Kreuzung nach links. Nach gut 5 Min. verlassen wir den breiten Weg und gehen bei einer Gabelung rechts, dann geradeaus, überqueren 15 Min. später eine Straße, nach weiteren knapp 5 Min. liegt rechts vom Weg ein **Weiher** ❻. Hier biegt der Jakobsweg rechts ab und bei der folgenden T-Kreuzung 5 Min. später ebenfalls. Nach weiteren 5 Min. halten wir uns links, überqueren eine vielbefahrene Landstraße, gehen 100 m nach links und folgen dann einer Forststraße über den Bach in den Wald.

Die ehemalige Stiftskirche St. Peter in Bad Waldsee entstand ab 1579.

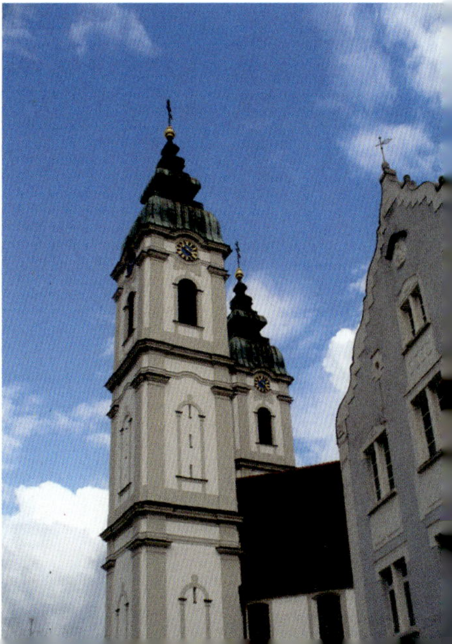

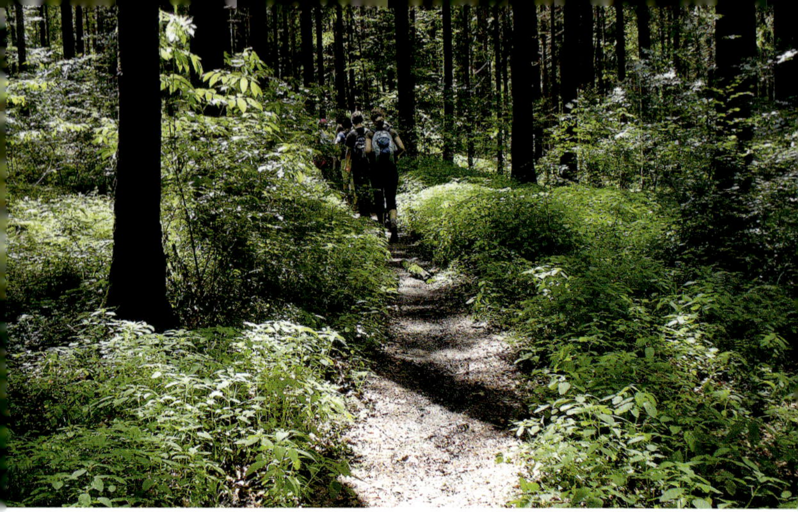

Bald verlassen wir den Wald und wandern auf Wiesenwegen nach Köpfingen.

Direkt hinter der **Brücke** biegen wir nach rechts. Im weiteren Verlauf kommen wir nach 30 Min. zu einer **Gabelung** 7 und nach einer weiteren 10 Min.zu einer zweiten 8, wo wir beide Male geradeaus gehen. Schließlich verlassen wir den Wald, erreichen auf Wiesenwegen **Köpfingen** und wandern geradeaus durch den Ort. Am Ortsende verlassen wir die Fahrstraße auf einem rechts abgehenden Weg über Wiesen und Felder. In der Ferne taucht die Kuppel der Basilika in **Weingarten** auf.
In einem Buschstreifen führt der Weg abwärts in ein **Wohngebiet** 9. Wir folgen der *Brucknerstraße* geradeaus bis zu ihrem Ende und biegen nach rechts in die *Köpfinger Straße*. Sie endet bei einer Kreuzung, dort gehen wir nach rechts in die *Lazarettstraße*. Nach ca. 5 Min. biegen wir nach links in die *Malerstraße*, verlassen sie aber bei der ersten Möglichkeit rechts. Die Privatstraße *Im Fischergarten* führt an zwei Mietshäusern aus den Sechzigerjahren vorbei und endet bei einem etwas neueren Gebäude. Wir folgen einem Fußweg weiter geradeaus. Nach wenigen Metern biegen wir bei einer T-Kreuzung nach links. Der Fußweg führt, vorbei am Schwanenweiher, durch parkähnliches Gelände zur stark befahrenen *St.-Longinus-Straße*. Auf der anderen Straßenseite liegt schon die **Klosteranlange**, der größere Teil ist heute Sitz einer Pädagogischen Hochschule, in einem anderen Teil befand sich ein Benediktinerkloster, das 2010 wegen Nachwuchsproblemen geschlossen wurde. Vor dem großen Gebäude gehen wir nach rechts und dann durch einen Torbogen auf einem öffentlichen Weg durch die Anlage. Auf der Westseite der Klosteranlage liegt links von uns der Eingang in die Basilika **St. Martin** 10, die wir besichtigen sollten.

Vor dem Eingang zur Kirche führt ein Treppenweg abwärts in die *Kirchstraße*, wir gehen nach links, dann gleich wieder nach rechts über den *Münsterplatz*. An seinem Ende biegen wir nach links in die *Abt-Hyller-Straße*. Nach gut 5 Min. überqueren wir die vierspurige *Waldseer Straße* und gehen links zur Bushaltestelle am Charlottenplatz in **Weingarten** ⑪.

Variante: Biegt man dagegen kurz nach dem **Waldende** ❹ nach rechts, erreicht man auf einem Feldweg nach 500 m gleichfalls eine Landstraße, muss aber auf ihr nur knapp 500 m nach links wandern, bevor man sie kurz vor der Brücke über den Gambach rechts wieder verlässt und auf einem breiten Weg nach **Engenreute** ❺ kommt. Dort geht man bei einer **Wegspinne** rechts und trifft auf den Hauptweg (Variante 10 Min. kürzer, weniger Landstraße).

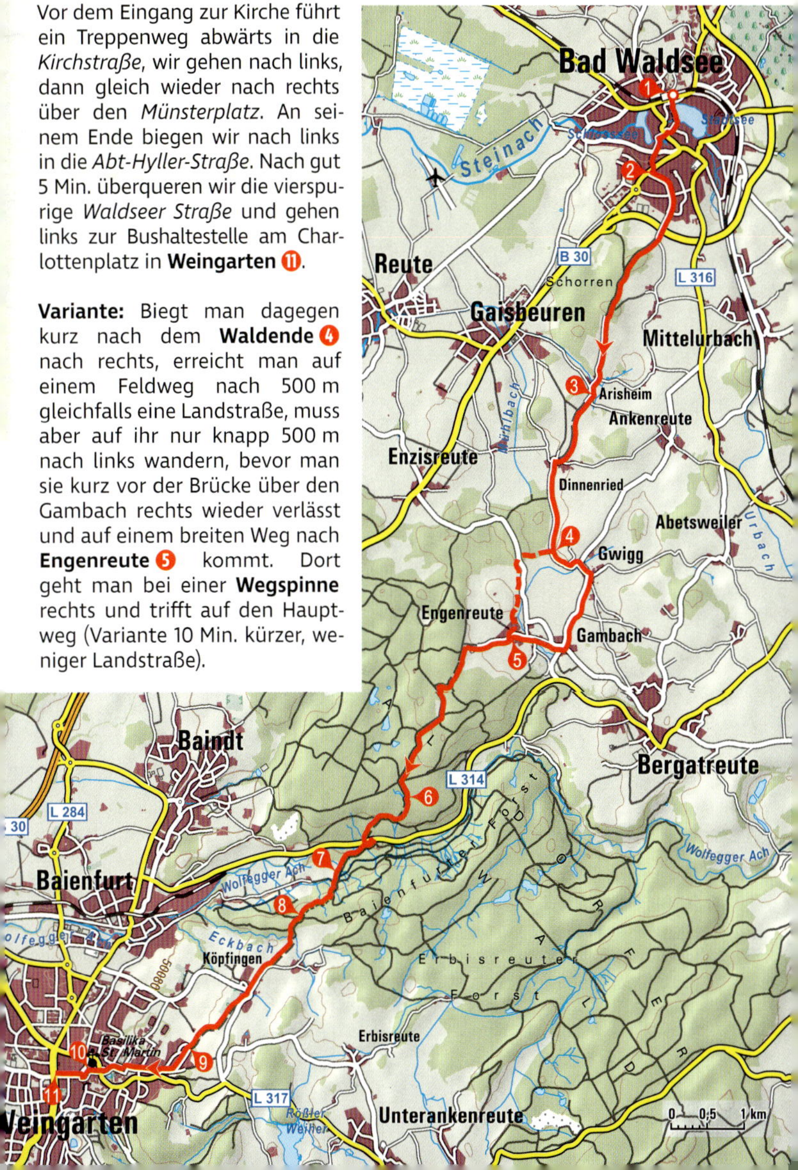

↗ 280 m | ↘ 280 m | 13.8 km

40 Große Ravensburger Runde

3.45 h

Der Stille Bach

Die Tour führt von einem Wildgehege östlich von Ravensburg zum Stillen Bach auf dem Gebiet der Zwillingsstadt Weingarten. Der Stille Bach ist eines der ältesten Kanalsysteme Deutschlands, das zur Wasserversorgung des Benediktinerklosters Weingarten über einen Zeitraum von über 500 Jahren (11. bis 17. Jh.) angelegt wurde. Die Fläche des Gewässernetzes beträgt rund 25 km² und umfasst zehn Kanäle mit einer Gesamtlänge von über 10 km sowie etwa 20 Weiher. Der Hauptkanal verläuft vom Lochmoos über den Rößler Weiher vorbei am Freibad in Weingarten zum Klosterareal auf dem Martinsberg. Der Rößler Weiher entstand vor etwa 10.000 Jahren als Natursee, als sich die Gletscher zurückzogen und Dämme aus Geröll sowie Senken hinterließen. Bei einer verheerenden Naturkatastrophe brach der Damm. Die Wasserfluten stürzten ins Tal der Scherzach hinab und schürften den Hochtobel ins Gelände. Vor fast tausend Jahren wurde ein Ersatzdamm angelegt, somit zählt der 20 ha große Weiher zu den ältesten Stauseen in Mitteleuropa.

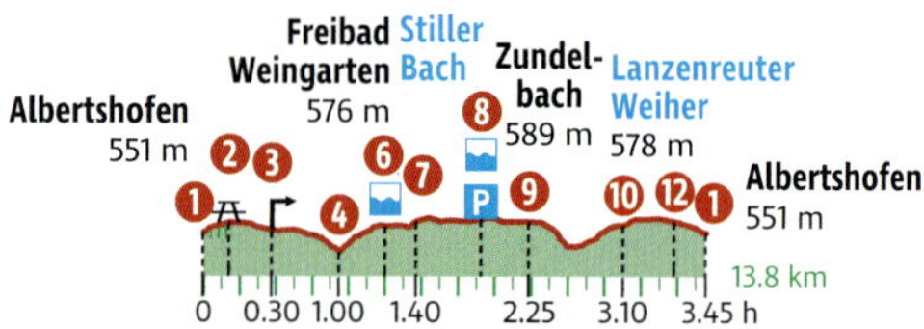

Ausgangspunkt: Ravensburg, Albertshofen 6; vom Ortszentrum in Ravensburg folgt man 1,7 km der Landstraße L 325 nach Schlier und Vogt, biegt dann nach links in den Weiler Albertshofen und nach ca. 100 m nach rechts, nach gut 200 m kann man schließlich auf einem Platz parken.
Anforderungen: Leichte Wanderung auf deutlichen, zum Teil befestigten Wegen mit unterschiedlichen Markierungen.
Einkehr: Keine.
Tipp: Bademöglichkeit im Freibad und im Rößler Weiher.

In **Albertshofen** ❶ folgen wir dem Weg weiter geradeaus, passieren eine rot-weiße Schranke, halten uns bei einer Gabelung rechts und erreichen gut 5 Min. später einen **Picknick- und Spielplatz** ❷ im Wald. Bei der Wegspinne gehen wir leicht links (ohne Ww.), rechts an Torwand und Klettergerüst vorbei (weiter links gibt es noch einen Weg). Rechts von uns liegt der Zaun eines Wildgeheges. Bei einer Kreuzung am Ende des Wildgeheges wandern wir geradeaus und bei der nächsten **Kreuzung** ❸ nach rechts. Der Weg fällt, überquert einen Bach, steigt wieder an und erreicht eine Wegspinne. Dort halten wir uns links (Ww. weißer Pfeil mit schwarzer Aufschrift

»10 km«, später auch Jakobsmuschel, Pilgerweg, Wanderweg Weingarten 2). Der Wald lichtet sich und gibt den Blick über das Schussental frei, bald verlassen wir ihn ganz und gehen nach rechts über einen Wanderparkplatz. An seinem Ende halten wir uns rechts und sofort wieder links. Der Weg führt steil abwärts und dann bei einer T-Kreuzung links an einem Gartengrundstück entlang, das von einem mit Nadelbäumen bestandenen Maschendrahtzaun begrenzt wird. Nach 100 m geht zwischen zwei Gartengrundstücken eine Treppe abwärts (Ww. grünes N mit waagrechtem roten Pfeil) ins Scherzachtal. Am Ende der Treppe biegen wir nach rechts und gleich wieder nach links. Nach wenigen Metern halten wir uns bei einer T-Kreuzung rechts (Ww. gelber Pfeil »Wanderweg«) und sehen dann bald einen **VW-Käfer auf einem Baumstumpf** ❹ vor einer Lackiererei. Dort folgen wir der Zufahrtsstraße nach links. Kurz erblicken wir die Basilika von Weingarten.
Wir überqueren die Fahrstraße und wandern, einige Meter nach rechts versetzt, auf einem ansteigenden Weg (Ww. Gaststätte Hasenheim) weiter. Kurz nach diesem Vereinsheim erreichen wir eine querlaufende Fahrstraße, überqueren sie und folgen einem Pfad im Wald. Bei einer **Wegspinne** ❺ gehen wir zuerst geradeaus und dann hinter dem mit Maschendraht einge-

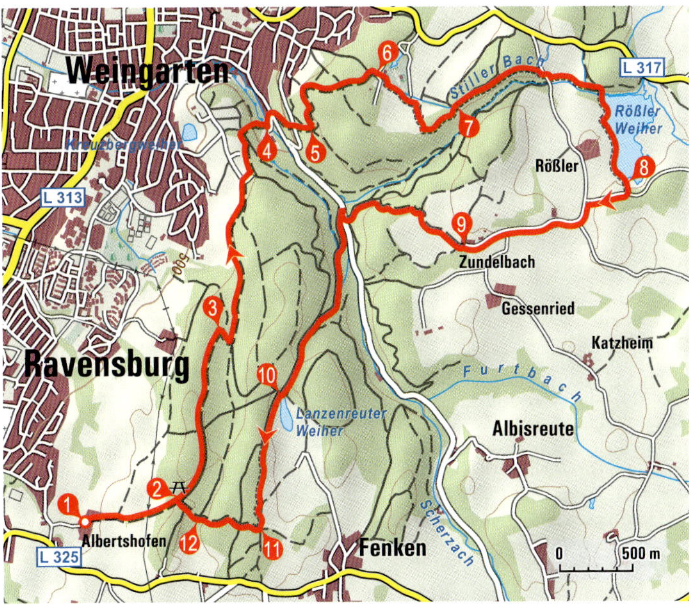

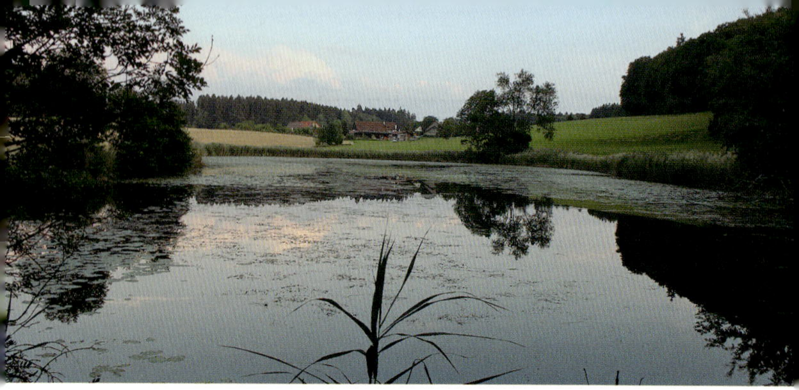

Rößler Weiher.

zäunten Grundstück nach links am Zaun entlang. Wir folgen dem Trimmpfad, bei der folgenden Wegspinne (acht Balken für Liegestütze) gehen wir halbrechts und dann immer geradeaus bis zum Ende des Trimmpfades. Dort biegen wir nach links (rechts beginnt der Trimmpfad) zu einem Parkplatz und sehen dann schon das **Freibad Weingarten** 6 rechts von uns. Wir wandern rechts an dessen Zaun entlang auf den großen Hof »Schanze« zu und biegen davor nach rechts zu einem Parkplatz am Waldrand. Davor halten wir uns links (Ww. Rößler Weiher) und wandern 5 Min. später im Hochtobel am **Stillen Bach** 7 entlang. Nach 10 Min. macht der Stille Bach eine Linkskurve, der Weg gabelt sich. Wir gehen abwärts nach rechts, auf dem Asphaltweg erneut und folgen nach wenigen Metern einem Wiesenpfad nach links (Ww. Rößler Weiher). Bald treffen wir wieder auf den Stillen Bach und wandern an ihm entlang nach rechts zum **Rößler Weiher**, dessen Abfluss er ist. Der Weg führt am Westufer des Weihers entlang und stößt am Südende auf einen **Parkplatz** 8, der zu einer Badestelle gehört. Dem Asphaltsträßchen folgen wir nach rechts, gehen vor dem Hof Schattbuch links und bald wieder nach rechts. Durch **Schattbuch** leitet uns der Weg nach **Zundelbach** 9 und dahinter bei einer Kreuzung geradeaus (Ww. Weingarten). Der Weg führt dann in den Wald und gleich nach links (Ww. blaues +) immer fallend zur Fahrstraße im Scherzachtal. Ihr folgen wir gut 100 m nach rechts und dann einem ansteigenden Waldweg nach links.
Bei einer Gabelung halten wir uns links, die Markierung »10 km« taucht wieder auf. Am Ende des Anstiegs kommen wir zum **Lanzenreuter Weiher** 10 (auch Einödweiher). Der Weg verläuft dann 15 Min. rechts vom Weiher im Wald, aber nahe am Waldrand, immer geradeaus bis zu einer **Kreuzung** 11 am Waldrand. Dort gehen wir nach rechts, bei den folgenden Kreuzungen geradeaus und erreichen schließlich, vorbei an einem **Wildgehege** 12 links, den bekannten **Picknick- und Spielplatz** 2. Auf dem bekannten zweiten Weg nach links wandern wir zurück nach **Albertshofen** 1.

↗ 70 m | ↘ 70 m | 10.6 km

2.30 h

Rundtour im Süden von Wangen

Ein Ausflug ins Allgäu

Die alte Reichsstadt Wangen im Allgäu ist der Ausgangspunkt einer Wanderung durch typische Allgäuer Landschaft. Durch saftige Wiesen, dunkle Wälder und schmucke Weiler, vorbei an vielen kleinen Seen und Weihern, vermittelt sie einen Einblick in die Landschaft an der Grenze Oberschwabens. Danach sollte man einen Besuch der schönen Innenstadt nicht versäumen und sich in oder vor einem der vielen Lokale stärken.

Ausgangspunkt: Wangen, Finanzamt, Lindauer Straße 37, Ecke Liebigstraße (Bushaltestelle Lindauer Straße/ Landratsamt). Direkt hinter dem Finanzamt befindet sich der große Parkplatz 7 (Stadion).
Anforderungen: Leichte Wanderung auf deutlichen, zum Teil befestigten Wegen.

Einkehr: Wangen.
Varianten: 1. Auf der Straße nach 3 zurück nach Wangen (insgesamt knapp 90 Min.). 2. Gut 10 Min. nach 4 an der B 32 links und dann mehr oder weniger parallel zu ihr zum Grat 9 und von dort zurück zum Ausgangspunkt (insgesamt knapp 2 Std.).

Vom Finanzamt in **Wangen** 1 folgen wir der *Liebigstraße* bis zu ihrem Ende und dann dem Fußweg zwischen Allgäustadion rechts und Gymnasium links. Er endet an der Straße *Kanalweg*, dort biegen wir nach rechts und überqueren nach 100 m den Kanal, aber nicht die unmittelbar dahinter fließende Obere Argen. Hinter der Brücke wandern wir nach rechts unter der Bahnbrücke hindurch, immer am Argenkanal entlang (Markierung »8«). Nach einer Flussschleife fließt links wieder die Obere Argen, die wir nach etwa 25 Min. überqueren.
Nach der Brücke gehen wir auf dem Weg geradeaus und nach ca. 50 m auf einem Wiesenpfad unmittelbar links neben einer Garage im Ortsteil **Elitz** 2 weiter geradeaus. Der Pfad führt auf einen Bauernhof zu, davor halten wir uns rechts und bei einer Gabelung nach wenigen Metern links. Nach 300 m folgen wir einem von der befestigten Straße rechts in

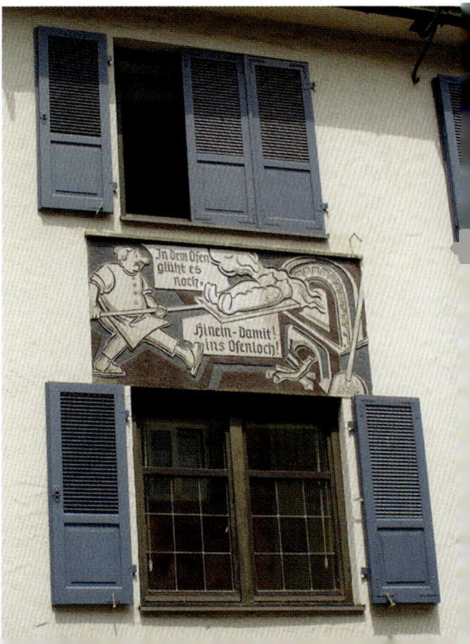

Max und Moritz beim Bäcker: Der sechste Streich ziert eine Hauswand in Wangen.

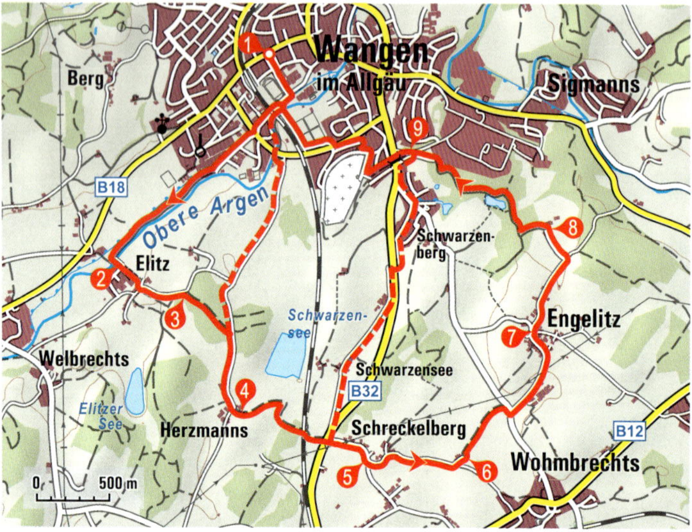

den Wald abgehenden **Pfad** ❸. Nun immer geradeaus, bis wir 10 Min. später wieder eine befestigte Straße erreichen. Hier (bis zum Ende Markierung »7«) biegen wir nach rechts. (Hier führt Variante 1 nach links.)

Im Weiler **Herzmanns** ❹ wandern wir bei einer Gabelung nach links, überschreiten die Grenze nach Bayern, unterqueren eine Bahnlinie und überqueren die Bundesstraße B32. (Vor der B32 leitet Variante 2 nach links.) Dann kommen wir in den Weiler **Schreckelberg** ❺. Im Ort folgen wir dem Ww. Wohmbrechts nach links. 5 Min. nach dem Ortsende von Schreckelberg liegt links ein Gehöft. Unser Weg führt unmittelbar nach dem Gebäude nach links, an diesem entlang, an seinem Ende links am **Stalleingang** ❻ vorbei und dann nach rechts zu einem Feldrain (die Markierung ist in diesem Bereich etwas unübersichtlich). Geradeaus wandernd erreichen wir 5 Min. später bei einem Feldkreuz die Landstraße, gehen dort 50 m nach rechts und folgen dann links der befestigten Zufahrtsstraße nach **Engelitz** ❼. In der Dorfmitte biegen wir vor der Kapelle nach rechts und wandern rechts an ihr vorbei.

Etwa 150 m nach den letzten Gebäuden des Dorfs biegen wir bei der ersten Möglichkeit nach links in die Zufahrtsstraße zu einem Gehöft (Ww. Schwarzenberg) und nach dem

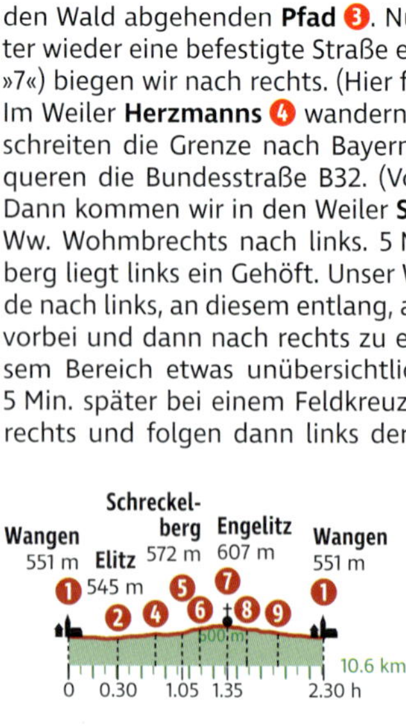

Stall **8** scharf nach links. Auf einem Weg im Wald wandern wir geradeaus, bis wir einem querlaufenden Weg nach rechts folgen und Bayern verlassen. Direkt nach einem Weiher gehen wir nach links an seiner Nordseite entlang. Der Weg führt am Rand eines großen Gewerbegebiets entlang. Bald sehen wir in einem Einschnitt rechts von uns eine Straße und verlassen kurz darauf vor den ersten Häusern den jetzt befestigten Weg rechts. Auf einem schmalen **Grat** **9** wandern wir weiter, etwa 150 m nach einer schmalen Brücke über die Bundesstraße biegen wir rechts ab und gehen vor dem Parkfriedhof Sankt Wolfgang rechts abwärts. In der Sankt-Wolfgang-Kapelle, die 400 Jahre älter ist als der 1913 eingeweihte Friedhof, wurde 1972 der Wangener Münzschatz gefunden. Die 1188 Münzen aus dem Heiligen Römischen Reich können heute im Heimatmuseum der Stadt bewundert werden.
Am Ende des Friedhofs halten wir uns links, wandern vor dem Haupteingang auf dem schmalen *Friedhofweg* nach rechts und folgen nach 100 m einem Pfad nach links zur Wendeplatte einer Sackgasse. Am Anfang der Sackgasse gehen wir nach rechts und durch eine Unterführung. Auf der anderen Straßenseite des Südrings wandern wir nach links, dann nach rechts an der Waldseite des Sportplatzes entlang und weiter geradeaus über die Obere Argen und den Kanal. Von dort schließlich auf bekanntem Weg zurück nach **Wangen** **1**.

Der Schwarzensee südlich von Wangen.

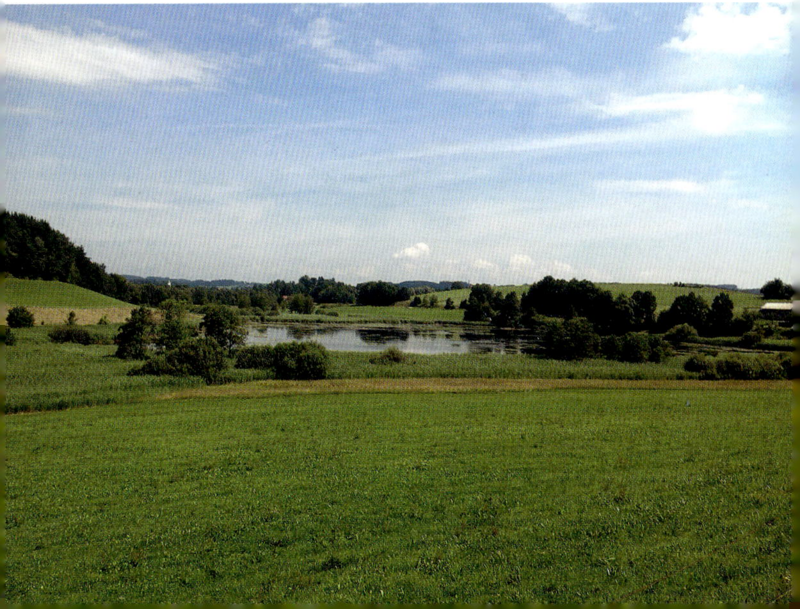

↗ 20 m | ↘ 20 m | 11.0 km

42 Das Wurzacher Ried

2.30 h

Das größte Hochmoor Mitteleuropas

Das Wurzacher Ried ist ein Moorgebiet im oberschwäbischen Alpenvorland. In der Riß- und der folgenden Würm-Eiszeit entstand eine von Moränen begrenzte abflusslose Senke, in der sich später ein flacher, sauerstoffarmer See bildete, der nach und nach verlandete und verkrautete. Diese Biomasse verwandelte sich in Torf. In diesem so entstandenen Niedermoor siedelten sich Moose an, die in ihren Zerfallsprozessen weitere Schichten auf das Niedermoor legten, das sich dadurch erhöhte, wölbte, verfestigte – und vor allem nicht mehr vom Grundwasser, sondern von den ergiebigen Niederschlägen gesteuert wurde. So bildeten sich die Hochmoorbereiche, die aufgrund des sehr sauren und nährstoffarmen Bodens nur von wenigen teils seltenen Pflanzenarten besiedelt werden können. Trotz des Torfabbaus Ende des 19. Jh. findet sich heute im Wurzacher Ried die größte noch vorhandene Hochmoorfläche Mitteleuropas. Die kleine Kurstadt Bad Wurzach ist das älteste Moorheilbad von Baden-Württemberg.

Ausgangspunkt: Bad Wurzach, großer Parkplatz hinter dem Kurhaus am Kurpark (Navi-Eingabe: Kirchbühlstraße 20).
Anforderungen: Leichte Wanderung auf deutlichen, kaum befestigten Wegen. Der Weg ist mit der Ziffer 1 gut markiert.
Einkehr: In Bad Wurzach.
Variante: Bei der Kreuzung 6 gehen wir auf dem asphaltierten Weg weiter geradeaus (Ww. Haasen, Ziegelbach, »weißes Steinmännle« in grünem Quadrat), nach gut 5 Min. nach links bis zur Landstraße und dort nach links auf dem Gehweg parallel zu ihr. Nach dem letzten Haus von Haasen sehen wir rechts von der Landstraße den Bahnübergang einer Nebenstraße. Dort wandern wir über die Bahnlinie und dann weiter geradeaus nach Ziegelbach. Am Ortsanfang überqueren wir die Landstraße und folgen dann der *Oberziegelbacherstraße* weiter geradeaus. Sie macht eine Linkskurve und eine anschließende Rechtskurve. Unmittelbar nach der Rechtskurve geht links im spitzen Winkel ein ansteigender, asphaltierter Weg ab (Ww. Bad Wurzach). Nach 30 Min. auf dieser schmalen Nebenstraße, bald mit Blick auf Bad Wurzach, erreichen wir die B 465, Umgehungsstraße um den Kurort. Wir überqueren sie und gehen geradeaus in ein Wohngebiet, kommen dann an zwei großen Supermärkten vorbei und halten uns dann bei einer Kreuzung links. Die *Mühltorstraße*, die später *Schlossstraße* heißt, endet am Schloss mit dem schönsten Barocktreppenhaus Baden-Württembergs. Vor dem Schloss gehen wir rechts, überqueren die Wurzacher Ach, dann nach links an ihr entlang zum Kurhaus und an der Rückseite zurück zum Parkplatz in Bad Wurzach 1 (35 Min. länger, knapp 90 Höhenmeter mehr).

Wir folgen in **Bad Wurzach** 1 der Allee, die von der *Kirchbühlstraße* am Parkplatz vorbei zur gläsernen Vorderseite des Kurhauses von Bad Wurzach führt. Dort findet man den Ausgangspunkt von **Weg 1** 2. Wir wandern rechts von der jungen, schmalen Wurzacher Ach, biegen nach 5 Min. bei

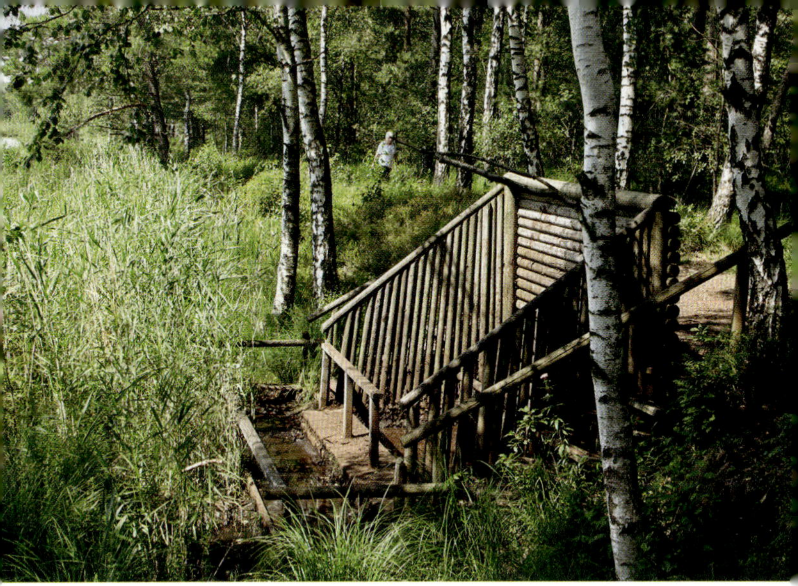

Torftreten gefällig?

einer Wegspinne nach links, überqueren bald einen anderen Arm der Wurzacher Ach und halten uns bei der folgenden Gabelung rechts. Der Weg biegt zuerst nach rechts, dann nach links, kreuzt dann die B 465 und führt dann, vorbei am **Hallen- und Freibad** ❸, immer geradeaus ins Ried.

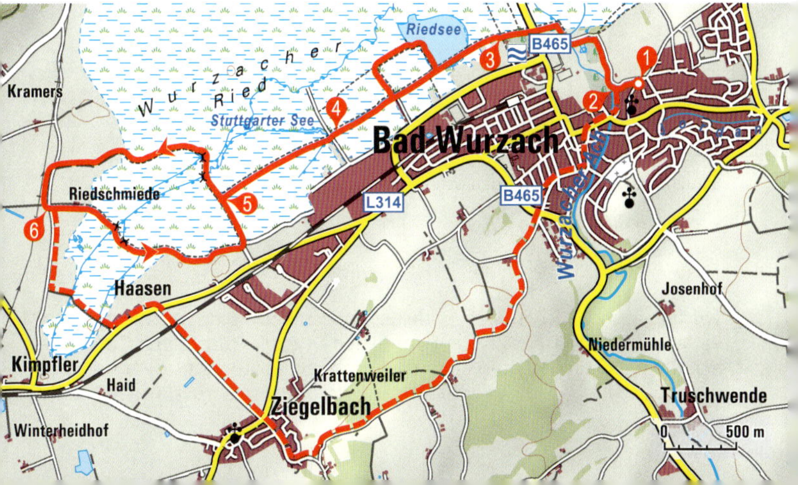

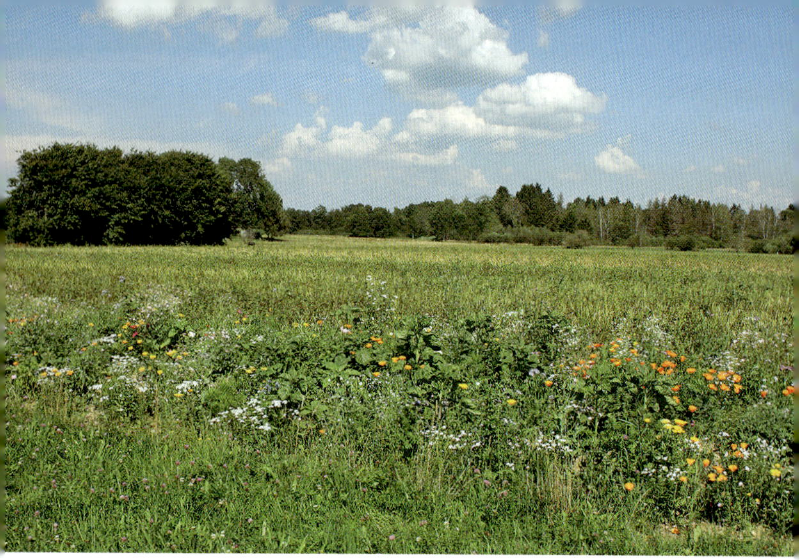

Am westlichen Rand des Rieds.

Vor dem **Riedsee** geht beim Torf- bzw. Wassertretbecken rechts ein Weg ab, er führt leider nicht um den See, sondern zurück – wir ignorieren ihn. Allerdings folgen wir nach dem Riedsee dem Bohlenpfad nach rechts. »Auf den Spuren der Torfstecher« erfahren wir manches Wissenswerte über das Ried und können in der richtigen Jahreszeit noch Heidelbeeren essen. Zurück auf dem Hauptweg überqueren wir kurz vor dem Stuttgarter See das Gleis der **Torfbahn** 4.

Bald darauf biegen wir bei einer **T-Kreuzung** 5 nach rechts, auf dem Rückweg werden wir diese Stelle von links erreichen. Wir verlassen dann den Kernbereich des Rieds und wandern über bewirtschaftete Felder und Wiesen, vor uns liegt Haidgau. Dem asphaltierten Weg folgen wir nach links, verlassen ihn aber bei einer **Kreuzung** 6 nach kaum 5 Min. wieder, ebenfalls nach links. Kurz nach dem nahen Hof »Riedschmiede« beginnt wieder das Ried. Wir folgen dem gut markierten, eindeutigen Weg knapp 20 Min. bis zu einer Kreuzung. Dort halten wir uns links und erreichen bei der bekannten **T-Kreuzung** 5 den Hinweg. Wir wandern nach rechts auf bekanntem Weg, aber ohne Abstecher auf den »Torfstecher-Lehrpfad« zum Ausgangspunkt in **Bad Wurzach** 1 zurück.

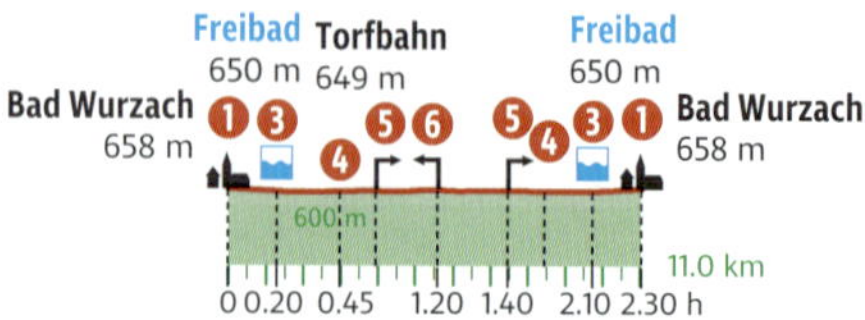

↗ 100 m | ↘ 100 m | 13.3 km

3.10 h

Mönchsrot **43**

Oberschwabens Kreml

1126 wurde die Prämonstratenser-Reichsabtei Mönchsrot gegründet. In den letzten Jahren wurde die Klosteranlage, deren Türme an den Kreml in Moskau erinnern, denkmalgerecht saniert. Am Ortsrand steht die Friedhofskirche St. Johann mit sehenswerten Deckenmalereien und dem Hochaltar. Die Wanderung führt, meist im Wald, von Rot zum Roter Weiher, dem schönsten der großen Weiher der Gegend. Er entstand, als die Mönche des Klosters den Laubach durch einen Damm stauten, um ihren Bedarf an Fischen decken zu können. Heute ist der zwischen Tannenwäldern eingebettete Weiher Brutstätte seltener Wasservögel. Der Weg kehrt dann zurück ins Rot-Tal und am Fluss entlang zum Ausgangspunkt.

Ausgangspunkt: Rot an der Rot, Parkplatz beim Gasthof zur Linde, Klosterstraße 14.
Anforderungen: Leichte Wanderung auf deutlichen, überwiegend unbefestigten Wegen. Die Wanderung ist mit Nr. 8 und anfangs mit blauen Balken markiert.
Einkehr: In Rot an der Rot.
Tipp: Der Schwäbische Albverein von Rot hat noch weitere Wanderungen ausgezeichnet (Übersichtstafel beim Kloster).

Vom Gasthaus zur Linde in **Rot an der Rot** ❶ gehen wir in der *Klosterstraße* zur Einmündung in die *Ochsenhauser Straße* und dann nach rechts, ortsauswärts. Die Landstraße überquert die **Rot** ❷ und macht dann, kurz vor dem Waldrand, eine Rechtskurve. Hier biegen wir nach links und gleich wieder nach rechts zu der Handvoll Häuser von **Ziegelhütte**. Der Weg verläuft anfangs parallel zur Landstraße und wendet sich dann nach links in den Wald. Wir folgen diesem Weg geradeaus, auch bei einer Kreuzung am Ende des Anstiegs. Bei einer Gabelung gleich danach gehen wir rechts und dann über ein **Wildgatter** ❸ in den umzäunten Wald.
Bei der folgenden Gabelung halten wir uns links und gehen dann immer geradeaus, bis wir bei einem **zweiten Wildgatter** ❹ den umzäunten Wald verlassen. Bei der T-Kreuzung nach dem Reichenbach wandern wir nach rechts am Waldrand entlang, bis knapp 5 Min. später nach einer Linkskurve die Landstraße sichtbar wird. Beim zweiten Abzweig folgen wir dem Wegweiser nach links in den Wald. Bei der ersten Kreuzung wandern wir

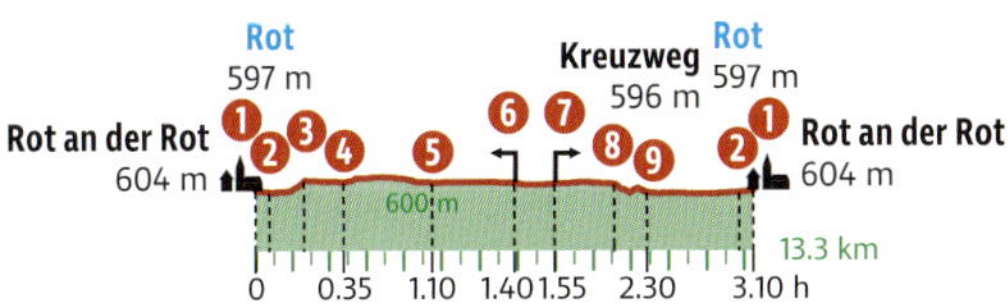

geradeaus, bei der zweiten Kreuzung ebenfalls (hier leitet die Markierung mit dem blauen Balken nach links) und bei der dritten biegen wir nach rechts. Der Weg führt zur Landstraße, wir gehen auf ihr gut 100 m nach rechts, dann nach links in den Wald und nach einer rot-weißen Schranke nochmals links. Nach 5 Min. auf dem geraden, breiten Weg liegt links ein **Hochstand 5**. 30 m danach folgen wir einem schmalen Pfad nach links in den Wald. Der Wegweiser ist ungeschickt angebracht und leicht zu übersehen. Der Pfad wird bald besser und führt am Ufer des **Roter Weihers** entlang. Umgestürzte Bäume lassen erkennen, dass im See Biber heimisch sind. Nahe am Ende des Weihers ist ein Grundstück eingezäunt, wir gehen deshalb in ca. 30 m Abstand zum Wasser weiter am Ufer entlang. Am Ende des Weihers halten wir uns rechts, dann führt der breite Weg im Wald immer geradeaus, bis wir nach etwa 15 Min. eine **T-Kreuzung 6** erreichen. Hier gehen wir nach links in den Wald, die Markierungen sind an dieser Stelle nicht klar. Nach ca. 3 Min. wandern wir bei der ersten Möglichkeit nach rechts, verlassen nach gut 100 m den Wald und laufen am Waldrand

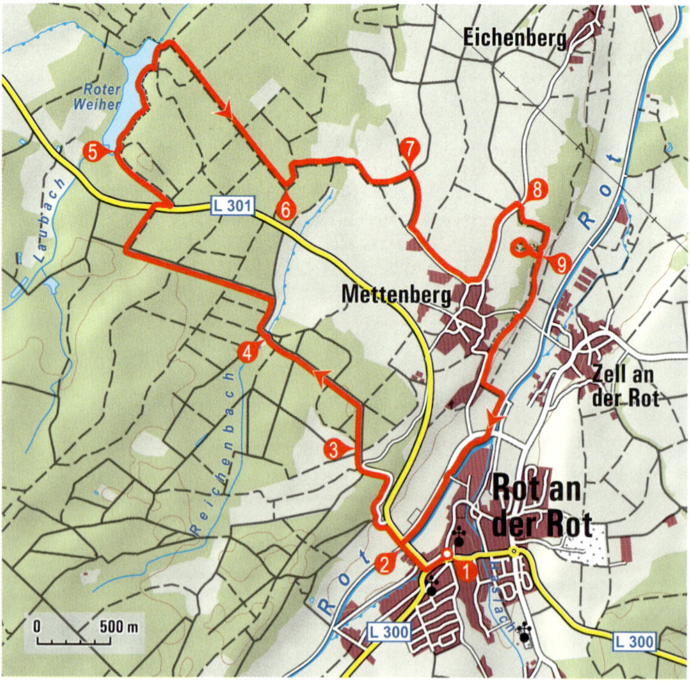

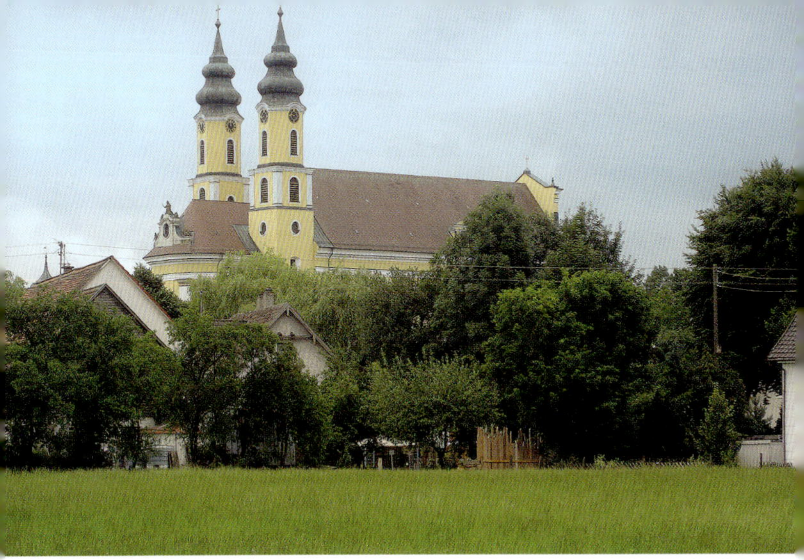

Klosterkirche in Rot an der Rot.

geradeaus weiter, anfangs ohne deutlichen Pfad. Wo der Waldrand endet, führt der Weg geradeaus in ein kleines Tal, dort vor Bäumen und Büschen nach rechts und danach nach links. Bei einer **Wegspinne** ❼ folgen wir dem asphaltierten Weg nach rechts in das nahe **Mettenberg**. Nach den ersten Höfen erreichen wir den *Eichenberger Weg*. Der Weg 8 führt nach rechts, wir wandern aber nach links und bei der nächsten T-Kreuzung kurz darauf nochmals. Wir befinden uns jetzt auf dem Weg 8a, allerdings entgegen der Markierungsrichtung. Gut 5 Min. nach der Bebauungsgrenze steht rechts vom Weg ein einzelner **Baum** ❽.

Hier verlassen wir den asphaltierten Weg und finden am Waldrand ca. 20 m hinter diesem Baum den Anfang eines Hohlwegs, der uns in ca. 5 Min. abwärts zu einer T-Kreuzung bringt. Wir wandern nach rechts, an einem nahen Haus vorbei und kommen dann zu einem ungewöhnlichen **Kreuzweg** ❾ mit Jugendstilelementen.

Wir gehen weiter geradeaus und stoßen ca. 5 Min. nach einer ehemaligen Brauerei wieder auf den Weg 8. Der erste nach links abgehende Weg bringt uns zur nahen **Rot**. Am Fluss folgen wir nicht den Markierungen und überqueren ihn daher nicht, sondern wandern vor dem Fluss auf dem Uferweg nach rechts. Nach 15 Min. erreichen wir bei einer ehemaligen Erdölpumpe, die daran erinnert, dass von 1958 bis 1995 in Rot Erdöl gefördert wurde, die vom Anfang der Wanderung bekannte Brücke über die **Rot** ❷ und gelangen nach links zu unserem Ausgangspunkt in **Rot an der Rot** ❶.

↗ 110 m | ↘ 110 m | 12.6 km

44 Füramoos

3.00 h

Streusiedlungen und Streuobst

Die Landschaft, durch die diese Wanderung führt, ist ein typisches Streusiedlungsgebiet; die Siedlungen sind geprägt von weit auseinanderliegenden Weilern und Bauernhöfen, die von ihren Wiesen und Äckern umgeben sind. Die grüne Weiden-Wiesen-Landschaft ist eine Schöpfung des 19. Jh. Bis dahin war die vorherrschende Farbe Blau, da aufgrund des umfassenden Flachs- und Hanfanbaus die Flachsblüte die Felder blau färbte. Aus dem Flachs wurde Leinen gewonnen, das die Ravensburger Handelsgesellschaft mit ihren weit verbreiteten Kontoren in ganz Europa verkaufte. Den Niedergang brachte die billigere Baumwolle aus Amerika und Indien, die ab Ende des 18. Jh. durch die Erfindung der Dampfmaschine maschinell gewoben wurde. Mit dieser globalen Konkurrenz und der neuen Technologie konnte die aufwendige und zeitraubende Handweberei der Allgäuer Bauern nicht konkurrieren.

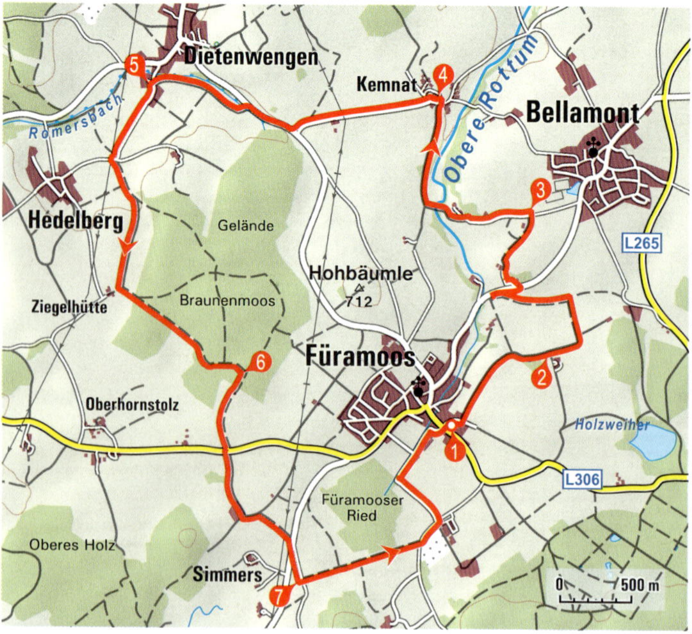

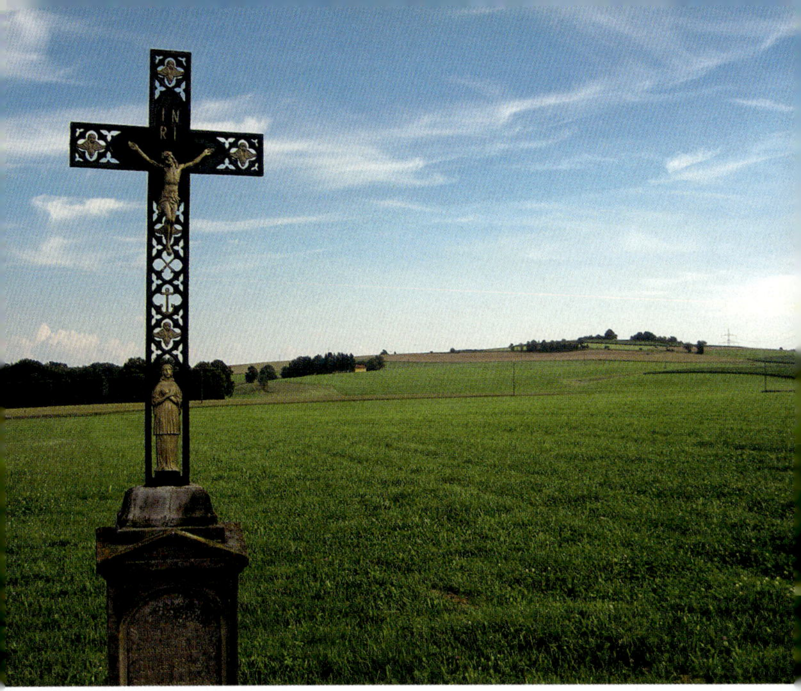

Schmuckes Feldkreuz am Wegesrand.

Ausgangspunkt: Füramoos (Ortsteil von Eberhardzell), Ellwanger Straße 21 (Kreuzung Riedweg).
Anforderungen: Leichte Wanderung auf deutlichen, teils befestigten Wegen.

Einkehr: Gasthof Rössle, Ellwanger Straße 3, Füramoos, Tel. +49 7358 283, www.roessle-fueramoos.de (Ruhetag Mo, Di–Sa ab 17 Uhr, Sa auch 11–14 Uhr, So ab 11 Uhr).

Wir folgen in **Füramoos** ❶ dem namenlosen, aber asphaltierten Weg, der neben dem Haus Ellwanger Straße 21 (ortsauswärts fahrend links) abgeht, nach 120 m links und dann geradeaus. Nach der **Kreuzung** ❷ mit der Zufahrtsstraße zu einem Hof verliert der Weg den Belag und macht bald eine Linkskurve. Bei der folgenden T-Kreuzung gehen wir links zur nahen Landstraße und auf dieser 200 m rechts. Dann biegen wir nach links in den Zufahrtsweg des Hauses Füramooserstraße 30 und folgen auf einem kleinen Abschnitt dem roten Balken des HW 4. Wir gehen an dem ehemaligen Bauernhof vorbei und biegen gut 5 Min. später beim nächsten Haus in den querlaufenden, breiten **Hohbäumleweg** ❸ nach links (der HW 4 biegt nach rechts). Diesem folgen wir bis zu seinem Ende, wandern dann nach rechts zum Weiler **Kemnat** ❹.

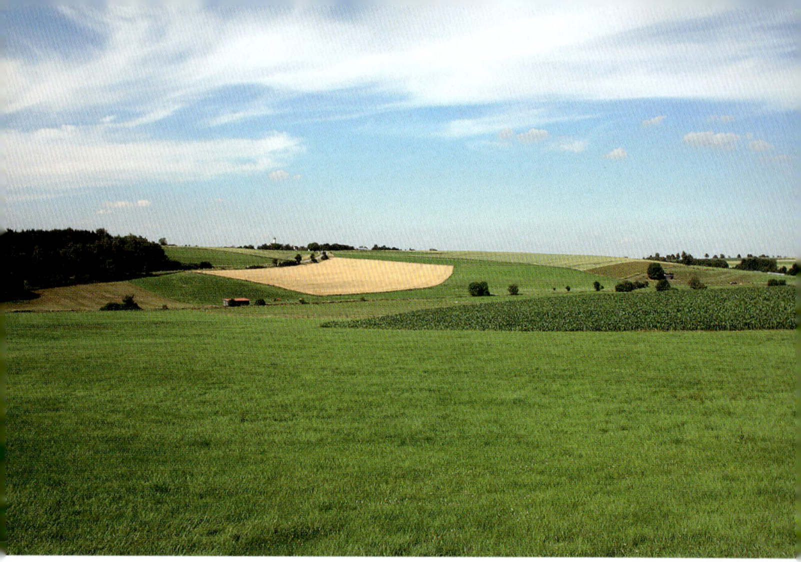

Typische Weiden- und Felderlandschaft.

Im Ort biegen wir nach links und gleich darauf nochmals. 15 Min. später laufen wir auf auf der Kreisstraße 5 Min. nach rechts und verlassen sie dann bei der zweiten Abzweigung nach links. Der Weg biegt nach rechts, verliert bald den Belag und stößt am Rand von **Dietenwengen** 5 auf den *Haldenweg*, dem wir nach links folgen.

Bei einer Kreuzung wandern wir geradeaus, bei der folgenden Gabelung nach links und nach gut 10 Min. vor dem Ziegelhof nochmals. Nach 130 m gehen wir bei einer Gabelung am Waldrand nach rechts und folgen diesem breiten Forstweg, bis er bei einer **T-Kreuzung** 6 endet. Dort halten wir uns rechts, erreichen bald den Hof Braunenmoos am Waldrand und dann die Landstraße. Auf der anderen Seite, etwas nach rechts versetzt, führt der Weg weiter geradeaus.

Nach dem nächsten Hof halten wir uns links und gleich wieder rechts. Wir überqueren die Kreisstraße (Ww. Neumäder) und biegen dann bei der ersten Gelegenheit nach links 7. Nach ca. 200 m wird der Wiesenweg deutlicher, nach 10 Min. gehen wir nach links und bei einer Kreuzung beim Gewerbegebiet von Füramoos nochmals. Der Weg führt zuerst geradeaus und dann nach rechts zum Ausgangspunkt in **Füramoos** 1.

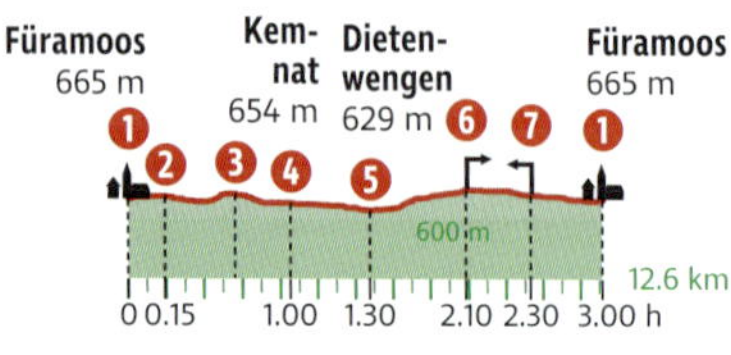

↗ 180 m | ↘ 180 m | 17.3 km

TOP

4.15 h

Von Ochsenhausen nach Biberach

45

Von der Reichsabtei zur Reichsstadt

Diese Streckenwanderung führt von der ehemaligen Benediktiner-Reichsabtei Ochsenhausen zur alten Reichsstadt Biberach an der Riß. Durch öffentliche Verkehrsmittel sind Anfangs- und Endpunkt gut verbunden. Die Ende des 15. Jh. in spätgotischem Stil erbaute Klosterkirche wurde im 17. Jh. aufwendig barockisiert und ist eine Augenweide. Äußerst sehenswert ist auch die historische Sternwarte aus dem 18. Jh. In Biberach sind heute bedeutende Industrieunternehmen ansässig, trotzdem hat sich die Stadt ihren mittelalterlichen Kern bewahrt. Die Wanderung führt durch viele kleine Dörfer inmitten der fruchtbaren oberschwäbischen Landschaft.

Ausgangspunkt: Ochsenhausen, Haltestelle Bäckerei und Café Grieser, Poststraße 10.
Endpunkt: Biberach, zentraler Omnibusbahnhof (ZOB) am Bahnhof, Eisenbahnstraße. Von dort (normalerweise Steig 15 oder 17) mit dem etwa zweimal pro Stunde verkehrenden Bus in 20 Min. zurück nach Ochsenhausen.
Anforderungen: Deutlicher, teils befestigter Weg, mit roten Kreuzen sehr gut markiert.
Einkehr: Gasthaus d'Adler, Hauptstraße 39, Biberach-Ringschnait, Tel. +49 7352 7504 (Mi–Fr ab 15 Uhr, So ab 10 Uhr) sowie in Ochsenhausen und Biberach.

Landidylle in Bronnen.

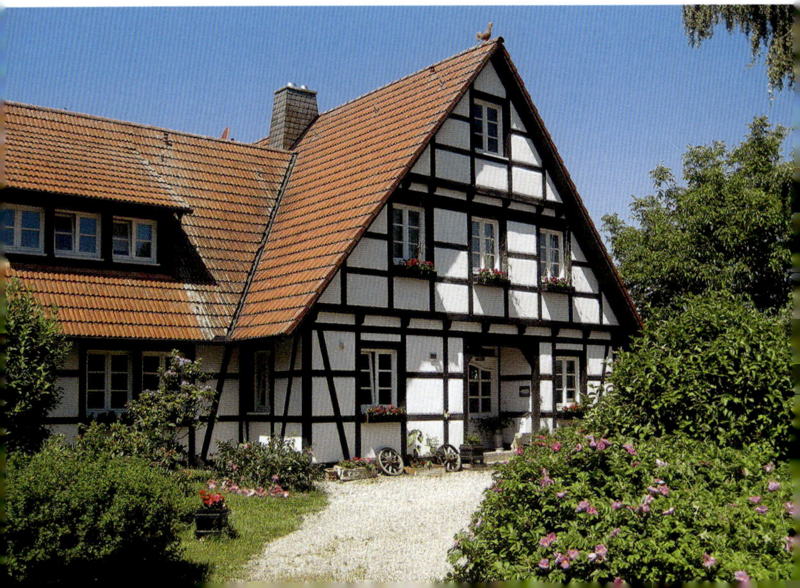

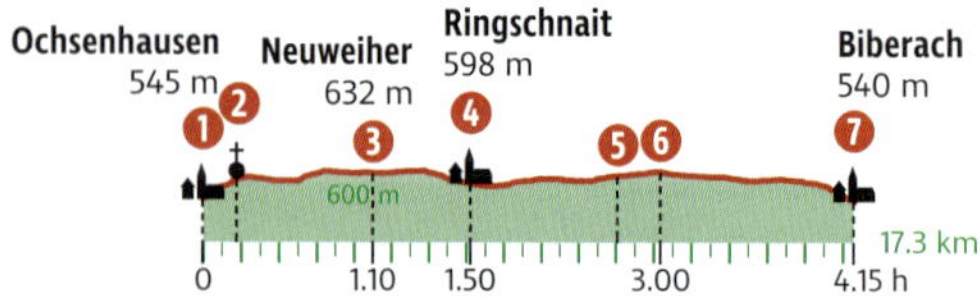

An der Haltestelle von **Ochsenhausen** ❶ sehen wir schon die Klosteranlage etwas rechts oberhalb von uns. Wir folgen noch einige Meter der *Poststraße*, überqueren dann die Steinhauser Rottum rechts von uns und wandern 5 Min. auf dem schmalen Weg und dann in der *Schloßstraße* weiter. Die *Schloßstraße* biegt nach rechts und führt dann bald an der ehemaligen **Klosteranlage** ❷ vorbei. Die Besichtigung der Klosterkirche gehört zum Pflichtprogramm.

Wir treten aus der Klosteranlage und gehen nach links. Beim letzten Haus auf der rechten Seite folgen wir dem Weg, der parallel zur Straße verläuft, und bei einer Kreuzung einer Allee ansteigend geradeaus. In **Ziegelstadel** halten wir uns bei einer T-Kreuzung links, folgen dem asphaltierten Weg zum nahen Hattenburg, gehen dort entlang der Kreisstraße, wandern nach 80 m nach rechts in die *Ringschnaiter Straße* und folgen ihr geradeaus. Beim **Neuweiher** ❸ endet der Asphaltbelag, der Weg führt weiter gera-

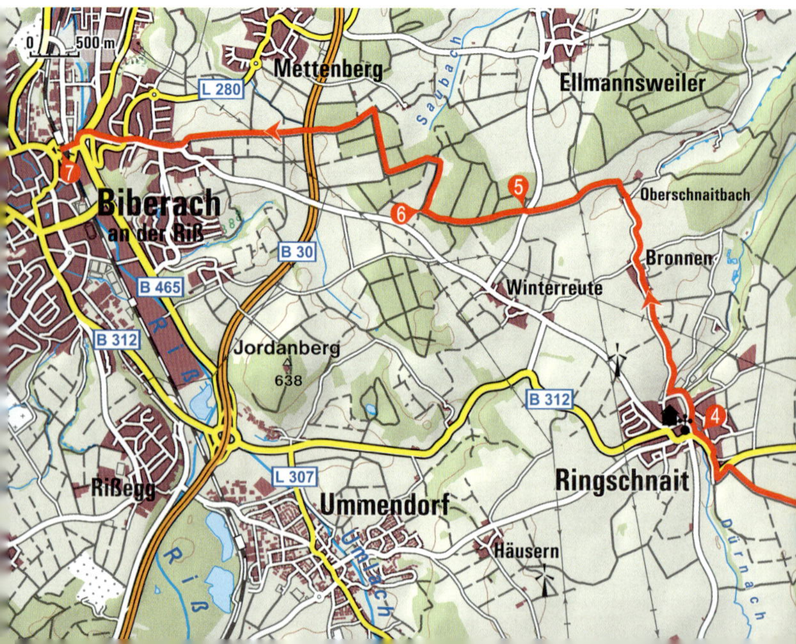

deaus durch ein Waldstück; wieder aus dem Wald heraus, erfreuen wir uns an dem weiten Blick über die hügelige Landschaft. Bald nach einer Kapelle links fällt der Weg und bekommt einen Belag. Bei einer T-Kreuzung halten wir uns dann links und erreichen nach einer großen Rechtskurve in **Ringschnait** 4 die *Hauptstraße*. Ihr folgen wir 3 Min. nach links und biegen nach dem Haus mit der Nr. 49 auf der rechten Seite der *Hauptstraße* nach rechts in den *Dürnachweg* (zum Gasthaus d' Adler auf der Hauptstraße noch wenige Meter geradeaus). Nach 100 m folgen wir bei einer Gabelung dem Bach nach rechts. An der folgenden Gabelung nach einem Sportplatz gehen wir links aufwärts und nach 100 m vor dem Friedhof nach rechts.

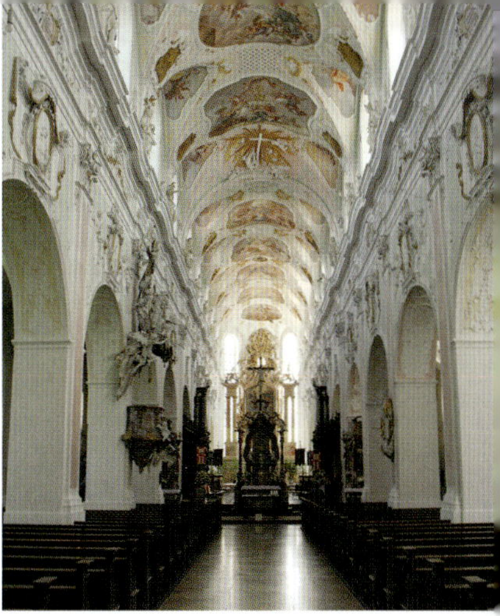

Barocke Pracht in der Klosterkirche Ochsenhausen.

Bei der Mehrzweckhalle folgen wir der Straße geradeaus nach **Bronnen**. Dort gehen wir bei der Kreuzung am Dorfende geradeaus. Im Weiler **Oberschnaitbach** halten wir uns links. Bei der folgenden Kreuzung halten wir uns erneut links. Der Weg überquert die **Kreisstraße** 5 und führt dann in den Wald. Bei der Kreuzung kurz nach dem **Waldende** 6 gehen wir rechts abwärts, halten uns bei einer T-Kreuzung links und nach 100 m bei der Kreuzung am Waldanfang geradeaus. Bei der Kreuzung am Waldende gehen wir rechts, dann 10 Min. geradeaus bis zu einer T-Kreuzung. Der Weg führt nach links und später unter der B 30 hindurch, dann beginnt Biberach. Wir wandern durch die *Schnaitstraße*, biegen nach rechts in die *Bergerhauser Straße*. Ihr folgen wir abwärts, bis wir auf einem Fußweg (*An der Steige*) einen Rechtsbogen abschneiden. Wir überqueren die Straße und schneiden auf dem rechten der beiden gegenüberliegenden Wege einen weiteren Bogen ab. Schließlich erreichen wir die vierspurige *Ulmer Straße*, biegen davor nach links und überqueren sie und die die Riß nach wenigen Metern. Knapp 100 m nach der Brücke gehen wir unter der Bahnlinie hindurch und erreichen den ZOB die Altstadt von **Biberach** 7.

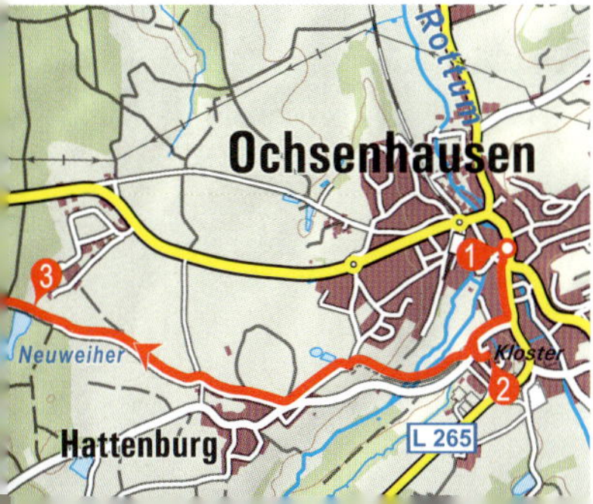

↗ 80 m | ↘ 80 m | 11.2 km

46 Im Burrenwald

2.40 h

Naherholungsgebiet bei Biberach

Der Burrenwald ist ein zusammenhängendes Waldstück südwestlich von Biberach, etwa 5 km vom Zentrum der alten Reichsstadt entfernt. Im Burrenwald sind drei Rundwege unterschiedlicher Länge ausgeschildert, hier wird der längste beschrieben. Durch einen Spielplatz und den Hochseilgarten »Kletterwald Biberach« ist das Ziel auch für Kinder attraktiv.

Ausgangspunkt: Von der B 312 Riedlingen–Biberach zweigt kurz vor Biberach eine Straße nach Birkenhard ab. Bei der Abzweigung befindet sich der Wanderparkplatz Burrenwald.
Anforderung: Einfache Wanderung auf deutlichen, etwa zu einem Viertel befestigten Wegen, die mit einer gelben 2 auf blauem Grund gut markiert sind. Es gibt auch einen Nordic-Walking-Weg 2, der nichts mit dem Wanderweg 2 zu tun hat.
Einkehr: Gasthof Burren, Tel. +49 7357 883 4316, gasthaus-burren.jimdofree.com (Mi–Fr ab 15 Uhr, Sa/So/Feiertag ab 11 Uhr); in der Saison Getränke am Ausgangspunkt.
Tipp: Großer Spielplatz und Kletterwald (Schulferien täglich, sonst Sa und So; www.kletterwald-biberach.de) beim Ausgangspunkt.

Vom **Parkplatz** ❶ folgen wir dem rechten Weg (Ww. Schammach) in den Wald zum Spielplatz und zum **Kletterwald** ❷ und biegen davor nach rechts. Der Weg 2 ist anfangs mit dem Hauptwanderweg Schwarzwald – Schwäbische Alb – Allgäu (HW 5, roter Balken auf weißem Grund) identisch. Es folgt ein langes gerades Stück, nach einer Linkskurve wandern wir weiter geradeaus über eine große Freifläche bis zum Waldrand und dort

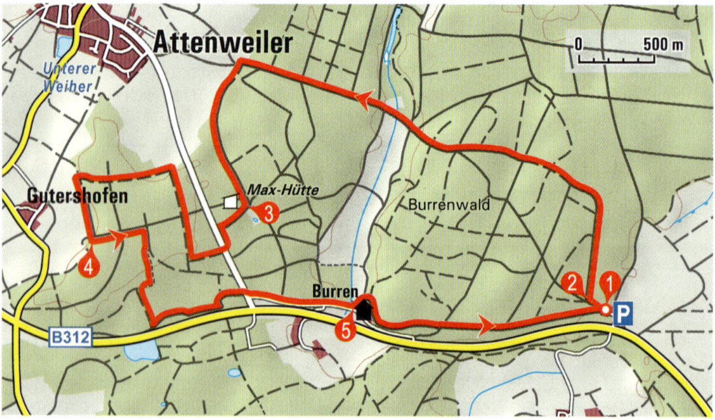

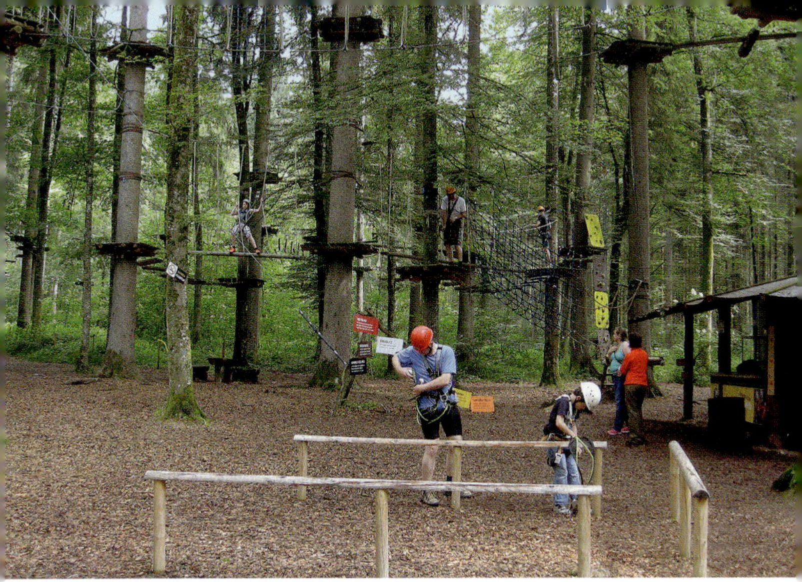

Spaß für Groß und Klein im Kletterwald.

nach links. Bald führt der Weg wieder in den Wald. An einer Wegspinne steht das Holzhaus **Max-Hütte** ❸. Wir gehen nach rechts bis zur Kreisstraße, auf einem Nebenweg 150 m nach links, bevor wir sie überqueren und dem Waldweg auf der gegenüberliegenden Seite geradeaus folgen. Bei der übernächsten Kreuzung steht links ein niederer Hochstand, hier biegen wir nach rechts, wandern bis zum Waldrand und dort links.
Wieder im Wald gehen wir geradeaus bis zum Waldrand und dort links an ihm entlang. Bei einem **Waldvorsprung** ❹ halten wir uns links und dann, wieder im Wald, bei der zweiten Kreuzung rechts. Nachdem wir bei der folgenden Gabelung ebenfalls rechts gelaufen sind, erreichen wir eine Waldwiese, halten uns dort rechts und nach 100 m links. Bei einer T-Kreuzung wandern wir auf dem asphaltierten Weg, der neben der Bundesstraße verläuft, nach links, überqueren die Kreisstraße und folgen dann dem gelben Wegweiser nach Burren weiter parallel zur Bundesstraße, die aber meistens hinter Büschen und Bäumen versteckt ist. Direkt nach dem **Gasthof Burren** ❺ führt der bald wieder unbefestigte Weg nach links, dann nach rechts in den Wald und in einiger Entfernung parallel zur Bundesstraße zurück zum **Parkplatz** ❶.

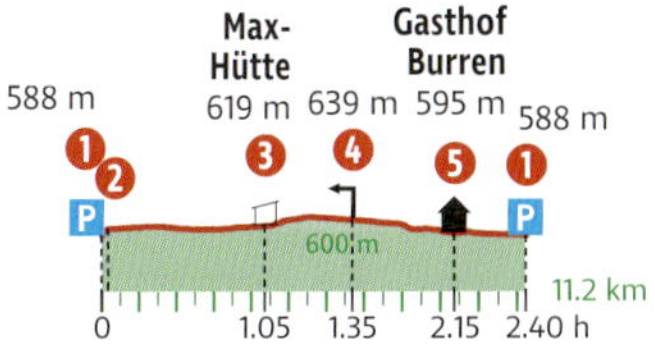

TOP

47 Laupheim

↗ 20 m | ↘ 20 m | 16.5 km

3.40 h

Wiesen, Felder, Seen im Rißtal

Die Riß, ein Nebenfluss der Donau, fließt im Westen an Laupheim vorbei. Die Wanderung verläuft im breiten Rißtal durch Wiesen und Felder. Immer wieder kann man weite Blicke über die fruchtbare Landschaft genießen. Zwei Seen laden im Sommer zum Baden ein.

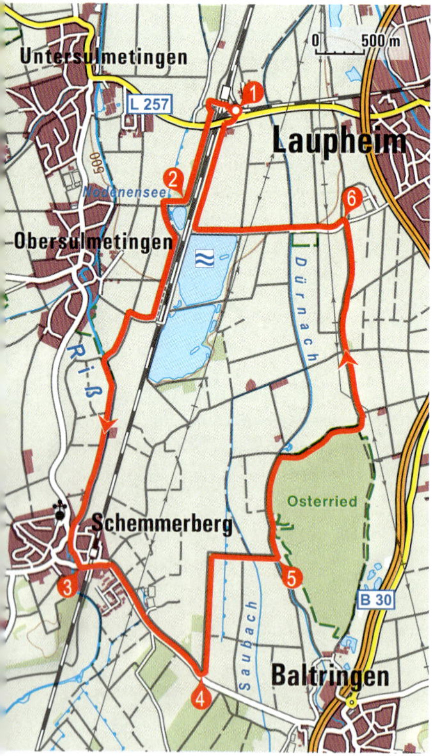

Ausgangspunkt: Laupheim, Westbahnhof, Dürnachhöfe; auf dem P+R-Parkplatz parken.
Anforderung: Wanderung auf deutlichen, teilweise befestigten Wegen.
Einkehr: Keine.

Vom P+R-Parkplatz am Westbahnhof in **Laupheim** ❶ folgen wir dem von bläulichen Gittern begrenzten Weg neben der Zufahrt zum Bahnhofsgebäude. Er leitet mit der Straße unter einer Nebenlinie durch. Vor dem ersten Gebäude links gehen wir durch eine Fußgängerunterführung unter der Hauptlinie (Ww. blaues Dreieck), biegen scharf nach links und wandern dann parallel zur Bahnlinie Richtung Süden.

Den kleinen Badesee **Nodenensee** ❷ umgehen wir auf der Westseite und wandern weiter entlang der Bahnlinie bis zu einer Straßenbrücke. Auf der Straße gehen wir nach rechts und biegen dann bei der nächsten Kreuzung nach links (Ww. Schemmerberg, Biberach). Wir folgen der asphaltierten Straße durch den Ort **Schemmerberg** ❸, bis sie in die *Bahnhofstraße* mündet. Hier wenden wir uns nach links, überqueren die Bahnlinie und folgen auf einem Parallelweg der Landstraße. Dort, wo auf der rechten Straßenseite ein **Schuppen** ❹ steht, biegen wir vor dem zweiten Waldstück nach links ab.

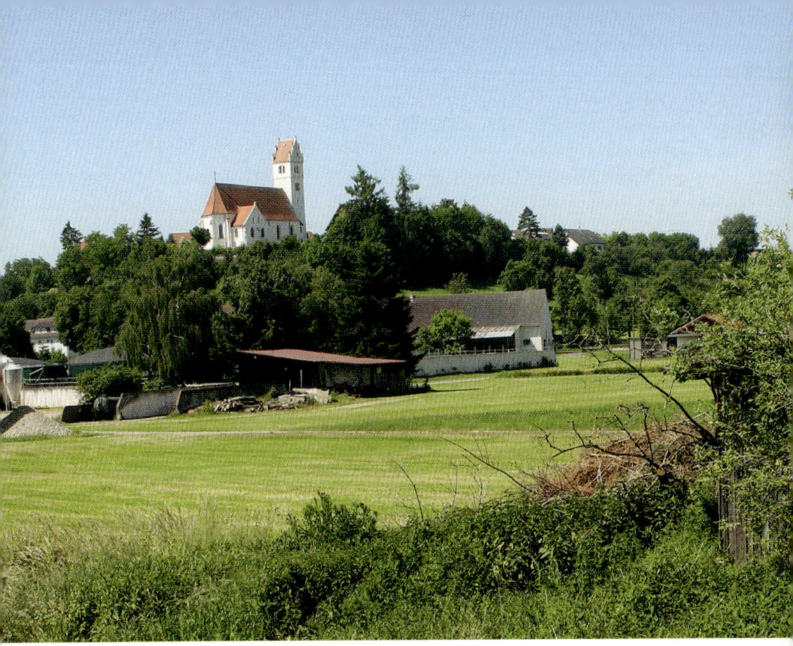

Die Kirche von Schemmerberg ist weithin sichtbar.

Wir wandern geradeaus, bis wir nach 20 Min., etwa in Höhe der Kirche von Schemmerberg, in den zweiten befestigten Weg nach rechts biegen. Er leitet auf eine **Brücke** ❺ zu, wir halten uns davor links und folgen dem unbefestigten Weg, bis wir den Bach vor einem neueren Aussiedlerhof überqueren.

Der mit Betonplatten befestigte Weg führt dann eine Anhöhe hinauf, kurz vor der Überlandleitung folgen wir einem befestigten Weg nach links. Er verläuft am Fuße dieser Anhöhe parallel zur Überlandleitung, bis wir nach 25 Min. die **Zufahrtsstraße** ❻ zu einem Badesee erreichen. Wir folgen ihr nach links, zuerst auf einem Nebenweg, gehen an dem Badesee entlang bis zur Bahnlinie und gelangen dann nach rechts zurück zu unserem Ausgangspunkt, dem P+R-Parkplatz in **Laupheim** ❶.

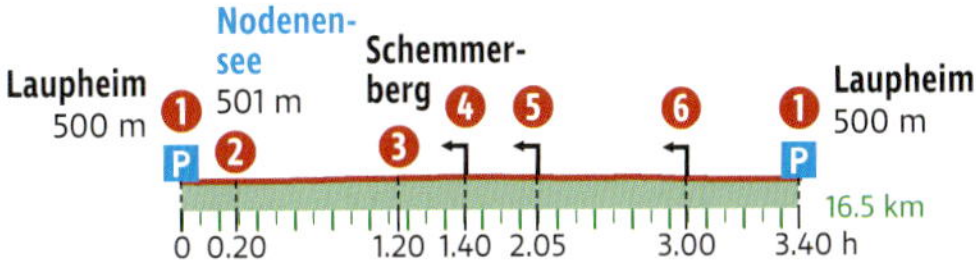

↗ 170 m | ↘ 170 m | 22.3 km

48 Im Weihungtal

5.20 h

Abwechslungsreiche Rundwanderung

Die 30 km lange Weihung fließt parallel zur Iller, in die sie auch mündete, bevor 2002/03 aus Gründen des Trinkwasserschutzes ihre Mündung verlegt und sie als jüngster Nebenfluss der Donau bekannt wurde. Diese abwechslungsreiche Wanderung führt im mittleren Weihungtal nach Süden und dann durch Wälder, Felder und Wiesen zurück nach Staig.

Ausgangspunkt: Staig. In der Kirchstraße parken.
Anforderung: Wanderung auf deutlichen, unbefestigten Wegen ohne weitere Schwierigkeiten.
Einkehr: Restaurant Römerstuben, Saunweg 4, Staig, Tel. +49 7346 921047 (Di–So ab 17 Uhr, So/Feiertag auch 11.30–14 Uhr).

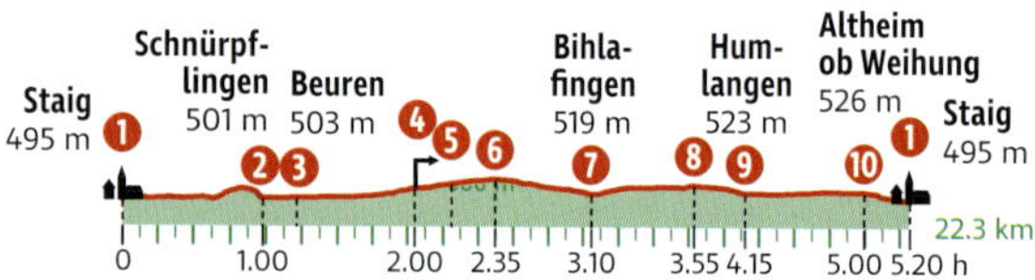

Am Ende der *Kirchstraße* in **Staig** ❶ biegen wir nach rechts in die *Harthauser Straße*, überqueren die Landstraße (beim Küchenstudio Mangold), gehen in den *Sandweg* gegenüber und nach 50 m nach links in den *Moosweg*. Der Weg führt immer geradeaus nach Südosten, alle Abzweigungen nach links und rechts ignorierend. 15 Min. nach dem Start wandern wir zuerst am Waldrand entlang und dann im Wald zu einer T-Kreuzung. Dort gehen wir nach links, überqueren außerhalb des Walds einen Bach, die Weihung, und halten uns dann bei einer T-Kreuzung rechts. Wir erreichen nach einer Überlandleitung wieder einen Waldrand, gehen wenige Meter nach links und dann nach rechts in den Wald. Der Weg führt leicht steigend geradeaus, bis wir 10 Min. später bei einer Kreuzung rechts gehen. Nach einer S-Kurve des abwärtsführenden Wegs wandern wir über eine Brücke auf **Schnürpflingen** ❷ zu, aber vor dem Ort nach links (Ww. Radweg Beuren, 13) an der Weihung entlang bis **Beuren** ❸.
Dort folgen wir jenseits der Landstraße weiter dem Weg (Ww. Radweg Weihungszell, 13), der bald wieder seinen Belag verliert, am Bach entlang ins Weihungtal. Wo nach ca. 10 Min. der Weg den Bach nach rechts verlässt, folgen wir ihm und biegen wenig später bei einer Kreuzung nach links. Der Weg verläuft weiter im Tal, aber in größerer Entfernung vom Bach. Bei zwei Gabelungen halten wir uns links. Schließlich erreichen wir die südliche Spitze der Wanderung, bei einer **T-Kreuzung** ❹ biegen wir nach rechts (Ww.

Radweg Burgrieden, 12). Bald halten wir uns rechts und bei der nächsten Gabelung ebenfalls und verlassen den Radweg. Links liegt dann ein versumpfter **Teich** ❺. Wir wandern geradeaus und ignorieren alle Abzweige. Wir gehen geradeaus an einem **Hochsitz** mit Glasscheiben ❻ vorbei, nach 10 Min. (und zwei Kreuzungen) bei einer Kreuzung links und bei der folgenden T-Kreuzung rechts.

Bihlafingen ❼ kündigt sich mit Asphaltbelag und Wochenendhäusern an, der Weg führt zur Hauptstraße (*Schnürpflinger Straße*). Hier gehen wir nach rechts aufwärts und bald nach links in der *Kirchstraße* zur Kirche.

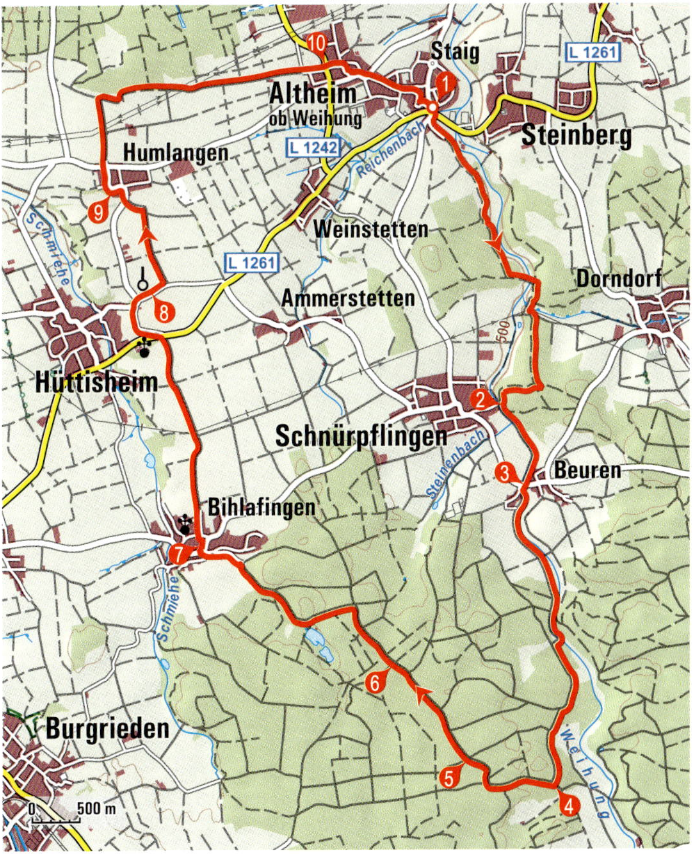

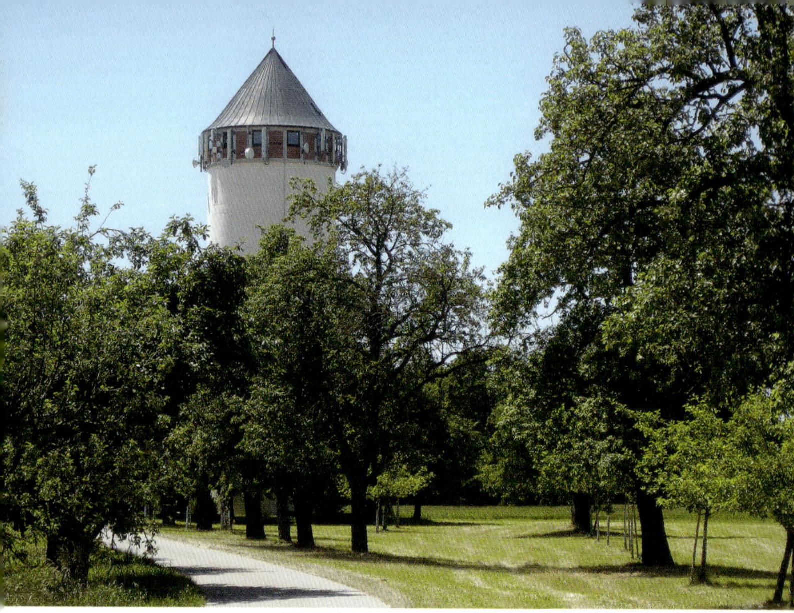

Der Wasserturm von Hüttisheim.

Bevor wir sie erreichen, biegen wir bei der ersten Gelegenheit nach rechts in den *Hans-Keller-Weg*. Wir folgen dem asphaltierten Weg immer geradeaus auf den Wasserturm von **Hüttisheim** zu. Rechts an Kirche und Friedhof vorbei überqueren wir die Landstraße und gehen im großen Bogen im Uhrzeigersinn um den Turm herum. Es klappt dann doch nicht so ganz und der Fahrweg führt vor dem **Turm** 8 vorbei. Bei der nächsten Gelegenheit biegen wir nach links und dann bei einem Wegdreieck mit Baum vor dem Dorf **Humlangen** 9 erneut. Die *Dorfstraße* kreuzt nach einer S-Kurve in die Kreisstraße. Auf der gegenüberliegenden Seite folgen wir dem Weg fast bis zum Waldrand und 50 m davor nach rechts. Links vor uns sehen wir Schloss Erbach im Donautal. Nach 3 Min. wandern wir auf einem Wiesenweg zwischen Waldrand und Feld, später auf einem Landwirtschaftsweg auf eine große Halle mit Solardach am Ortsrand von **Altheim ob Weihung** 10 zu und dann daran vorbei. Schon im Ort überqueren wir bei einem Getränkemarkt die Landstraße, gehen bei der T-Kreuzung am Ende des *Lehnsanftwegs* rechts in die *Raiffeisenstraße* und nach 100 m bei der nächsten T-Kreuzung links in die *Hauptstraße*. 10 Min. später erreichen wir nach einer scharfen Rechtskurve die ehemalige Kirche von **Staig** 1. Wir biegen nach links und gehen an ihr vorbei in die *Kirchstraße* und zu unserem Ausgangspunkt.

↗ 240 m | ↘ 240 m | 18.4 km

4.40 h

Zwischen Weihung und Iller 49

Eine reizvolle Rundwanderung

Diese Wanderung führt durch die waldreichen »Holzstöcke«. Da die Wälder auf den Schottern der eiszeitlichen Gletscher stehen, ist der Anteil der Fichte mit über 80 % sehr hoch. Von Hecken gesäumte Felder, Streuobstwiesen und das liebliche Weihungtal bilden den reizvollen Gegensatz zu den Wäldern.

Ausgangspunkt: Regglisweiler (Ortsteil von Dietenheim), Raiffeisenbank, Mittelstraße 3; alternativ Dorndorf (Ortsteil von Illerrieden), Raiffeisenbank, Erzabt-Brechter-Straße 9.
Anforderungen: Leichte Wanderung auf deutlichen, zum größeren Teil unbefestigten Wegen. Die Wanderung ist von Regglisweiler bis Dorndorf mit einem blauen Balken auf weißem Grund (HW 5) und zurück mit einem roten Balken auf weißem Grund (HW 4) gut markiert. Für die Abkürzung benötigt man 40 Min.
Einkehr: Gasthof zum Hosenmann, Brandenburger Straße 21, Dietenheim-Regglisweiler, Tel. +49 7347 7550 (Ruhetag Mi/Do, sonst ab 17 Uhr, So auch 11–14 Uhr).
Variante: Von der achteckigen Hütte 4 nordwärts, bis man nahe 9 wieder auf die Hauptroute trifft (Gesamtgehzeit 2.40 Std.).

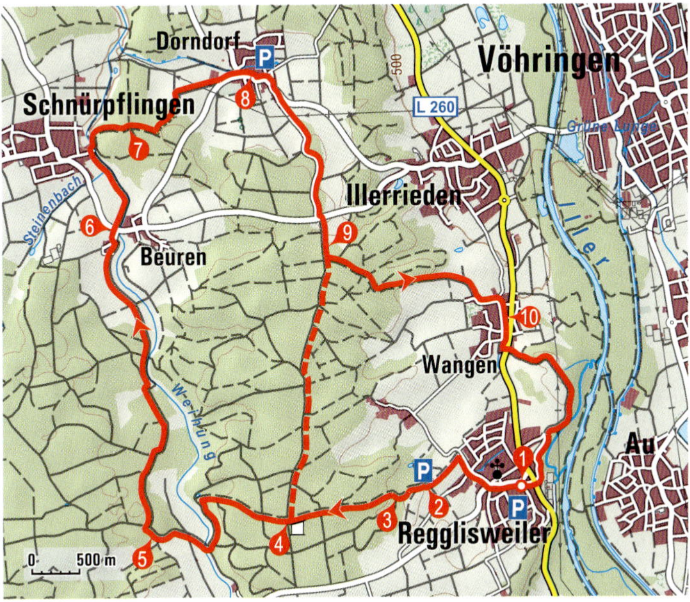

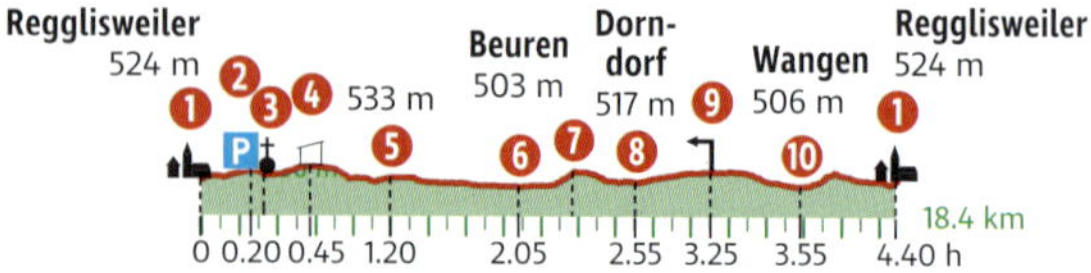

Vom Parkplatz in **Regglisweiler** 1 gehen wir auf der *Mittelstraße* weiter ortseinwärts zur Kirche, biegen dort nach rechts in die *Pfarrer-Brunner-Straße* und gehen bei der Wegspinne geradeaus in die *Hohlgasse* (Ww. Zu den Kreuthöfen). Am Ende des Anstiegs steht ein großes hölzernes Kreuz, davor verlassen wir die asphaltierte Straße und gehen nach links. Beim **Wanderparkplatz »Holzkrähe«** 2 folgen wir dem (auf einem kurzen Stück) asphaltierten Weg nach rechts abwärts.

10 Min. später halten wir uns bei einer Gabelung mit **Kapelle** 3 rechts, bleiben dann auf diesem Weg und wandern 15 Min. immer geradeaus, bis zu einer Kreuzung mit einer achteckigen **Hütte** 4 (siehe Variante). Wir gehen auch hier geradeaus. Bei der folgenden Kreuzung folgen wir dem Weg geradeaus, der nach wenigen Metern nach rechts biegt und leicht fällt. Alle Abzweigungen ignorieren wir und gehen dann abwärts ins Weihungtal. Nach einer Linkskurve wandern wir am Fluss entlang, überqueren ihn dann auf einer Brücke und wandern bei einer Kreuzung mit Schuppen geradeaus. Knapp 5 Min. später fächert sich der Weg auf, wir gehen nach rechts (Ww. Radweg Beuren, 13), passieren nach 30 m eine rot-weiße **Schranke** 5 und halten uns nach weiteren 30 m nochmals rechts (Ww. Schnürpflingen).

Naturnahe Flussauen.

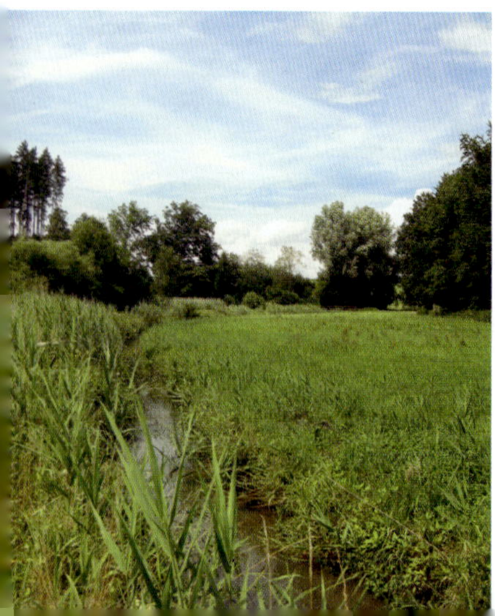

Wir wandern immer geradeaus (im Zweifelsfall rechts) und erreichen etwa 20 Min. später eine Kreuzung mit einem niederen Hochstand, wir gehen rechts, gleich wieder links (Ww. Radweg Beuren, 13) und dann an der Weihung entlang (ohne sie zu überqueren) bis zur Kreisstraße in **Beuren** 6. Auf ihrer gegenüberliegenden Seite wandern wir weiter entlang der Weihung bis nach **Schnürpflingen**, überqueren sie dort und folgen dem unbefestigten, ansteigenden Weg im Wald geradeaus. Bei der nächsten **Kreuzung** 7 gehen wir geradeaus, aber biegen nach knapp 5 Min. links. Die Abzweigung ist leicht zu übersehen!

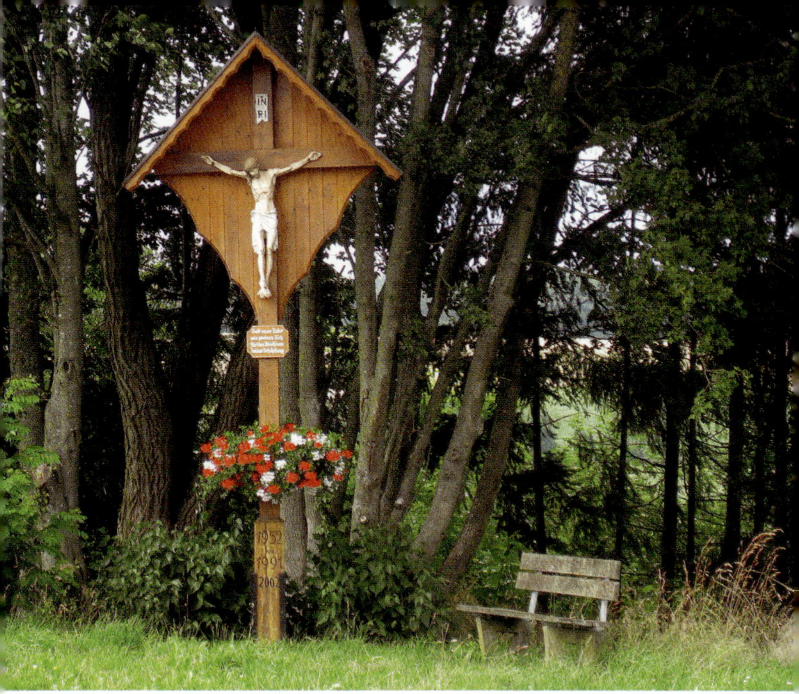

Rastbank und großes hölzernes Kreuz kurz nach Regglisweiler.

Am Waldende gehen wir nach links am Waldrand entlang und schließlich nach rechts auf einem asphaltierten Weg nach **Dorndorf** 8. Dort leitet uns die *Erzabt-Brechter-Straße*, bis wir am Dorfende dem roten Balken des HW 4 folgen und nach rechts in die *Weihungszeller Straße* biegen. Wir wandern auf diesem asphaltierten Weg geradeaus, bis wir nach 20 Min. die Kreisstraße erreichen und etwas nach links versetzt dem unbefestigten Weg folgen. Nach knapp 5 Min. erreichen wir am Waldrand eine rot-weiße **Schranke** 9 und nach weiteren 4 Min. eine Kreuzung. Wir biegen nach links, passieren bald eine Hütte links vom Weg und wandern bei der folgenden Wegspinne auf dem fallenden Weg geradeaus. Am Waldende mündet unser Weg in einen asphaltierten Weg, der geradeaus nach **Wangen** 10 leitet. Nach einer Rechtskurve wandern wir geradeaus bis zur Bebauungsgrenze und bei der Kreuzung dort nach links. Auf der gegenüberliegenden Seite der Landstraße führt ein asphaltierter Weg, zuerst ansteigend, in einem großen Halbkreis am Rande des Illertals nach Regglisweiler. Bei einem Getränkemarkt überqueren wir wieder die Landstraße und gehen durch die Straße *Lustgarten* zum Parkplatz in **Regglisweiler** 1 zurück.

↗ 10 m | ↘ 10 m | 8.8 km

50 An der Iller

2.00 h

Am renaturierten Fluss entlang

Aus Gründen des Hochwasserschutzes entschloss man sich Ende des 19. Jh., die Iller zu begradigen und dem Fluss ein dauerhaftes Bett zu geben. Schaut man sich heute den Verlauf der Grenze zwischen Baden-Württemberg und Bayern an, stellt man überrascht fest, dass die Iller eigentlich gar kein Grenzfluss ist, sondern ein bayerischer Fluss. Die Grenze verläuft meist westlich vom Fluss. Natürlich spiegelt der Verlauf der Grenze den ursprünglichen Illerverlauf wider. Aufgrund der Begradigung floss die Iller sehr schnell, spülte riesige Mengen Geröll flussabwärts und grub sich so tief ein, dass Gesteinsplatten statt Kies das Flussbett bildeten. Diese Sohleintiefung schritt stärker voran als erwartet und führte zur Absenkung sowohl des Iller- als auch des Grundwasserspiegels. Dadurch waren Brücken gefährdet, Brunnen fielen trocken, der Auewald verlor den lebenswichtigen Anschluss an das Grundwasser. Schon ab 1900 wurden mehrere Stützschwellen errichtet, um den Grundwasserstand im Illertal wieder anzuheben. Kiesbänke, große Steinquader und Wurzelstöcke im Fluss sollten verhindern, dass sich die Iller wieder ein tiefes Bett gräbt. Das vormals begradigte Ufer wurde wieder ins Schlängeln gebracht, indem bis zwei Meter unter der bisherigen Uferhöhe Sandböschungen aufgeschüttet wurden. Wenn Hochwasser kommt, frisst es sich nun gewollt ins Ufer.

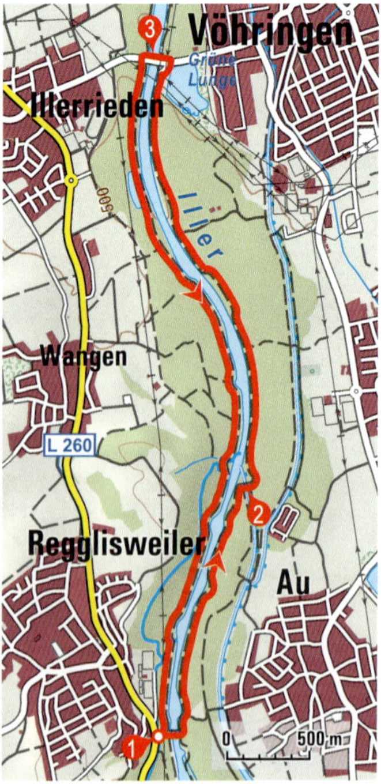

Ausgangspunkt: Iller-Übergang für Fußgänger und Radfahrer in Regglisweiler (Ortsteil von Dietenheim). Dort parken.
Anforderung: Wanderung auf deutlichen, unbefestigten Wegen.
Einkehr: Gasthof zum Hosenmann, Brandenburger Straße 21, Dietenheim-Regglisweiler, Tel. +49 7347 7550 (Ruhetage Mi/Do, sonst ab 17 Uhr, So auch 11–14 Uhr).
Tipp: Südlich der Illerbrücke befindet sich auf der bayerischen Seite ein Badesee.

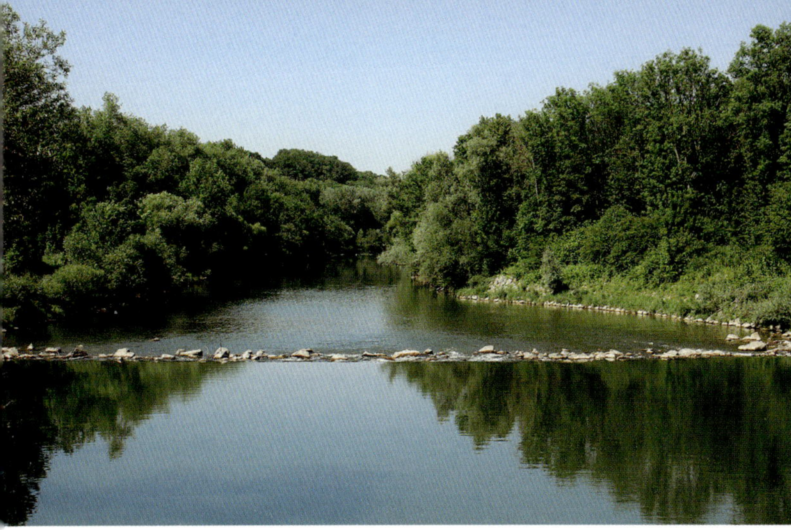

Die Iller.

Vom Parkplatz in **Regglisweiler** ❶ gehen wir zum Fluss, überqueren zuerst den Gießen – einen bald in die Iller mündenden Bach –, dann die Iller selbst und biegen dann nach links. Wir befinden uns jetzt auf einer Insel zwischen Iller und dem 1910 fertiggestellten Iller-Kanal, an dem die drei Wasserkraftwerke Altenstadt, Untereichen und Au liegen.

Bald wandern wir auf einer **Brücke** ❷ über den Iller-Kanal und anschließend nach links an der renaturierten Iller entlang. Dort können wir uns von den Renaturierungsmaßnahmen selbst ein Bild machen. An vielen Stellen ist Baden möglich und man kann leicht an den Fluss gelangen.

Kurz bevor wir die **Iller-Brücke** ❸ von **Vöhringen** erreichen, liegt rechts ein Badesee mit einem großen Parkplatz. Vöhringen ist durch die Wieland-Werke bekannt, einem Hersteller von Halbfabrikaten aus Kupfer.

Am westlichen Iller-Ufer wandern wir nun wieder zurück, bis wir den Steg über den Gießen erreichen, und gehen dort nach rechts zum Ausgangspunkt in **Regglisweiler** ❶.

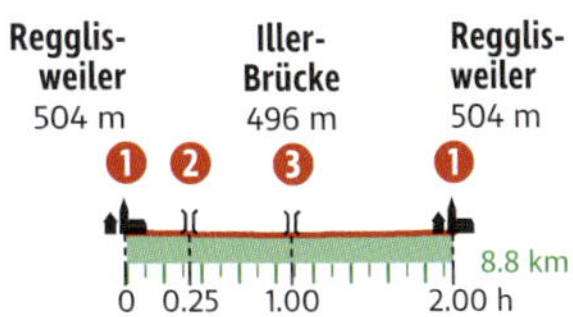

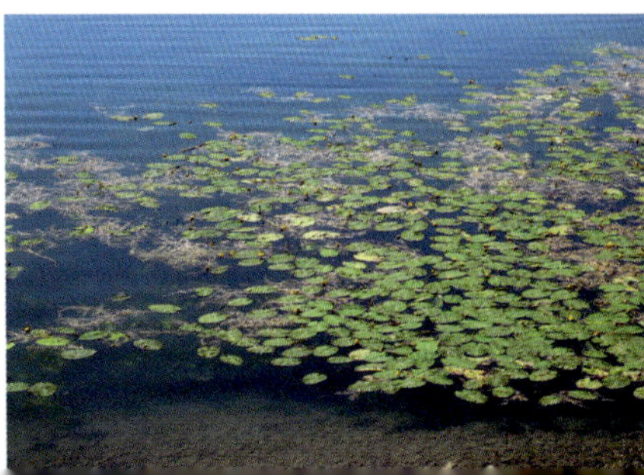

↗ 190 m | ↘ 190 m | 10.0 km

51 Ehingen

2.40 h

Blick auf Oberschwaben

Ein unspektakulärer Spaziergang durch Wälder und Felder um den Stoffelberg, aber oft mit weiten Ausblicken auf die Schwäbische Alb und nach Oberschwaben. Der in Altsteußlingen geborene hl. Anno (um 1010–1075) war Erzbischof von Köln und mehrere Jahre Reichsverweser für den minderjährigen König Heinrich IV.

Ausgangspunkt: Altsteußlingen (Ortsteil von Ehingen), Friedhof und Kirche, St.-Anno-Straße.
Anforderungen: Leichte Wanderung auf deutlichen, zum Teil befestigten und markierten Wegen.
Einkehr: Landgasthof Adler, Alte Heerstraße 30, Altsteußlingen, Tel. +49 7395 330 (Sa/So ab 10 Uhr, sonst 10–14 Uhr, Mo, Do und Fr auch ab 17 Uhr).

Vom Friedhof in **Altsteußlingen** ❶ folgen wir der *St.-Anno-Straße* nach Süden, biegen ca. 100 m nach der Kirche nach links in die *Hinter Hofen Straße* und nach weiteren 100 m, bei der ersten Gelegenheit, nach rechts in den *Häuleweg*. Vom Dorfrand wandern wir geradeaus zum Waldrand hinauf, an diesem kurz nach rechts und dann nach links im Wald bergan, wo bald ein Schild nach links zur wenige Meter vom Weg wachsenden **»Gespaltenen Buche«** ❷ weist. Ihr Stamm wurde gespalten, als der Hang ins Rutschen kam. Wir überqueren dann drei Querwege und gehen jeweils

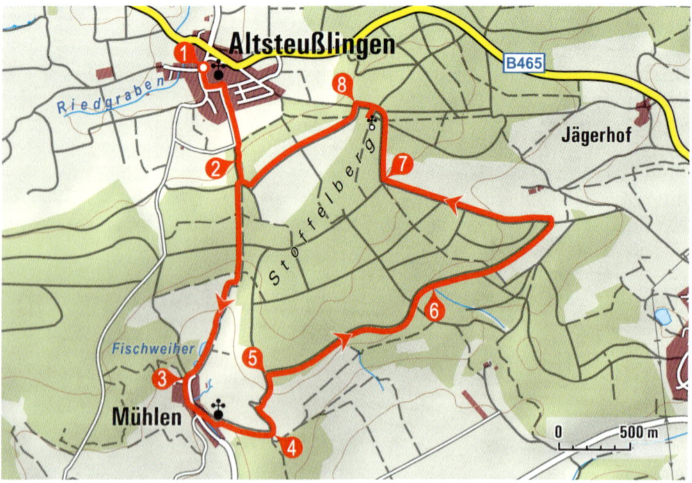

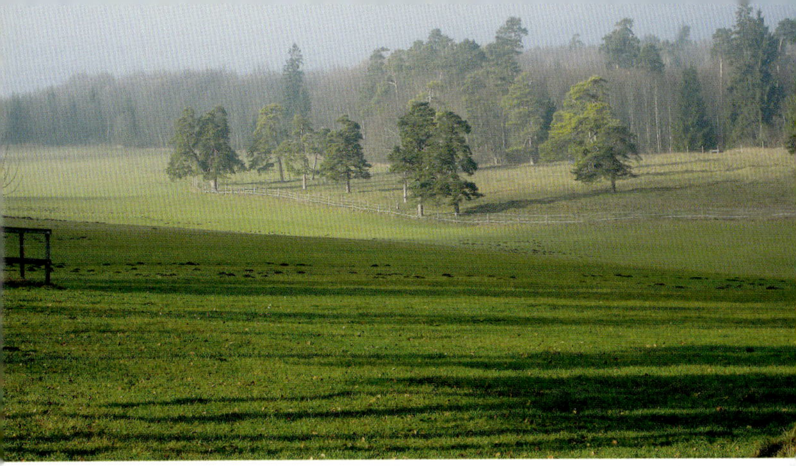

Typische sanfte Wiesenlandschaft im Winter.

weiter geradeaus, beim ersten etwas nach links versetzt. Bald nach dem letzten Querweg kommen wir aus dem Wald heraus und wandern, vorbei an zwei Fischweihern, auf das Dorf **Mühlen** ❸ zu und beim ersten Haus halblinks. Im Ort biegen wir bei der ersten Gelegenheit nach links, der ansteigende *Hungerbrunnenweg* führt an der Mutter-Gottes-Kapelle (Ende 17. Jh.) vorbei zu einer **T-Kreuzung** ❹. Hier halten wir uns links, später rechts und folgen dem breiten Weg bis zum **Waldrand** ❺ und noch 100 m weite. Dann gehen wir nach rechts und im Wald 40 Min. immer geradeaus, vorbei an einem Holzhaus und dem **Gesundheitsbrünnele** ❻, bis wir bei einer T-Kreuzung am Waldrand links aufwärtswandern. Rechts und links liegen die Wiesen und Koppeln eines Reiterhofes, hinter uns das Werksgelände der Firma Liebherr, die u. a. Kräne produziert.

Nach weiteren 20 Min. gehen wir bei einer **Gabelung** ❼ rechts und folgen dem breiten Weg nach einiger Zeit um eine Linkskurve. Bei einer Kreuzung an ihrem Ende führt der Weg links zur nahen Stoffelberg-Kapelle. 200 m nach der Kreuzung nehmen wir den breiten Weg links ❽, verlassen bald den Wald und wandern auf einer großen Lichtung mit Feldern geradeaus. Nach 15 Min. stoßen wir am Waldrand auf eine T-Kreuzung, halten uns dort rechts und bei einer Abzweigung nach einer Kreuzung nochmals. Jetzt befinden wir uns wieder auf dem bekannten Hinweg, kommen bald an der **»Gespaltenen Buche«** ❷ vorbei und erreichen in 10 Min. den Ausgangspunkt in **Altsteußlingen** ❶.

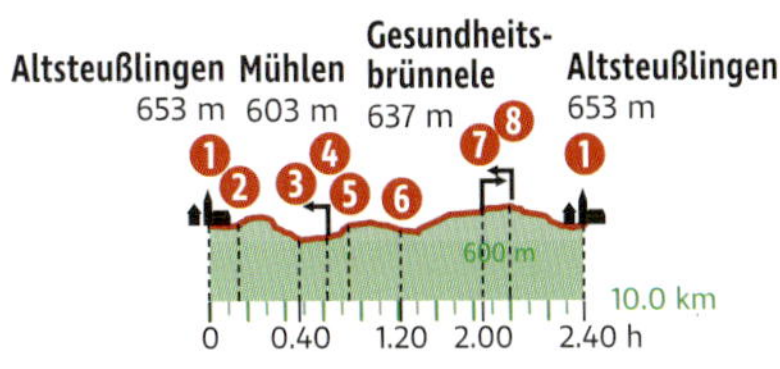

↗ 130 m | ↘ 130 m | 13.3 km

52 Rundwanderung bei Erbach

3.15 h

Die Residenz des »Malefizschenken«

Die Tour verläuft bis Oberdischingen auf dem von Ulm nach Konstanz führenden Oberschwäbischen Jakobsweg mit schöner Aussicht über das Donautal. Oberdischingen war die Residenz der Grafen Schenk von Castell. Franz Ludwig Schenk von Castell (1736–1821), der »Malefizschenk«, bekämpfte als »Privatunternehmer« die Kriminalität in Oberschwaben. Dazu schloss er mit den Ministaaten Oberschwabens und der Schweiz Verträge, sie bezahlten für die Unterbringung und Verpflegung der aus ihrem Gebiet stammenden Delinquenten, und der Malefizschenk, dem aus seiner Herrschaft Oberdischingen die Hochgerichtsbarkeit zustand, führte im Namen seiner Vertragspartner die Prozesse und ließ auch die Todesurteile vollstrecken. Als Oberschwaben in der napoleonischen Zeit zu Württemberg kam, gab es für die Dienste des Grafen keinen Bedarf mehr. Sein Schloss in Oberdischingen brannte 1807 ab und er starb 1821 verarmt und vereinsamt. Der Rückweg nach Erbach verläuft durch eine Seenlandschaft, die durch den Kiesabbau entstanden ist.

Ausgangspunkt: Erbach, P&R-Parkplatz beim Bahnhof in der Bahnhofstraße.
Anforderungen: Leichte Wanderung auf deutlichen, zum Teil befestigten Wegen. Raute und Jakobsmuschel.
Einkehr: Zur Linde, Bahnhofstraße 8, Erbach, Tel. +49 7305 931100 (Mo–Sa 11.30–14 Uhr, Mo–Fr ab 17 Uhr); Bräuhausschenke, Bräuhausgasse 5, Oberdischingen, Tel. +49 170 1606923 (tgl. ab 16 Uhr). In Oberdischingen außerdem Unterkunft im ehem. Franziskanerhospiz Cursillo-Haus St. Jakobus, Kapellenweg 58, Sitz der »Schwäbischen Jakobusgesellschaft« (Tel. +49 7305 919575, www.haus-st-jakobus.de).

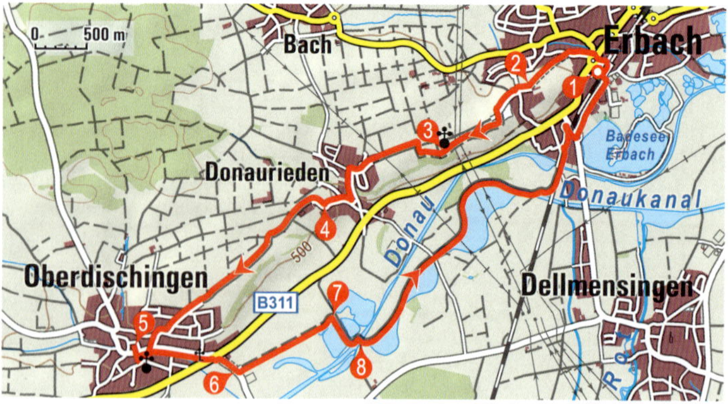

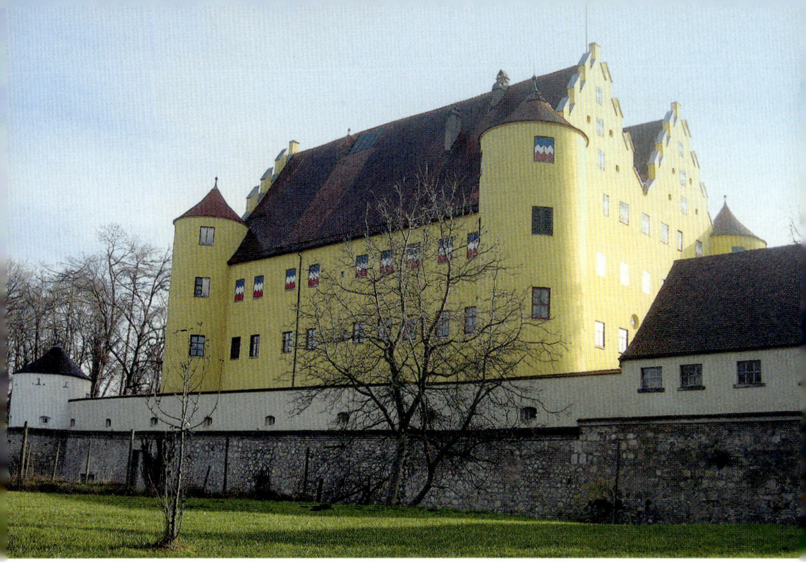

Das Renaissanceschloss Erbach aus dem frühen 16. Jh. ist von Mauer und Graben umgeben.

Vom P&R-Parkplatz in **Erbach** ❶ gehen wir zum Bahnhof und biegen davor nach links. Nach knapp 100 m in der *Bahnhofstraße* überqueren wir bei einem Kreisverkehr die Bundesstraße, folgen dann zuerst der *Erlenbachstraße* nach rechts und dann, nach wenigen Metern, dem *Kirchweg* nach links aufwärts auf den Schlossberg. Bei einer Wegspinne nach knapp 5 Min. biegen wir nach links, wandern durch Felder auf das **Renaissanceschloss Erbach** ❷ zu und dann nach rechts an der Schlossmauer entlang zur *Schloßstraße*. Dort gehen wir, etwas nach links versetzt, weiter geradeaus. Kurz darauf liegt links der Friedhof, an dessen Ende biegen wir nach links, wandern an der westlichen Friedhofsmauer entlang und folgen dann dem Pfad nach rechts entlang des Abfalls zum Donautal. Südlich der Donau erstreckt sich eine Seenlandschaft, durch die unser Weg später zurückführen wird. Nach 20 Min. erreichen wir die **Kapelle Maria Hilf** ❸. Die Steinsäulen davor dienten dazu, Tragekörbe und Kiepen aufzusetzen, ohne sie abzunehmen.

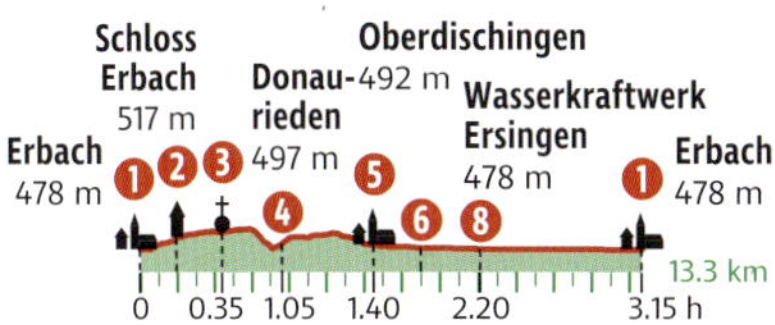

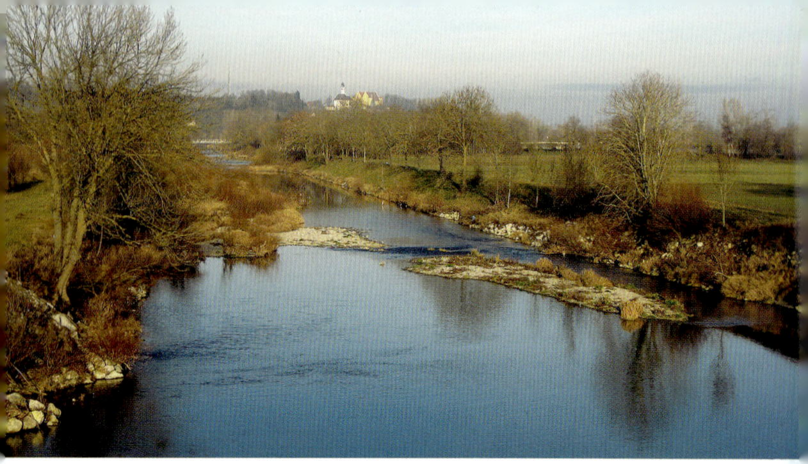

Donauauen, in der Ferne Erbach.

Bald danach biegt unser Pfad nach rechts und führt zum *Totenweg*. Der Name rührt von den Trauerzügen aus Donaurieden, dem vor uns liegenden Dorf, die diesen Weg zum Friedhof in Erbach nahmen. Wir wandern auf dem *Totenweg* nach links bis zu einer T-Kreuzung in **Donaurieden** ❹ und dort links abwärts. Nach ca. 150 m biegen wir vor dem Rathaus nach rechts, nach wenigen Metern nochmals und bei der Kirche zum dritten Mal. Nach einer Linkskurve halten wir uns links und folgen dem befestigten *Galgenweg* durch Oberdischingen bis zur *Herrengasse*. Der Herrschaftsbezirk, der durch die Bautätigkeit des »Malefizschenken« geprägt wird, vermittelt noch heute den Eindruck einer Zwergresidenz. Die perspektivisch zulaufende *Herrengasse*, begrenzt von zwei Häuserzeilen mit Mansard-Dächern (1783), endet am Schlossplatz von **Oberdischingen** ❺. Rechts liegt das dreiflügelige ehemalige Kanzleigebäude (1767) und das Gasthaus Bräuhausschenke, links steht die katholische Pfarrkirche, das schwäbische Pantheon. Die Kuppelkirche wurde von 1804 bis 1832 im klassizistischen Stil auf dem Grundriss eines griechischen Kreuzes nach dem Vorbild des Pantheons in Rom errichtet. Im Inneren birgt sie wertvolle spätgotische Steinreliefs. Im Schlosspark rechts neben der Kirche stand das 1807 durch Brandstiftung eingeäscherte gräfliche Schloss.
Unser Weg führt zurück durch die *Herrengasse* und dann halb rechts weiter, wir überqueren die Bundesstraße und gehen danach knapp 200 m in der *Ersinger Straße* (Kreisstraße 7412) bis zu einem **Sportgelände** ❻. Davor verlassen wir die Straße und wandern auf einem Pfad nach links, unmittelbar an den Tennisplätzen entlang (blaue Raute). Nach 15 Min. stößt der Pfad auf einen **unbefestigten Weg** ❼, hier gehen wir nach rechts zum gut 5 Min. entfernten **Wasserkraftwerk Ersingen** ❽, überqueren den Donau-

Seitenkanal und wandern dann nach links an der Donau entlang. 40 Min. später erreichen wir die von Ulm ins Allgäu führende Bahnlinie und gehen nach links, parallel zu ihr. Nach einem Steg über den Donau-Seitenkanal erreichen wir **Erbach**, gehen noch 100 m geradeaus weiter und biegen bei der ersten Gelegenheit nach rechts, der *Max-Eyth-Straße* folgen wir, halten uns bei einer T-Kreuzung an ihrem Ende rechts und dann nach gut 50 m nochmals. Die *Donaustraße* führt unter der Bahnlinie hindurch, gleich danach steigen wir links eine Treppe hinauf. Nach gut 5 Min. parallel zur Bahnlinie kommen wir zu einer Fußgängerunterführung und sind dann beim Parkplatz in **Erbach** ❶.

Die Pfarrkirche von Oberdischingen.

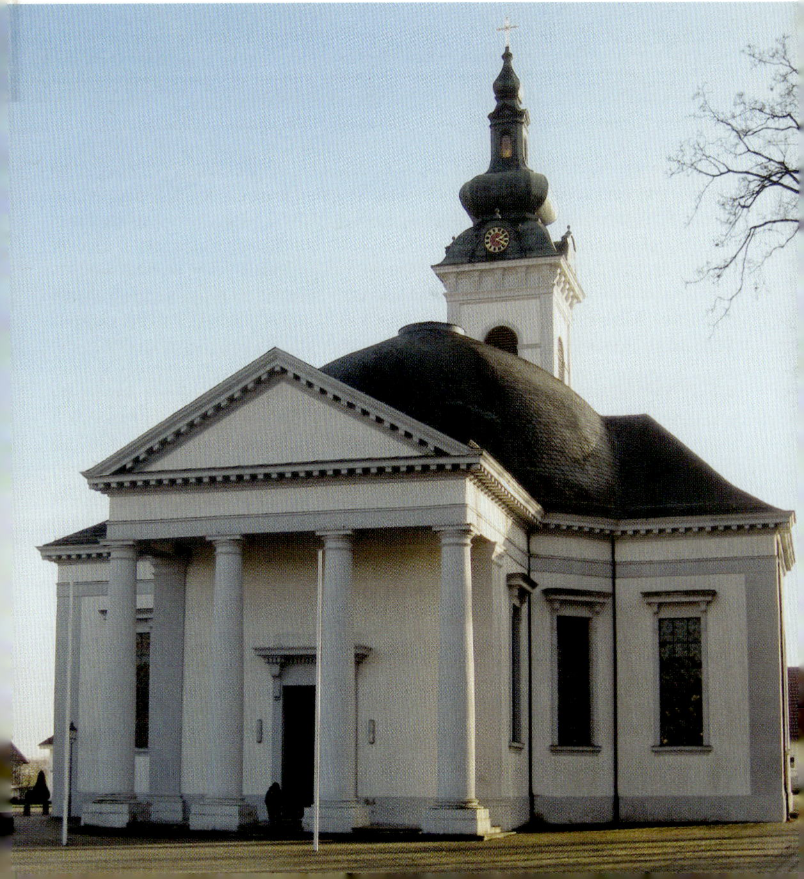

↗ 210 m | ↘ 210 m | 16.8 km

53 Von Ulm nach Elchingen

4.20 h

Im Grenzland an der Donau

Die Tour führt von den östlichsten Ausläufern der Schwäbischen Alb hinunter zur Donau, von Württemberg nach Bayern und zurück. Das alte Reichsstift Elchingen lag im Oktober 1805 während der Schlacht von Ulm im Zentrum der Kämpfe zwischen französischen Truppen und den Rheinbundtruppen einerseits und der österreichischen Armee andererseits. Als Folge der Napoleonischen Kriege teilten sich Württemberg und Bayern das Territorium der stolzen schwäbischen Reichsstadt Ulm.

Ausgangspunkt: Obertalfingen (nordöstlicher Vorort von Ulm), Schlesienweg 5. Beim Ausgangspunkt liegt die Straßenbahnhaltestelle »Mecklenburgweg« (Linie 1 vom Hauptbahnhof Richtung Böfingen).

Anforderungen: Spaziergang auf deutlichen, überwiegend unbefestigten Wegen.

Einkehr: Klosterbräustuben beim Kloster in Oberelchingen, Tel. +49 7308 929075 (Ruhetag Di, sonst ab 11.30 Uhr).

Wir parken im Schlesienweg in **Obertalfingen** ❶, gehen zur Einmündung in die Hauptstraße *Böfinger Steige*, überqueren sie und das Doppelgleis der Straßenbahn und wandern dann im *Alten Postweg* geradeaus. Zuerst liegen rechts noch Mehrfamilienhäuser, später führt der anfangs noch asphaltierte Weg durch Felder und Wiesen. Bald nach einer jungen Eiche mit einer Bank biegen wir nach rechts, kurz darauf nach links und folgen dem *Alten Postweg* (Ww. Göttingen). Der Weg führt dann durch ein kleines

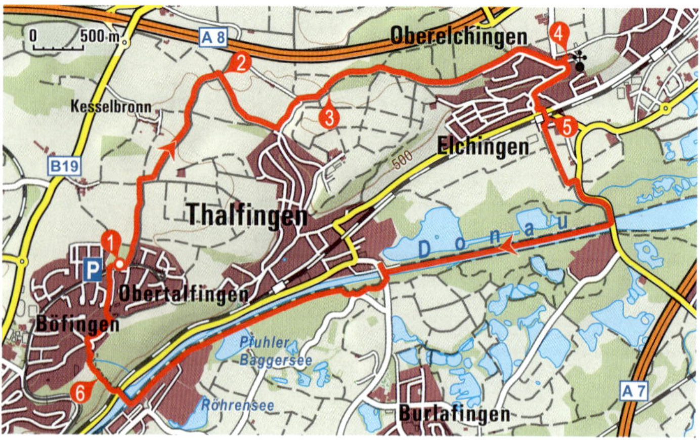

Quertal, bei der nächsten **Abzweigung** ❷ wandern wir nach rechts (Ww. Thalfingen). Der *Steinhaufenweg* leitet abwärts; ca. 50 m nach dem Ortsanfang von **Thalfingen** steht rechts ein hohes Kreuz, bei der folgenden Kreuzung biegen wir nach links und wandern gut 5 Min. auf der Zufahrtsstraße (*Weitfelderweg*) aufwärts, bis diese nach links biegt und wir geradeaus weitergehen. Nun folgen wir bis zum Kloster Elchingen dem Ww. Panoramahöhenweg. Bei der nächsten Gabelung halten wir uns links, kommen dann oberhalb eines Aussiedlerhofs zu einer **Wegkreuzung** ❸ an einem Waldstück. Hier halten wir uns zuerst links und wandern nach 20 m rechts in den Wald. Wo der Weg den Wald verlässt, wandern wir am Waldrand weiter und folgen später der asphaltierten Straße geradeaus bis zum ehemaligen **Kloster Elchingen** ❹.

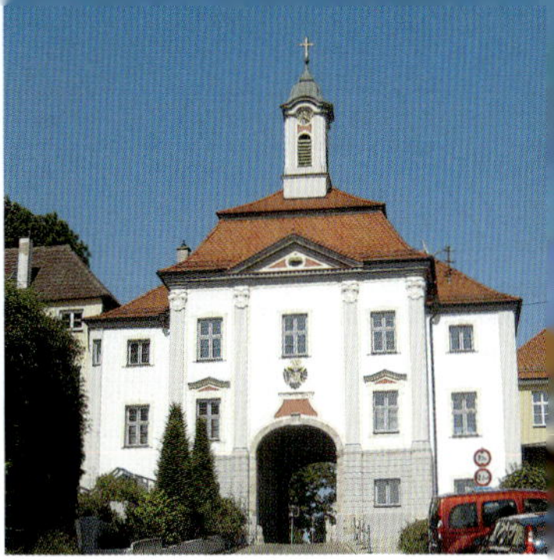

Torhaus in Oberelchingen.

Nach Besichtigung der Kirche gehen wir auf der *Klostersteige* abwärts, nach einer Rechtskurve führt sie durch das ehemalige Torhaus und endet schließlich an der Landstraße (eine letzte Schleife können wir abkürzen). Hier gehen wir links, durch eine Unterführung und hinter dem **Bahnhof Oberelchingen** ❺ rechts. Nach 50 m folgen wir dem *Riedgartenweg* links bis zu einer T-Kreuzung, gehen dort links und bald nach rechts auf einem Nebenweg parallel zur Straße bis zur Donaubrücke. Vor der Brücke folgen wir rechts dem Weg entlang des Flusses bis zur nächsten Brücke, überqueren die Donau und wandern am Südufer weiter flussaufwärts zu einem Stauwehr. Dort überqueren wir zuerst die Donau, dann die Straße und zuletzt die Bahngleise. Wir erreichen einen Forstweg und wandern hier geradeaus auf einem schmalen Pfad steil aufwärts. Sobald rechts neben uns ein parallel verlaufender **Forstweg** ❻ auftaucht, behalten wir die Richtung bei, wechseln aber auf ihn. Bei einer Gabelung gehen wir rechts und vor einem Schlösschen erneut. Rechts von ihm erreichen wir eine Straße (*Böfinger Weg*), der wir rechts folgen. Bei einer T-Kreuzung nach wenigen Metern halten wir uns rechts. Wo rechts der *Banater Weg* abgeht, nehmen wir einen Pfad links zu einem Spielplatz und daran vorbei. Nach einer Schule/Kindergarten links gehen wir rechts und folgen dann dem Weg aufwärts bis zur Hauptstraße *Böfinger Steige* und dort 100 m rechts zum Schlesienweg in **Obertalfingen** ❶.

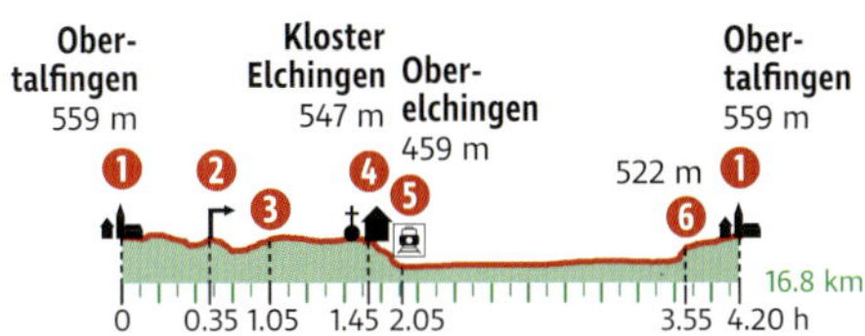

STICHWORTVERZEICHNIS

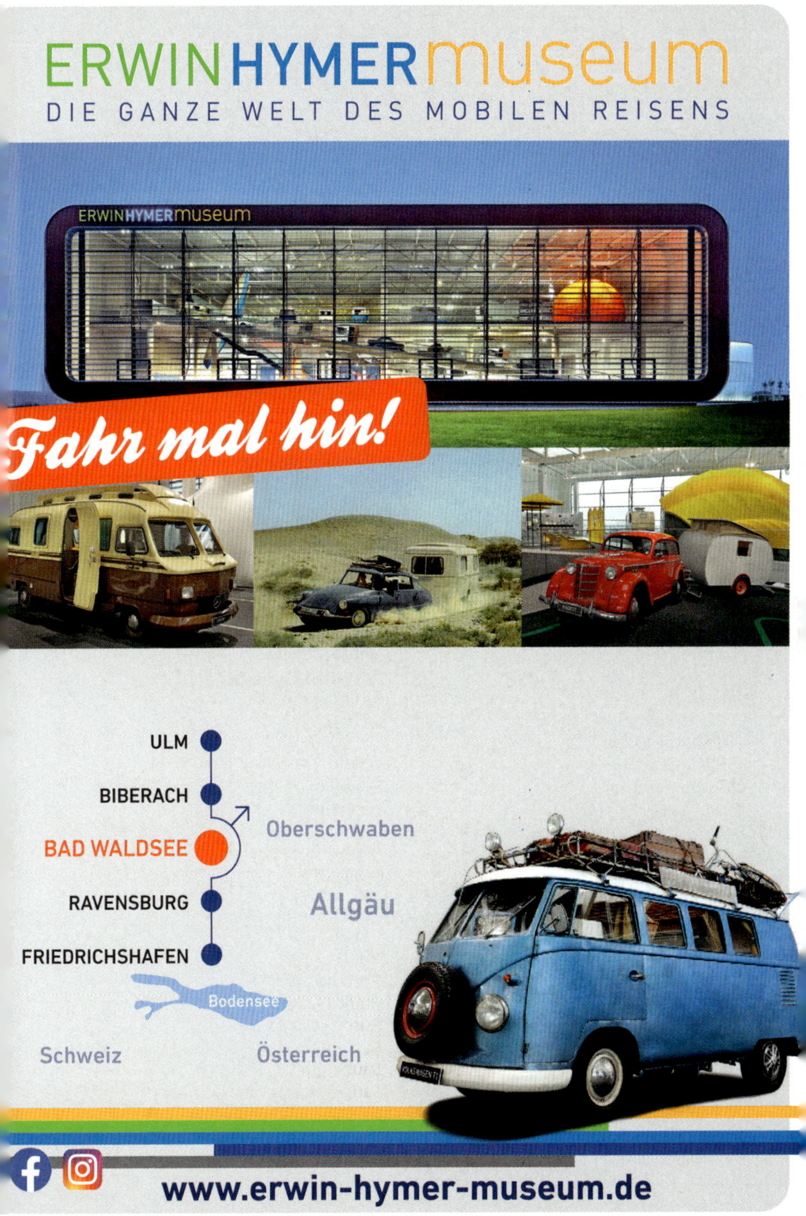

ERWINHYMERmuseum
DIE GANZE WELT DES MOBILEN REISENS
ERWINHYMERmuseum
Fahr mal hin!
ULM
BIBERACH
BAD WALDSEE
RAVENSBURG
FRIEDRICHSHAFEN
Oberschwaben
Allgäu
Bodensee
Schweiz
Österreich
www.erwin-hymer-museum.de

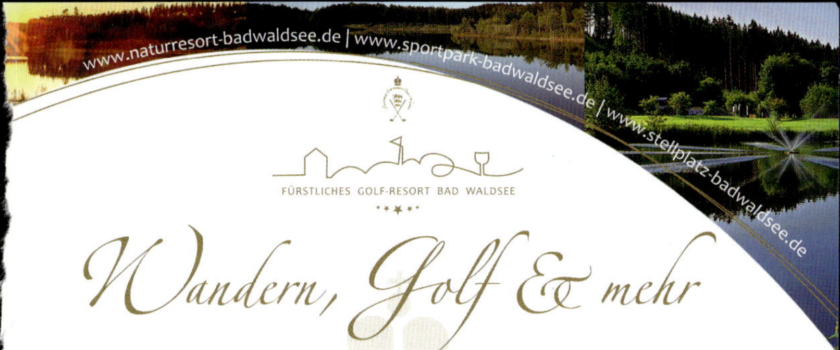

FÜRSTLICHES GOLF-RESORT BAD WALDSEE

Wandern, Golf & mehr

Willkommen im FÜRSTLICHEN GOLF- & NATUR-RESORT Bad Waldsee

Natur ist Lebenskraft, Ruhe, Vorbild und vor allem ein Geschenk. Wir möchten dieses besondere Stückchen Erde gerne mit Ihnen teilen. Auf insgesamt 340 Hektar fürstlicher Sport- & Naturfläche können Sie sich sportlich austoben. Ob Wandern auf den **fürstlichen Wanderwegen** , dem **Jakobsweg** oder Hauptwanderweg 5 (HW5), Walken, Spazierengehen, Radfahren, Mountainbiken, Cross Skaten, Bogenschießen, Golfen, ganzjähriges Eisstockschießen oder mit Skiern auf unseren Loipen unterwegs zu sein – egal welches Ihr **Lieblingssport** ist, bei uns finden Sie optimale Gegebenheiten und sind uns immer herzlich willkommen. Sport bedeutet, sich mit viel Spaß an der frischen Luft zu bewegen – kommen Sie mit uns auf eine Reise ins **„Wunderland Natur“.**

Genießen Sie auch unseren lauschigen **Wohnmobil-Stellplatz** mit Aussicht. Das **4**** Hotel** mit Massageangeboten und die Kulinarik hinter alten Mauern im **‚Restaurant im Hofgut‘** oder im **‚Café-Restaurant Vinothek Ausblick T-19‘** laden zum Verweilen ein. Bei schönem Wetter ist unsere große **Sonnenterrasse** für Sie geöffnet – mit herrlichem Blick auf den Golfplatz und in die faszinierende Natur.

Wir freuen uns auf Sie!

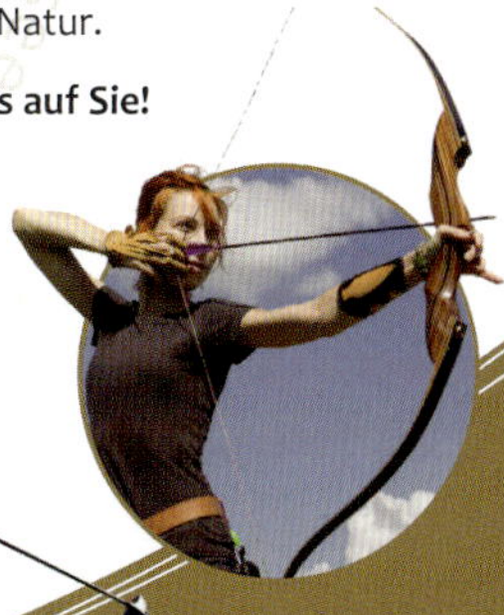

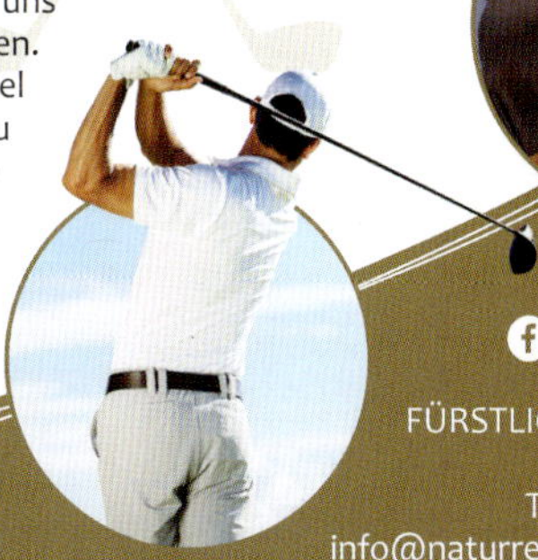

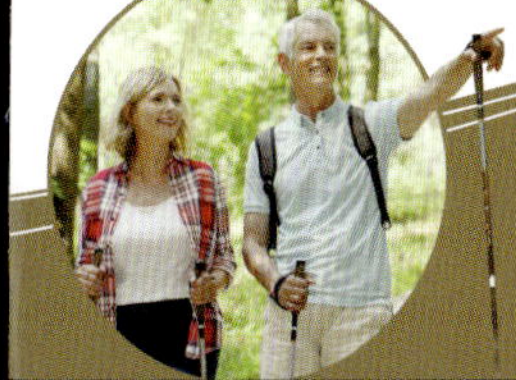

FÜRSTLICHES GOLF-RESORT
Bad Waldsee
Telefon 07524 4017-0
info@naturresort-badwaldsee.de
www.naturresort-badwaldsee.de
Waldsee Golf Management GmbH

Umschlagbild: Das Münster des Klosters Obermarchtal (Tour 26).

Bild im Innentitel: Die Zundelbacher Friedenslinde, gepflanzt 1871, bei Weingarten (Tour 40).

Alle Fotos vom Autor, ausgenommen die Fotos auf den Seiten 11 (Stadt Weingarten), 12 und 93 (Staatliche Schlösser und Gärten Baden-Württemberg, Günther Bayerl), 42 (Jochen Steigertahl), 97 und 98 (Hildegard Karrer-Wolf, 115 (Marcus Türk), 124 oben (Annerose Frank), 124 unten (Tourist-Information Bad Schussenried), 145 (Erika Purtill).

Kartografie:
53 Wanderkärtchen im Maßstab 1:50.000, 1:75.000 und 1:100.000
Geodaten © OpenStreetMap und Mitwirkende
Kartografisches Design: Freytag & Berndt, Prag, www.freytagberndt.cz;
zwei Übersichtskarten im Maßstab 1:500.000 und 1:1.000.000
© Freytag & Berndt, Wien

3., überarbeitete Auflage 2022

ISBN 978-3-7633-4462-8

Wir freuen uns über jeden Korrekturhinweis zu diesem Wanderführer!
Bitte per E-Mail an: leserzuschrift@rother.de

ROTHER BERGVERLAG · Keltenring 17 · D-82041 Oberhaching
Tel. +49 89 608669-0 · www.rother.de